글 쓰 기

전남대학교 교육발전연구원 편

도서출판 학이당

차 례

Contents

Contents

서 문

오늘날 많은 대학들이 교양 교육으로서의 글쓰기 교육을 강화하고 있습니다. 이러한 추세는 우리의 문화적·교육적 구조가 야기한 의사소통 능력의 부재를 극복하려는 노력의 일환입니다. 이제는 우리 사회가 다원화되고 전문화되면서 자기표현이 삶의 중요한 가치로 부상했습니다. 자기표현이 대화적 관계 속에서 소통 가능할 때 비로소 건강한 사회를 형성할 수 있기 때문입니다. 그런 점에서 대학 교육도 자기표현으로서의 의사소통 능력을 기르는 일에 주된 관심을 두어야 합니다. 의사소통의 중심 기능을 수행하는 글쓰기가 교양 있는 지식인의 자질이라는 측면에서 글쓰기 능력의 함양은 대학 교육의 중요한 목표입니다.

일반적으로 글쓰기 교육은 글쓰기 능력의 '형성'과 '향상'을 지향합니다. 글쓰기 능력의 '형성'이란 자기표현의 기본 형식으로서 바람직한 대화적 관계를 이루는 원활한 의사소통 능력을 갖추는 것을 말합니다. 그리고 '향상'이란 원활한 의사소통을 넘어서 '살아 있는' 글을 쓸 수 있는 힘뿐만 아니라 현재적 삶에 대한 또 다른 의미를 구성해내는 능력을 길러 삶을 완성해가는 것을 의미합니다. 이 책의 집필자들은 학생들이 다양한 정보를 가공하여 하나의 완성된 글을 작성하거나 자신의 생각을 효과적으로 전달할 수 있는 글쓰기 능력을 '형성'하는 데 주된 목표를 두었습니다. 나아가 삶의 완성으로서 궁극적인 글쓰기 능력의 '향상'을 부수적으로 기대하였습니다.

학생들의 글쓰기 능력 '형성'이라는 학습 목표를 달성하기 위해 이 책은 전체적으로 읽기와 쓰기를 겸하는 교재가 되도록 구성하고, 글쓰기 이론에 대한 설명은 되도록이면 줄이려고 하였습니다. 이론을 가르치기보다는 학생들에게 실제로 글을 쓰게 하고, 그것을 첨삭해주는 수업이 훨씬 더 효과적이라고 믿기 때문입니다. 제1장은 글쓰기의 통학문적 의미와 가치를 생각해보기 위해 마련한 것입니다. 제2장부터 8장까지는 글쓰기의 기본 원리를 익히는 데 학습 목표를 두었습니다. 여기에서는 문장과 단락 쓰기, 유형별 글쓰기를 통해 600자 정도의 단문을 쓰는 훈련이 주를 이룹니다. 제9장부터 12장까지는 통합적·실용적·학술적 글쓰기 훈련을 통해 글을 완결할 수 있는 능력을 기르도록 하였습니다. 전체적으로 다양한 예문을 통해 교수와 학생이 서로 토론하는 과정에서 얻은 생각이나 발상 및 결과를 가지고 글을 써 나가도록 하였습니다. 따라서 이 책은 글쓰기의 안내서라기보다는 글쓰기 훈련의 마당 구실을 하도록 집필되었다고 봅니다.

이 책에 인용된 다양한 예문은 모두 출처를 밝히고 필요에 따라 부분적으로 수정·윤문하였습니다. 이 자리를 빌려 인용된 예문의 필자들에게 감사드립니다. 글쓰기 강의를 담당했던 선생님들 중심으로 교재 개발이 이루어졌고, 집필자들이 토론과 윤문 과정에서 오류의 가능성을 최대한 줄이려고 노력하였습니다. 지난 2년 동안 글쓰기 교육에 열성을 다한 여러 교강사 선생님들과 적극적으로 참여해준 학생들에게 감사의 뜻을 전합니다. 임환모 교수를 비롯한 여러 집필자들의 노고와 정성이 이 책에 고스란히 배어 있다고 믿습니다. 또한 글쓰기 교재 개정작업을 물심양면으로 지원해준 대학 본부에도 감사의 뜻을 전합니다.

2007년 2월

전남대학교 교육발전연구원장

CHAPTER 제1장

왜 글쓰기인가

- 의사소통으로서의 글쓰기
- 사고와 표현
- 글쓰기 학습의 목표

제1장

왜 글쓰기인가

1. 의사소통으로서의 글쓰기

글쓰기는 '의사소통'의 중요한 방식이다. 의사소통은 사람들 사이에 이루어지는 개인적·집단적 상호작용으로 신체적 동작과 같은 직접적 표현으로부터 정교한 기호의 사용에 이르기까지 매우 다양한 방식으로 이루어진다. 말하기와 글쓰기는 기호적 차원의 의사소통 중에서도 가장 정교하고 체계적인 방식이다. 이러한 측면에서 언어를 적절히 이해하고 사용하는 능력은 삶의 기본적 조건이다.

최근 들어 많은 대학들이 글쓰기 교육에 지대한 관심을 가지고 다양한 방식으로 글쓰기를 가르치고 있다. 이러한 경향은 일시적 유행이라기보다는 우리의 문화적·교육적 구조에 대한 진지한 반성의 산물이라고 할 수 있다. 이러한 반성을 불러온 배경에는 다음과 같은 중요하고도 현실적인 이유들이 있다.

먼저 '사회의 다원화' 현상을 들 수 있다. 다원사회에서는 사람들의 경험과 활동이 단일한 기준에 의해 평가되는 것이 아니라 각각의 맥락이나 배경을 통해 다양한 방식으로 평가된다. 20세기 후반에 들어 다원주의가 급속히 확산되기 시작한 것은 결코 우연이 아니다. 인류의 지성사를 통해 전통적 주류로 자리잡아 왔던 보편주의 또는 객관주의의 '단일한 진리' 개념이 다른 것들을 부당하게 열등한 것으로 억압하거나 배제해왔기 때문이다.

다원사회의 특징적 현상의 하나로 사적 영역의 확장을 들 수 있다. 보편적인 제도적 규범으로 간주되어 왔던 많은 것들이 점차 개방되어 개인의 사적 판단에 맡겨지고, 개인의 가치 선택 폭 또한 그만큼 확장된다. 그렇다 하더라도 모든 것이 사적 영역으로 무한히 열리는 것은 아니다. 보수주의자도 자유주의자도, 예술가도 과학자도 여전히 무차별적인 외적 억압과 공격으로부터 자신을 보호해야 할 제도적 장치를 필요로 한다. 또한 하나의 공동체를 유지하기 위해서도 구성원 모두가 동일하게 지켜야 할 질서와 제도를 필요로 한다. 이처럼 공유된 제도적 부분들을 중심으로 '공적 영역'이 구성된다.

다원사회 안에서 개인들은 각각 다른 관심과 사회적 이익을 추구하면서 살아간다 하더라도 다른 모든 구성원들과 함께 공유해야 할 합의에 참여할 수 있는 기본적 능력을 갖추어야 한다. 다원사회에서 이러한 합의는 억압이나 강제가 아닌, '대화'와 '설득'이라는 방식을 통해 이루어진다. 우리는 이러한 영역을 '공적 담론' 영역이라고 부를 수 있는데, 여기에서 개개인에게는 대화와 설득이라는 의사소통 능력이 필수적인 조건으로 요구된다. 다원사회는 다양한 집단들의 유기적 연관성 속에서 복합적인 상호작용을 요구하며, 이러한 맥락에서 의사소통으로서의 교양 교육의 중요성이 강조되고 있다.

의사소통으로서의 글쓰기가 강조되는 또 하나의 이유로 '지식의 전문화' 현상을 들 수 있다. 지속적인 지식의 분화 현상은 '전문화'라는 이름으로 사람들의 사고를 격자화시킬 우려가 있다. 전문적 지식에 대한 요구가 급속히 증가함에 따라 학문 영역 또한 매우 섬세하게 구획된다. 사람들은 자신들의 전공 영역이나 직업적 관심사에 따라 매우 다른 이해 방식을 갖게 되며, 이들 사이의 의사소통은 지극히 제한되거나, 때로는 상호 배타적인 것으로 변질될 수 있다. 이러한 현상은 결과적으로 사회 전반에 걸쳐 다양한 형태의 소외를 불러온다. 우리 사회에서도 이러한 우려가 현실로 나타나고 있기 때문에 의사소통으로서의 글쓰기가 요구된다.

우리의 교육 현실을 감안할 때에도 의사소통 훈련의 필요성은 절실하다. 학교 교육이 입시에 초점을 맞추어 이루어지면서 학생들은 시험을 위한 교과서적 지식을 습득하는 데 많은 노력과 시간을 투여하고 있다. 그 결과 자유로운 사고 능력을 발현하는 훈련이 매우 취약한 형편이다. 특정한 지식을 암기하는 일은 그 자체로 도구적이라는 한계를 지닐 뿐만 아니라 오히려 학생들의 사고 작용을 가로막는 부작용을 낳는다. 이 때문에 오늘날 학생들은 대부분 개인적인 정서나 느낌을 표출하는 데는 익숙하지만 공적 담론 능력이 현저히 떨어진다.

의사소통은 상황이나 목적에 따라 매우 다양한 방식으로 이루어지는데, 오늘날 우리에게 특히 중요하게 요구되는 의사소통은 개인적인 선호나 느낌을 표출하는 차원에서의 의사소통이 아니라 공적 담론의 영역에서 타인들과의 적절한 상호작용으로서의 의사소통이다. 바꾸어 말하면 다원사회에서 의사소통의 핵심적 목표는 다양한 관심과 이해를 갖는 개인들 속에서 자신의 생각을 설득력 있게 표출하고 전달하는 것이다. 여기에는 항상 많은 사람들이 공유할 수 있는 보편적 타당성을 염두에 둔 사고와 담론 능력이 요구된다. 모든 사람이 모든 영역의 지식을 공유할 수는 없지만 다양한 영역들이 나름대로 갖는 의미와 가치를 이해하는 일은 무엇보다도 중요하다. 이러한 의미에서 적정한 정도의 의사소통 능력 훈련은 당면한 문제들을 치유하는 역할을 할 수 있을 뿐만 아니라 장기적으로는 학생들의 적극적인 사고 능력을 배양하는 중요한 길이 될 수 있을 것이다.

2. 사고와 표현

글쓰기의 중심적 두 축을 이루고 있는 사고 능력과 표현 능력은 서로 분리될 수 없는 요소들이다. 언어가 일종의 사회적 규약이라는 측면에서 본다면 기본적인 사용 규칙을 익히는 것은 한 언어를 사용하는 데 선결 조건이다. 그러나 표현의 문제는 이러한 규칙 사용의 측면에 국한되지 않는다. 좀더 정교한 의사소통 방식으로서의 글쓰기라는 차원에서 실질적으로 무엇을 어떻게 쓸 것인가라는 문제에 이르면 사고와 표현을 구분하는 것은 그다지 큰 의미가 없어 보인다. 표현되지 않은 사고는 전달될 수 없고, 사고 없는 표현은 공허하기 때문이다. 따라서 좋은 글쓰기 훈련은 이 두 측면이 한데 묶여 통합적으로 발현되는 방식으로 이루어져야 한다.

좋은 글은 필자의 지식과 사유는 물론 개인적인 취향이나 선호를 조화롭게 드러낸다. 이러한 글쓰기 수준에 이르기 위해서는 적절한 훈련이 필요하다. 내용과 형식의 측면에서 좋은 글쓰기가 공통적으로 갖추어야 할 몇 가지 기본적 요소가 있으며, 이러한 요소들에 대한 적절한 훈련이 없이 개인의 품격이 반영되는 글쓰기는 가능하지 않기 때문이다. 기초적 글쓰기 훈련은 대부분 학교 교육에서 이루어져야 하는 것으로 인식되고 있지만 우리의 교육 현실은 결코 그렇지 못하다. 현재의 교육 구조 속에서 대부분의 학생들은 우리가 일반적으로 기대하는 정도의 글쓰기 능력을 갖추지 못하고 있는 실정이다. 많이 읽고, 많이 쓰고, 많이 생각하는 것이 좋은 글을 쓰기 위한 기본적 조건이라는 것은 두말할 나위가 없다. 이러한 시각에서 이상적인 글쓰기 훈련은 학교의 전과정을 통해 지속적으로 이루어져야만 한다.

대학에서 글쓰기 교육이 지향하는 핵심적 목표의 하나는 학생들이 명료한 사고를 하도록 이끌어 가는 일이다. 여기에서 중요한 것은 대부분의 학생들이 갖고 있는 다양한 내용의 지식이나 정보를 적절한 방식으로 재구성하는 일이다. 보고, 듣고, 만지는 지각을 통해 받아들이는 모든 것은 사고의 형태로 재구성되어 말하기나 글쓰기를 통해 표현된다. 이러한 표현 과정에는 모두가 공유하고 소통할 수 있는 적절한 패턴이 요구된다. 바꾸어 말하면 대학에서 교양으로서의 글쓰기 훈련은 바로 이러한 최소한의 공유 가능한 패턴들을 습득하는 데 초점이 맞추어져야 한다.

의사소통에 실패하는 주된 요인의 하나로 사고의 불명료성을 들 수 있다. 하나의 글이 이 세계의 모든 사실들을 한꺼번에 다루는 것은 아니다. 하나의 글은 몇몇 관련된 사실들이 특정한 맥락에 따라 묶인 것이므로, 성공적인 글을 쓰기 위해서는 특정한 주제를 중심으로 관련된 사실들을 정돈하는 능력이 요구된다. 머리 속에 떠오르는 잡다한 느낌들이나 생각을 하나의 체계로 구성하기 위해서는 주어진 것들을 적절하게 구분하는 훈련이 필요하다.

이러한 측면에서 사고 활동을 특징짓는 기본적 작용 방식의 하나로 '가르기'를 들 수 있다. 가르기는 사물들의 유사성과 차이를 드러낸다. 나무, 고양이, 책상, 적/동지 등 구체적인 대상들을 식별하는 것으로부터 선/악, 옳음/그름 등 추상적인 개념들을 습득하고 사용하는 것에 이르기까지 우리의 모든 사고 활동의 기본 구조는 가르기로 특징지어질 수 있다. 더욱이 우리 경험이 평면상의 도식처럼 이루어지는 것이 아니라 다양한 층위의 경험이 복합적으로 얽혀서 이루어진다는 점을 감안하면 가르기의 양상이 얼마나 복잡한 것인지 쉽게 짐작할 수 있다. 대상들의 유사성과 차이가 이러한 가르기를 통해 드러난다. 유사한 것들을 가려낸다는 것은 다른 것들과 구획을 짓는다는 것을 의미한다. 명료한 사고는 바로 명료한 가르기이다.

한편 학술적 또는 이론적 영역에서 사고의 기초를 이루는 것은 구체적인 것과 일반적인 것의 연관성을 식별하는 능력이다. 모든 이론은 '일반화'라는 형태를 취한다. 따라서 하나의 새로운 이론을 구성하기 위해서는 구체적인 것과 일반적인 것의 연관관계를 적절하게 이해하는 일이 필수적이다. 이론을 구성하는 사람들은 구체적인 것들을 모아 하나의 일반적 원리를 찾으며, 대부분의 사람들은 이론 차원에서 주어진 특정한 원리들을 구체적인 사실들에 적용함으로써 이론을 사용한다. 물론 글쓰기 훈련이 이 모든 사고 작용을 가능하게 해주는 것은 아니지만 이러한 사고 훈련에 중요하게 기여할 수 있으며, 또 기여하는 방식으로 이루어져야 할 것이다. 특히 전문적인 학술적 지식을 다루는 대학 교육에서는 구체적인 것과 일반적인 것 사이의 연결 능력이 특별히 중요하게 고려되어야 한다.

3. 글쓰기 학습의 목표

오늘날 글쓰기가 학술 용어로 정착된 것은 그럴만한 이유가 있다. 우리가 현실세계든 가상세계든 어떤 대상을 이해한다는 것은 우리의 머리 속에 그 대상을 해석하여 언어화하는 것이다. 우리는 매순간 맞닥뜨린 대상에 대하여 머리 속에 글쓰기를 하면서 살아간다. 대상에 대한 글쓰기는 그 대상을 읽는 행위의 다른 이름이다. 그래서 읽기는 언제나 다시 쓰기이다. 언어 텍스트를 구체화하는 글읽기도 머리 속에 그것에 대한 또 다른 텍스트를 다시 쓰는 행위이다. 그런 점에서 글쓰기는 사유의 방식일 수 있다.

그러나 머리 속에서 이루어진 사유의 방식으로서의 글쓰기를 실제로 언어화하는 일은 매우 까다로운 작업이다. 그것은 사유의 논리와 글의 논리가 일대일로 대응하지 않기 때문이다. 사유의 논리가 포괄적이고 자유로운 반면, 글의 논리는 언어 사용방식의 특수성에 의해 많은 제약을 받는다. 지적 능력이 뛰어난 대부분의 사람들도 글쓰기를 두려워하는 것은 사유를 글의 논리로 표현하는 방법이 서툴거나 이에 대한 훈련이 부족하기 때문이다. 예를 들면, 이청준의 단편소설 「눈길」을 읽고 충분히 공감적 인식에 도달했음에도 예외적인 몇몇 사람들을 제외하고는 이 소설에 비견할 만한 글을 쓰지 못한다. 이것은 머리 속으로는 서 말의 구슬을 마련하고도 그것을 꿸 수 있는 언어를 마련하지 못한 경우이다.

글쓰기는 개인의 생각과 느낌을 글로 나타내는 표현과정이라는 점에서 개인적 행위이지만 글쓴이와 독자 사이의 사회적 의사소통이라는 점에서 사회적 행위이기도 하다. 그래서 이것은 대상에 대한 정확한 이해를 통해 의미를 구성하는 지적 활동이면서 다양한 체험 속에서 개인이 겪는 문제를 해결하기 위한 자기 성찰적 활동일 뿐 아니라 타인과의 대화와 설득을 통해 사회적 문제를 해결하는 실천의 과정이기도 하다.

그러므로 글쓰기 학습의 일차적 목적은 적절한 의사소통 능력을 기르는 데 있다. 자기표현이 성공적으로 이루어지기 위해서는 독자와의 대화적 관계를 유지하면서 글 자체가 어법에 맞아야 할 뿐만 아니라 적절한 어휘와 바른 문장의 구사, 그리고 짜임새 있는 구성으로 글의 논지가 분명해야 한다. 의사소통이 가능한 완결된 글쓰기 능력이 무엇보다 중요한 것이다.

다음으로 글쓰기의 이차적 목적은 문제 해결 능력을 함양하는 데 있다. 개인적이든 사회적이든 문제 해결은 창의적이고 논리적인 사유과정을 통해서 이루어진다. 언어와 사고가 동전의 양면처럼 표리 관계에 있다면 질서 있는 사유 과정과 대상에 대한 정확하고 깊이 있는 이해가 없이는 좋은 글을 쓸 수가 없다. 글쓰기의 이러한 사고 능력 함양이 학문연구와 불가분의 관계를 맺고 있기 때문에 대학에서 글쓰기가 중요한 것이다.

마지막으로 글쓰기의 궁극적인 목적은 교양 있는 지식인으로서의 삶을 완성하는 데 있다. 지식인이란 자신의 전문 지식을 인생이나 우주와 연결시켜 보편타당한 가치로 말을 하거나 글을 쓸 수 있는 사람이다. 글쓰기 자체가 세계를 이해하는 방식이고 이것을 통해 삶의 의미를 구성하고 창조하는 일이라면 글쓰기는 자신의 삶을 완성해 가는 과정으로서의 창조적 행위가 된다. 대상 세계와의 관계 속에서 자신의 새로운 삶을 창조해내는 데 반성적 성찰을 가능하게 하는 것이 글쓰기이기 때문이다.

글쓰기의 목적이 단순히 공적 담론에서의 의사소통에 국한된 것은 물론 아니다. 이상적인 글쓰기는 한 사람의 총체적 삶의 특성을 반영한다. 오늘날 다원화된 문화 안에서 창조적인 사람들은 삶이 역동적일 뿐만 아니라 지식 조작은 물론 자기표현에 능숙하다. 다시 말하면 그들의 삶 자체가 수사학적이다. 그들은 먼저 미래를 선취하여 자신의 삶을 설계하고 구성하는 힘을 가지고 있고, 삶의 실천을 아름답게 꾸밀 줄 알며, 사회・역사적 문화의 지층을 가로질러 새로운 가치를 창조해낼 수 있었다.

우리의 삶이 수사학적이라면 글 역시 수사학적이다. 좋은 글은 우선 전달하려는 정보나 정서, 또는 사유의 세계를 가장 효과적으로 전달할 수 있도록 체계화하거나 형상화해야 한다. 그런데 사전적 의미만으로는 개인의 사적인 감정이나 비가시적 세계를 오롯하게 드러낼 수 없다. 그래서 언어로 지시할 수 있는 그 이상을 표현하기 위해 고안된 것이 문채(文彩, figure)이다. 은유, 환유, 제유 등으로 구성되는 문채는 단순히 글을 꾸미는 데서 그치지 않고 새로운 의미를 생성하기 위한 사유의 방식이자 언어의 활용 방식이다. 그러나 구성과 문채가 좋다고 해서 반드시 좋은 글은 아니다. 모든 언어 속에는 오랜 세월 동안 축적된 공동체의 문화가 켜켜이 쌓여 있다. 그 문화적 의미를 되살려 새로운 문화를 생성했을 때 비로소 좋은 글이 될 수 있는 것이다.

이처럼 글과 삶은 수사학적 차원에 유사성을 가지고 있다. 인간의 삶은 다양한 세계 속의 대상들을 이해하고 해석하는 과정의 연속이다. 그러나 주관적 세계인식의 결과가 전달 가능하기 위해서는 타자를 지향하지 않을 수 없다. 그 타자화 과정에서 반성적 글쓰기가 이루어진다. 글쓰기는 의사소통의 과정이면서 창의적이고 논리적인 사유과정이며 동시에 창조적 자기표현의 행위이다. 글쓰기 교육의 목표는 이러한 글쓰기 능력을 '형성'하고 '향상'하는 데 있다. 글쓰기 능력의 '형성'이 자기표현의 기본형식으로서 초보적인 글쓰기라면, 글쓰기 능력의 '향상'은 여기에서 더 나아가 현재적 삶에 대한 또 다른 의미를 구성해내는 힘과 문제 해결 능력을 기르는 것이다. 이러한 의미에서 글쓰기는 삶을 완성해가는 과정이다.

CHAPTER 제2장

올바른 문장

- 문장의 이해
- 문장 바로 쓰기

제2장

올바른 문장

1. 문장의 이해

문장은 생각을 표현하는 기본 단위이다. 각각의 개별 의미를 지닌 단어를 엮어 문장으로 만들어 낼 때 비로소 어떤 생각이 전달될 수 있다. 한 편의 완성된 글도 문장에서부터 출발한다. 바른 문장이야말로 글을 쓰는 데 가장 기본적인 요소라 할 수 있다. 이것은 마치 집을 지을 때 좋은 벽돌을 구하는 것이 중요한 것과 같은 이치이다.

올바른 글을 쓰기 위해는 문장의 기본 유형부터 살펴볼 필요가 있다. 아래는 국어 문장의 기본 유형들이다.

문장의 기본 유형	① 무엇이 무엇이다.(건우는 학생이다.) ② 무엇이 어찌하다.(비가 오다.) ③ 무엇이 무엇을 어찌하다.(한국인은 꽃을 좋아하다.) 무엇이 무엇을 무엇에게 어찌하다. (철수가 꽃을 윤서에게 주다.) ④ 무엇이 어떠하다.(하늘이 높다.)

①은 서술어가 명사인 명사문(계사문 | 繫辭文 | 이라고도 한다.)이다. ②는 서술어가 자동사로 되어 있는 자동사문이다. ③은 서술어가 타동사로 되어 있는 타동사문으로, 타동사가 서술어인 경우 반드시 목적어를 필요로 한다. 그리고 '주다, 받다' 등은 목적어 외에 목적보어를 반드시 요구한다. ④는 서술어가 형용사로 되어 있는 형용사문이다.

위에서 보듯이 국어의 문장은 "주어+목적어+(목적보어)+서술어"의 순서로 이루어진다. 주어, 목적어, 서술어는 문장의 필수성분이다. 필수성분 외에 부속성분으로 관형어와 부사어가 있다. 문장은 일반적으로 필수성분에 부속성분이 더해져서 이루어진다. 부속성분은 필수성분을 수식하는 기능, 곧 문장의 요소마다 그 뜻을 더 분명히 하거나 한정하는 역할을 한다. 문장에서 필수성분과 부속성분은 "관형어+주어+관형어+목적어+부사어+서술어"의 형식으로 나타난다.

⑤ 멋있는 건우는 학생이다. (관형어+주어+서술어)
⑥ 승아는 아주 예쁘다. (주어+부사어+서술어)
⑦ 예쁜 윤서는 정말 사랑스럽다. (관형어+주어+부사어+서술어)
⑧ 모든 한국인은 아름다운 꽃을 매우 좋아한다. (관형어+주어+관형어+목적어+부사어+서술어)

문장은 수식요소가 덧붙어 길어지기도 하지만, 문장과 문장을 연결하는 접속(접속어미에 의해 실현됨)과 한 문장이 다른 문장에 안겨 특정한 역할을 하는 내포의 방법에 의해 길어지기도 한다.

⑨ 바람이 부니 비가 온다.
⑩ 봄이 오면 꽃이 피고 겨울이 오면 눈이 온다.
⑪ 우리는 봄이 오기를 기다린다.
⑫ 마을 사람들은 청년이 돌아왔다는 소문을 들었다.

⑨, ⑩은 '-니', '-면', '-고' 따위의 접속어미에 의해 문장이 확대된 예이다. 이 외에도 '-나', '-(으)므로', '-서' 등이 있다. ⑪, ⑫는 주어와 서술어가 있는 한 문장이 상위의 문장에서 각각 목적어, 관형어 역할을 하고 있는 예이다.

2. 문장 바로 쓰기

좋은 문장을 쓰려면 문체도 좋아야 하고 어휘 구사력도 뛰어나야 한다. 그런데 그런 조건에 앞서 무엇보다도 중요한 것은 문법에 맞는 문장을 쓰는 것이다. 제 아무리 뛰어난 문체를 지녔다고 하더라도 문법에 어긋난 문장을 남발한다면 좋은 글이라 할 수 없다. 즉 좋은 문장을 구사하기 위해서는 먼저 올바른 문장을 쓸 줄 알아야 한다.

어떤 문장을 읽고 어색하다든가 이해가 안 된다든가 하는 것은 대부분 문법에 맞지 않는 경우로 문장 성분의 호응관계, 생략, 부당한 공유, 수식어의 위치 등과 밀접한 관련이 있다. 어휘를 잘못 선택하여 어색한 문장이 되는 경우도 있다. 즉 동일한 의미를 갖는 어휘를 반복하여 쓴다거나, 어휘의 뜻을 잘못 알고 쓴다거나, 어휘의 호응관계가 바르지 못한 데서 오는 결함 등이 있다.

글쓰기에서 올바른 문장만을 쓰기는 어렵다. 문장의 오류를 줄이려면 잘못된 문장의 유형을 아는 것이 중요하다. 특히 문장의 구조 및 어휘의 의미 측면에서 자주 나타나는 오용 사례를 찾아 바르게 고쳐 보는 습관이 중요하다.

가... ‖ 호응관계 ‖

글을 쓸 때 자주 범하는 오류 중의 하나가 주어와 서술어의 호응을 깨는 일이다. 예컨대, “커피가 영미를 마셨다.”는 잘못된 문장이다. 주어 ‘커피’와 서술어 ‘마셨다’가 호응을 이루지 않기 때문이다. 특히 긴 문장을 쓸 때에는 주어와 서술어가 일치하는지를 살펴야 한다.

① 우리나라는 예로부터 평화를 사랑하는 단일 민족이었다.

② 술이 아주 많이 취했다.

③ 이 사진은 모기가 사람의 피를 빨아먹는 장면이다.

④ 지금 내가 살고 있는 용봉동은 예전에는 농촌이었던 곳인데 태어난 곳은 아니다.

⑤ 김씨는 축산물처리기술을 개발한 엔지니어로 호주에서 300억원 상당의 수출계약을 맺었으며 대기업과 7억원 상당의 영업 계약을 체결하는 등 유망 환경 벤처로 주목받고 있다.

나… 문장 성분의 생략

우리 말은 문장 성분의 생략이 용이하다. "어디 가(니)?", "도서관."은 주어('너', '나')와 서술어('가다')가 생략되어 있으나 아무 문제가 없는 문장이다. 또한 "건우는 아침을 먹고 (건우는) 책가방을 챙겨 (건우는) 학교에 가서 (건우는) 강의를 들었다."에서처럼 주어인 '건우'의 행위가 반복적으로 나타날 때는 주어를 생략할 수 있다. 목적어나 서술어, 부사어의 경우도 마찬가지다. 이처럼 문장 성분의 생략이 흔하지만, 문장에서 꼭 필요한 성분이 생략되면 바른 문장이라 할 수 없다.

① 건우는 친구를 만나 한참 동안 이야기를 하였는데 인사도 없이 가버렸다.

② 저는 작년에도 이 강의를 들었고 가장 힘들었던 과목이었습니다.

③ 내가 졸업식장에 도착했을 때는 이미 끝난 후였다.

④ 사회가 삭막해질수록 돕는 자세가 더욱 절실히 필요하다.

⑤ 본격적인 공사가 언제 시작되고, 언제 개통될지 모른다.

다… 부당한 공유

부당한 공유는 두 요소 이상을 결합시킬 때 자주 발생한다. 생략하면 안 되는 요소를 생략함으로써 어떤 한 요소가 그 둘 이상의 요소에 모두 공유되어, 결과적으로 두 요소 사이의 호응관계가 깨지게 된다.

① 그들은 날마다 적당한 운동과 체육이론을 열심히 연구하였다.

② 우리들이 차고 놀던 축구공과 농구공은 낡은 창고에 있다.

③ 이 난로는 그을음과 열 효율을 높이기 위하여 새로 개발한 것이다.

④ 등기 신청은 소유자 본인이 직접 또는 법무사에게 위임할 수 있다.

⑤ 이 전쟁에서 다국적군과 첨단 무기들이 얼마나 성능을 발휘할지 모르겠다.

라... 수식어의 결합

우리 말의 수식어에는 관형어와 부사어가 있다. 수식어는 피수식어를 꾸미거나 한정하는 구실을 하므로 피수식어 바로 앞에 놓여야 한다. 수식어가 피수식어와 멀리 떨어져 있으면 수식-피수식 관계가 모호해진다. 그리고 수식어가 제 위치에 있지 않으면 그 문장은 중의적으로 해석되기도 한다. 체언 앞에 여러 개의 수식어가 와도 바람직하지 않다.

① 이런 당국의 해명은 전혀 설득력이 없다.

② 나의 그녀에 대한 평가와 인식이 옳은지 그른지 몰라 답답하다.

③ 코노돈트 미화석은 보통 석회암층에서 관찰할 수 있다.

④ 아름다운 새들의 노래 소리가 들렸다.

⑤ 검은 안경을 낀 키가 보통인 중년의 남자가 우리 집에 찾아 왔다.

마... | 조사와 어미의 사용 |

우리말의 조사와 어미는 주로 문법적인 관계를 나타내는 기능을 한다. 조사나 어미의 용법을 올바로 알고 써야 어색한 문장이 되지 않는다. "윤서는 성실함으로 성공할 것이다."는 '-(으)ㅁ으로'가 잘못 쓰여 비문이 되었다. 까닭을 나타내는 어미 '-(으)므로'를 써야 바른 문장이 된다. '-(으)ㅁ으로(써)'는 명사형 어미 '-(으)ㅁ'에 조사 '-으로(써)'가 붙은 형태이다.

① 책을 읽으므로 시름을 잊는다.

② 사람으로써 그럴 수는 없다.

③ 윤서가 그렇게 좋든가?

④ 가던지 말던지 결정하시오.

⑤ 학생들이 교실에서 남아 있었다.

바... | 피동표현의 남용 |

피동은 주어가 남의 행동에 의해서 행해지는 동작을 말한다. 피동표현은 대개 '-이-, -히-, -리-, -기-' 등의 피동접미사(먹히다, 오해가 풀리다)와, '-아/어 지다'(오해가 풀어지다)에 의해 나타난다. 또한 '해결되다'처럼 '-되다, -받다, -당하다' 등이 있을 때 피동표현으로 본다. 이 피동표현이 중복되거나 잘못 쓰이는 경우가 흔하다. 우리 문장은 피동표현보다 능동표현을 쓰는 것이 바람직하다.

① 날씨가 맑을 것으로 예상되어졌다.

② 요즘 사람들에게 널리 읽혀지는 책이 거의 없다.

③ 그도 함께 갈 것으로 보여진다.

④ 강풍에 나무가 뿌리째 뽑혀졌다.

⑤ 한국도 조만간 선진국 대열에 진입할 것으로 생각되어집니다.

사... ‖ 동일 의미의 단어 반복 ‖

한 문장에 같은 뜻을 갖는 표현이 겹치는 경우가 많다. 쓰는 이가 뜻을 강조하려고 일부러 반복하기도 하지만, 수사적인 문체가 아니라면 바른 글이라 할 수 없다. 대개 고유어와 한자어 사이에서 빈번하게 일어난다. "그 식당은 미리 예약해야 한다."라는 문장은 '미리'와 '미리, 미리하다'의 뜻이 있는 '예'(豫)가 중복되어 있다.

① 아주 좋은 호평을 받았다.

② 내가 자네를 험담했다는 것은 근거 없는 낭설이네.

③ 일정 기간 동안 관찰하여 나온 결과를 적용하였다.

④ 건우의 연구 논문에는 가장 최근에 보고된 내용이 인용되어 있다.

⑤ 우리나라는 힘들고 어려운 고난의 시기를 잘 극복해 왔다.

아... | 단어 의미, 정서법에 맞는 표현 |

글을 대하다 보면 어휘를 잘못 쓴 경우를 흔히 볼 수 있다. 어휘의 뜻을 제대로 파악하지 못한 데서 오는 잘못도 있고, 맞춤법이나 표준어 규정에 맞지 않는 어휘를 선택한 데서 오는 오류도 있다. '우연히'로 표현해야 할 내용인데 '우연찮게'로 쓰거나, '며칠'로 적어야 하는 것을 '몇 일'로 쓰는 경우가 그것이다.

① 나는 저렴한 가격으로 학교 헬스클럽을 이용한다.

② 미국에 버금가는 힘을 키워야 한다.

③ 가족 사진을 응모하고 있으니 학생 여러분의 많은 참여를 기다립니다.

④ 새 기계는 작동 방식이 예전 기계와 틀려서 적응하는 데 시간이 걸렸다.

⑤ 영수는 법원에 가서 이름을 바꿨다.

소 속		학 번		성 명	
제출일		평 가			

[문제 1] **다음에 제시된 문장을 보고 잘못된 곳을 찾아 고쳐 보시오.**

(1) 또 다른 특징은 얼굴 변형을 일으킬 수 있다.

(2) 이번 모임에서는 대단한 화제가 되었다.

(3) 이 타이어는 탁월한 제동력과 소음을 줄이기 위한 특수 기법으로 고안한 것이다.

(4) 온통 방안이 고기 냄새로 배어 있다.

(5) 윤서가 나무에게 물을 주었다.

(6) 그 문제는 끝내 해결되어지지 않았다.

(7) 어제 축구 경기는 두 팀이 3 : 3으로 동률을 이루었다.

(8) 요즘 광고를 보면 예전의 광고가 다시 부활하는 듯하다.

(9) 구매하게 된 첫째 이유는 롱코트의 가격이 이만 한 것이 잘 없습니다.

(10) 경찰 조사 결과 박 양은 스키를 타러 다니는 등 유흥비에 탕진했다.

(11) 언론은 사회 각 방면에서 일어나는 사건의 신속한 보도와 공정한 해설을 개진해야 한다.

(12) 이 수술만 잘 되면 당신도 건강하게 되어 질 것입니다.

절취선

(13) 당당하게 아내는 아이를 낳기 위해 결혼한 것이 아니라고 주장했다.

(14) 여러 가지 다양한 방법으로 실험하였다.

(15) 이 과에 온 이유는 수학능력시험 점수가 예상보다 적게 나왔기 때문이다.

(16) 대학에서 나무의 용도는 도심 속에서 찌든 대학의 공기를 깨끗하게 하고 산소공급원으로서의 가치가 더 중요하지 않을까 생각합니다.

(17) 인간은 자연을 지배하기도 하고 순응하기도 한다.

(18) 축구 경기에서 최후방 수비수를 골키퍼라고 하고, 골키퍼는 판단력과 순발력을 갖추어야 한다.

(19) 사라진 김씨의 휴대폰은 연희동 인근에서 발견되었다.

(20) 꼬마가 동네 사람들에 의해 천재로 불리워진다.

(21) 우리는 예부터 베품을 최고의 미덕으로 여겼다.

(22) 밤 늦게까지 만나지는 않는다.

(23) 그는 울면서 떠나는 영이를 배웅했다.

(24) 부인들은 남편보다 자녀들을 더 사랑한다.

(25) 그렇게 염려될 만큼 위험하지는 않다.

(26) 좋은 생각은 쉽게 얻어질 수 있는 것이 아니다.

(27) 잠시 후 열차가 도착될 예정입니다.

(28) 잠시 있다가 사장이 들어왔다.

(29) 전체 소비 지출액 중 주거비가 차지하는 비중이 점점 얕아지고 있다.

(30) 대일 무역 적자는 당분간 더 나빠질 가능성도 무척 높다.

(31) 나이가 많은 사람은 경륜이 있어 좋고 나이가 작은 사람은 패기가 있어 좋다.

(32) 운동을 하면 근육이 발달해서 목이나 다리가 두꺼워진다.

(33) 거래량 상위 종목에는 현대건설, 우리은행, 하이닉스, 삼성중공업이 전체 거래량의 25.8%를 차지하고 있다

(34) 정상적인 사람이 또는 사회적으로 좀 모자라는 사람이 되지 않기 위해 그냥 결혼한 사람일수록 자신의 이상과는 정 반대의 상대를 만날 수 있다고 경고한다.

(35) 광주로 향하던 승용차가 중앙선을 침범해 과속으로 마주오던 트럭과 정면 충돌했다.

(36) 국가대표 축구팀 감독은 그동안 좋은 성적뿐만 아니라 우수 선수들을 많이 발굴했다.

(37) 이로써 로드리게스는 어니 뱅크스가 가지고 있던 메이저리그 유격수 최다 홈런을 경신했다.

(38) 내가 이과를 택한 것은 이공 계열 출신들이 우리나라의 산업을 발전시키는 일에 큰 몫을 하며, 또한 사회적으로 대우도 잘 받고 있다는 판단에서 이과를 택하였다.

(39) 지금 와서 생각해 보면 내가 성공할 수 있었던 데 큰 힘이 되었던 것 같다.

(40) 그러나 이와 같은 높으신 뜻을 겨우 그 아드님 되는 세조에까지 이어 가고 그 뒤에는 아무렇게나 발음되는 대로 적는 소위 언문 글자로 떨어지고 말았다.

소 속		학 번		성 명	
제출일		평 가			

[문제 2] **다음 글에서 어색한 문장들을 찾아 바르게 고쳐 보시오.**

(1) 우리나라는 전통적으로 농경을 지어 왔다. 소는 경작을 위해 중요한 필수품이었다. 소를 먹는다는 것은 일반인들로서는 상상하기 어려운 일이었다. 그래서 개를 먹는 풍습이 발달했다. 그러나 유럽의 여러 나라에서는 오랜 기간 수렵을 했을 뿐만 아니라 소가 그리 중요한 가치를 지니지 않았다. 오히려 개가 더 중요했다. 이러한 생활의 차이로 인한 식생활에도 차이가 나타난 것이다.

절취선

(2) 휴대전화는 우리들의 일상생활에서 없어서는 안 되는 물건들 중 하나이다. 정보화시대가 도래하면서 모든 가정에서 컴퓨터를 마련하게 된 것처럼, 현재는 휴대폰이 없는 사람은 찾아보기 힘들 정도이다. 처음 휴대폰이라는 것이 생겼을 때는 말 그대로 '휴대할 수 있는 전화기'라는 의미로써 통신기구로 생각하고 사용하였다. 그러나 지금의 휴대전화는 통신기구가 아니라 그 밖의 여러 가지 기능을 할 수 있는 하나의 문화가 되어버렸다. 예를 들어 게임, MP3 기능은 기본이고 카메라 기능과 TV, 영화시청까지 가능해졌다. 이처럼 오늘날의 휴대전화는 모든 사람에게 필수품이 되어버렸다.

소 속		학 번		성 명	
제출일		평 가			

[문제 3] **다음 문장을 여러 개의 짧은 문장으로 고쳐 써 보시오.**

양념구이는 일반 장어구이 집에서 쓰는 장어장과 달리 독특한 소스를 직접 개발해 낸 것이라는데 북어와 다시마를 넣고 끓인 육수에 장어뼈와 함께 인삼과 꿀, 우엉, 마늘 등 양념을 넣고 진간장으로 간을 맞추어 고아냈으며 이 장이 담백하면서도 장어맛을 해치지 않는 묘한 맛을 내고 이 집에 손님의 발길이 끊이지 않는 이유 중 하나가 바로 이 장 때문이다.

절취선

CHAPTER 제 3 장

주제 설정과 개요 작성

- 주제 설정하기
- 생각 모으고 구성하기
- 개요 작성하기

글쓰기

제3장

주제 설정과 개요 작성

글을 쓸 때에는 '무엇'을 '어떻게' 쓸 것인가를 먼저 생각해야 한다. 주제의 설정은 무엇에 대해 쓸 것인가를 결정하고, 개요의 작성은 어떻게 쓸 것인가를 결정한다. 이 두 가지 과정을 거치면서 불분명했던 생각들이 모이고, 틀을 갖춘 형태로 머릿속에서 구성된다. 경유지와 도착지를 알 뿐만 아니라 지도와 나침반을 갖고 산을 오르는 사람이 무턱대고 산을 오르는 사람보다 조난당할 확률이 낮은 것처럼, 미리 주제에서부터 개요의 작성까지 예행연습을 해본 사람은 글쓰기에 실패할 확률이 훨씬 낮다고 말할 수 있다.

1. 주제 설정하기

가... 주제

주제란 글이 담고 있는 핵심적인 내용이나 중심 사상을 말한다. 비록 주제가 겉으로 명확하게 드러나 있지는 않을지라도 주제에는 최소한 글쓴이가 전달하고자 하는 의도와 목적이 충분히 반영되어 있다. 그러므로 모든 글은 주제를 갖기 마련인 것이다.

또한 쓰는 이의 입장에서 보자면 주제는 자신의 중심 생각을 나타내는 것이다. 글이 표현하려고 하는 생각의 구체적 내용이 무엇이고, 이 생각의 귀결이 무엇인지를 간단명료한 하나의 문장 정도로 표현할 수 있다면 성공적으로 주제를 설정했다고 할 수 있다. 즉, 주제는 긴 글이든 짧은 글이든 간에 전체 글의 내용을 한 문장으로 압축할 수 있을 정도로 함축적이면서, 읽는 사람이 쉽게 수긍할 수 있는 일반성을 갖추어야 한다.

나... 주제의 설정

(1) 주제는 단일한 개념이어야 한다.

주제는 되도록 단일한 개념이어야 한다. 즉, 주제는 서로 관련이 없는 둘 또는 그 이상의 개념으로 이루어져서는 좋지 않다는 것이다. 예를 들어, '국가권력'에 대해 글을 쓴다고 가정할 때 '국가권력은 강제력에 호소하는 합법적인 권력'과 같이 주제를 정하면, 이는 단일 주제가 된다. 마찬가지로 '국가권력은 다양한 유형의 인격상호관계로 표명되는 권력 형태' 역시 단일 주제이다. 이렇게 주제가 단일할 경우 글 전체의 서술은 집중될 수 있으며, 선명하고 강렬한 효과를 낼 수 있다. 그러나 "국가권력은 강제력에 호소하는 합법적인 권력이요, 다양한 유형의 인격상호관계로 표명되는 권력 형태이다."와 같이 주제를 설정하면 어느 한 쪽도 선명하게 서술하기가 어렵다. 글의 핵심과 초점이 두 갈래로 나누어지기 때문이다.

(2) 주제는 명확해야 한다.

주제는 되도록 명확한 개념이어야 한다. 예를 들어, '황진이'를 소재로 한 글에서 주제를 '미녀 기생'이라고 정했다고 하자. 주제를 표현한 말이 너무 포괄적이어서 글을 어느 방향으로 끌고 나갈지 망설이게 된다. 그러나 이와는 달리 "황진이는 시를 짓는 미녀 기생이었다."라고 주제를 설정한다면 말뜻이 분명해져 글의 내용이 어느 방향으로 나갈 것인지 쉽게 결정할 수 있다.

즉, 주제가 명확하고 뚜렷한 개념이 되려면 되도록 외연이 좁아야 한다. 이를테면, "황진이는 미녀 기생이었다."를 주제로 설정하는 경우를 비교해보자. 전자의 경우 '미녀 기생'이라는 개념의 외연이 넓어 주제의 선명도는 그만큼 약해질 것이다. 반면 후자의 경우에는 '시를 잘 짓는 미녀 기생'으로 그 외연이 한정되므로 기생의 면모 중 시를 짓는 능력에 집중할 수 있어 그 선명도가 훨씬 강해질 것이다.

(3) 주제는 참신해야 한다.

주제는 항상 참신하고 독창적이어서 읽는 이로 하여금 글을 읽고 나면 뭔가 다른 얘기를 들었다는 느낌이 들 수 있어야 한다. 즉, 이미 관습화되어 있는 얘기를 주제로 삼지 않아야 하는 것이다. 주제는 어떤 소재를 필자 나름으로 분석하여 얻는 것이라 했는데, 그 내용이 이미 알려져서 아무 새로운 것이 없는 것이라면 어떻게 되겠는가?

소재는 흔히 볼 수 있는 일상사에서 얻은 것일지라도 그것을 보고 해석하는 관점에 따라서는 얼마든지 새롭고 재미있는 주제가 나올 수 있다. 주제를 정할 때에는 무엇보다도 이 점에 관심을 두고 남과 다른 관점에서 소재를 바라봄으로써, 무엇인가 참신하고 흥미를 끌만한 주제를 찾도록 노력해야 한다.

이런 참신한 주제를 마련하는 구체적인 과정을 예로 들어 보자. 가령, '사랑'에 관한 것을 소재로 하는 글을 쓴다고 하자. 이런 경우 흔히 '애끓는 마음', '헌신적 마음가짐', '서로 위하는 마음' 등등의 관점에서 주제를 택하는 것이 보통이다. 그러나 이는 누구나 한 번쯤 떠올릴 만한 것들로 진부한 것이 되기 쉽다. 따라서 좀더 색다른 관점에서 '사랑'에 대한 소재를 살펴보도록 하는 것이 바람직하다. 이를테면, '사랑은 가치를 향한 마음의 운동', '사랑은 나눔', '사랑은 인생의 교사' 등등의 소재로 사랑의 색다른 면을 발견함으로써 참신한 주제가 떠오르는 것이다.

다... 주제문 작성하기 _ 가주제, 참주제, 주제문

주제가 명확할수록 글을 잘 쓸 수 있다. 명확한 주제를 설정하려면 주제를 한정할 필요가 있다. 즉, 단순히 알고 있거나 흥미를 가지고 있는 막연한 주제를 명확한 주제로 좁혀 결정해야 하는데, 이때 막연한 주제를 '가주제'라 하고, 한정된 명확한 주제를 '참주제'라고 한다. 예를 들어 '독서'가 가주제라고 한다면 '독서의 이점'은 참주제가 되는 셈이다.

가주제의 범위를 한정하여 참주제를 설정했다고 함은 그것이 가진 추상성과 모호함을 가능한 한 줄이고 구체화시켜 글을 쓸 만한 글감의 형태와 크기를 결정한다는 말이다. 그러나 이렇게 참주제가 결정되었다고 해서 바로 글을 쓸 수 있는 것은 아니다. 위의 예처럼 '독서'라는 가주제의 범위를 구체화시켜 '독서의 이점'으로 참주제를 설정하였다고 해도 구체적으로 '독서의 이점'에 대해 자신이 어떤 논지를 펼칠 것인지는 결정되지 않은 상태인 것이다. 다시 말해서 자신이 이 주제를 통해 부각시키고 싶은 독서의 이점은 무엇인지, 어떤 관점에서 독서의 이점을 다룰 것인지 하는 문제는 아직 미결 상태이다. 따라서 참주제는 한 번 더 구체화 작업을 거쳐야 한다.

참주제를 다시 한 번 구체화하여 하나의 문장으로 명료하게 구성한 것이 바로 주제문이다. 예를 들어 '독서의 이점'을 "독서가 주는 최대의 이점은 인간 영혼의 순화에 있다."라는 주제문을 작성했다고 가정해 보자. 이것이 바로 위에서 제시한 '독서의 이점'이라는 주제를 문장으로 구체화한 주제문인 셈인데, 이 주제문을 완성하고 나서야 비로소 글을 쓸 방향이 정해졌다고 볼 수 있다.

결국 주제문을 작성한다는 것은 '참주제'에 아직 남아 있는 추상성과 모호함의 정도를 한 번 더 구체화시켜 실제로 글을 쓸 때 취할 태도와 입장, 글의 전개 방향 등을 설정하는 작업이라고 할 수 있겠다.

가주제, 참주제, 주제문의 관계

가 주 제		참 주 제		주 제 문
글을 쓰려고 할 때 떠올린 주제	→	떠올린 가주제를 좀더 명확하고 한정된 범위로 재조정한 주제	→	참주제를 다시 한 번 구체화시켜 하나의 문장으로 명료하게 작성한 것
독서	→	독서의 이점	→	독서가 주는 최대의 이점은 인간 영혼의 순화에 있다.

소 속		학 번		성 명	
제출일		평 가			

[연습] 다음에 주어진 가주제로 참주제를 설정하고 주제문을 작성해보시오.

가 주 제	참 주 제	주 제 문
국어 사용 능력		
과학 기술		
인터넷		

절취선

2. 생각 모으고 구성하기

사람마다 생각하는 내용과 방식이 다르기 때문에 생각을 모으고 구성하는 보편타당한 방법이 있을 리 없다. 그렇지만, 좋은 글을 쓰기 위한 예비 작업이라는 성격을 감안하면 생각을 모으고 구성하는 과정에서 유의해야 할 다음과 같은 몇 가지 중요한 점을 지적할 수는 있다.

가... 선입견에 사로잡히지 않는다.

실패한 글쓰기의 공통적인 배경에는 선입견에 사로잡힌 사고의 편협성이 놓여 있다. 이 때문에 생각을 모으는 과정에서 가장 중요한 것은 기존의 선입견에 사로잡혀서는 안 된다는 것이다. 어떤 주제에 대해 생각할 때 제일 먼저 떠오르는 생각이 있다면 그것은 자신의 선입견일 확률이 높다. 이런 경우에는 의도적으로 그런 생각으로부터 거리감을 유지하는 것이 필요하다. 선입견을 극복하기 위해서는 자신에게 부자연스럽게 느껴지거나, 혹은 거부감이 드는 생각들을 오히려 중시해야 한다. 선입견은 이처럼 의도적으로 극복하려고 노력하지 않는 이상 절대로 극복되는 법이 없기 때문에 이를 회피하려는 적극적인 노력을 기울인다면 누구나 좋은 글을 쓸 수 있다.

나... 자유로운 발상을 중시한다.

사람들이 글쓰기를 어렵게 느끼는 이유가 몇 가지 있다. 그 중 하나는 자신의 생각과 주관대로 글을 썼음에도 불구하고 다른 사람들이 자기 글을 낮게 평가하는 경우가 많다는 것이다. 이런 경우에 부딪치면 대부분의 글쓴이는 그 이유를 몰라 당황하게 된다. 이 때 문제의 핵심은 "최대한 진실하게 썼다."는 사실 그 자체에 놓여 있는 경우가 많다. 즉, 자신의 머릿속에 떠오른 생각을 근거로 글을 썼기 때문에 스스로는 진실성이 아주 높다고 평가하겠지만, 읽는 이들은 오히려 그 글이 한쪽으로 치우쳤고, 진부하며, 읽을 가치가 없다고 느끼는 것이다.

이것은 그 글이 이미 형성된 사고의 틀에 갇힌 상태에서 씌었기 때문이다. 선입견의 배제는 이 틀을 부수기 위한 절반의 전략이다. 나머지 절반의 전략은 선입견이 사라진 여백을 자유로운 발상에서 우러나오는 독창적 사고의 내용으로 채우는 일이다. 좋은 글을 위한 사고의 자유로운 발상은 아무리 강조해도 지나치지 않다. 브레인스토밍(Brainstorming)과 마인드 맵핑(Mind mapping) 등의 기법은 자유로운 발상을 유도하기 위한 유용한 방법들이다.

다... 풍부한 배경 지식을 활용한다.

자유로운 발상이 이루어지려면 풍부한 배경 지식이 있어야 한다. 이를 위해서는 폭넓은 영역에 걸쳐 직접, 혹은 간접 체험을 많이 하는 것이 좋다. 평이한 말 같지만 많은 독서를 하는 것은 배경 지식을 확장하는 가장 손쉬우면서도 중요한 방법이다. 서로 이질적인 지식의 형태들과 사고들이 한데 융화되어 새로운 것을 만들어 내는 것은 글쓰기뿐만 아니라 모든 창조적인 작업의 공통점이다. 풍부한 배경 지식을 쌓는 일을 게을리 하지 않는 것은 좋은 글을 쓰기 위한 필수적인 예비 작업이다. 이런 풍부한 지식을 배경으로 자유로운 발상이 이루어질 때 좋은 글이 가능해진다.

라... 글쓰기의 조건을 고려한다.

마인드 맵핑과 같은 방법을 통해 무작정 생각의 연결을 만들어만 나가는 것은 좋은 훈련이 아니다. 사고한 내용들은 쓰고자 하는 주제와의 연관성 속에서 선택적으로 정돈되어야 한다. 이에 앞서 미리 글쓰기의 외적 조건을 검토하는 것은 생각을 모으는 데 도움이 된다. 즉 글을 쓰는 목적이 무엇이고, 읽는 대상이 누구며, 어떤 성격의 글을 써야 할 것인가의 문제를 생각해야 한다. 연애편지인지 학술적 보고서인지에 따라 호칭에서부터 시작해서 글의 체제와 스타일이 모두 달라진다. 구체적인 쓰기는 글쓰기의 조건에 따라 일정하게 제한된 형식 아래에서 이루어진다는 점을 잊어서는 안 된다.

마... 주제를 중심으로 사고를 정돈한다.

글쓰기의 조건이 외적인 제한이라면, 글을 내적으로 제약하는 것은 주제이다. 당연한 말이지만 생각은 주제를 중심으로 정돈되어야 한다. 전체 글의 모든 요소들이 주제와 밀고 당기는 적절한 긴장을 유지하는 것이 좋은 글이라고 할 수 있다. 따라서 산만하게 흩어진 사고들은 주제를 중심으로 일관된 방식으로 서술되어야 한다는 점에 유의해야 한다. 실제로 주제를 중심으로 사고를 정돈하는 것이 완료되면, 이제 남은 것은 그것을 구체적 형태로 조직하는 개요 작성의 단계밖에 없다고 할 수 있다.

3. 개요 작성하기

가... 개요 작성의 필요성

개요는 글로 쓸 내용을 한눈에 볼 수 있도록 표로 나타낸 것이다. 그러므로 개요를 짠다는 것은 주제 설정과 자료 수집, 그리고 글을 어떻게 구성할 것인가 하는 문제가 결정된 후 실제로 글 쓰는 과정에 들어가기 전에 마지막으로 골격을 정하는 작업을 말한다.

훌륭한 개요는 글의 방향을 명확하게 보여주기 때문에 논지가 흐트러지는 것을 방지할 수 있고, 전체 글에 유기적인 구조와 일관성을 부여한다. 또 내용의 중복이나 필요한 내용이 누락되는 사태도 막을 수 있다. 나아가 글의 전개 순서나 분량, 적절한 소재의 배치까지도 조절할 수 있는 안정된 글쓰기를 가능하게 만든다. 이렇게 작성한 개요는 실제 글을 쓰는 과정에서 수정되기도 한다.

나... 개요 작성 방법

개요는 주제 설정과 생각의 구성을 전제로 한다. 이 때문에 개요의 작성에서 중요한 것은 내가 생각했던 구조와 내용을 가급적이면 분명한 형태로 지면에 구체화시키는 것이다. 그렇기 때문에 개요는 주제와의 연관성, 글 전체의 구성, 분량의 문제 및 적절한 용어와 표현 등에 주의하면서 글의 전반적 흐름과 주제가 드러날 수 있도록 구성하는 것이 중요하다.

개요 작성을 수월하게 하기 위한 방법들을 알아두는 것도 유익하다. 가장 널리 알려진 두 가지 방식은 '어구식 개요'와 '문장식 개요'이다.

어구식 개요는 쉽게 말하자면 목차를 잡는 것과 비슷하다고 할 수 있다. 즉 글의 목차처럼 간결한 어구로 각 항목의 주요 내용만을 표현한 개요를 말한다. 이 경우 필요한 만큼의 장과 절을 나누고, 각 장과 절에 서술되는 핵심적인 내용을 드러내는 적절한 용어와 표현들을 선택해서 배열하는 것이 무엇보다 중요하다.

문장식 개요는 어구식 개요를 조금 더 확장시킨 형태라고 할 수 있다. 개요 작성의 방법은 대동소이하지만, 간결한 어구보다는 각 항목의 주요 내용을 온전한 문장의 형태로 표현한다. 이 때 각 항목의 내용을 대표하는 문장들은 사실상 특정한 장, 절의 소주제에 해당하기 때문에, 문장식 개요를 작성하는 것은 그 자체로 전체 글을 압축적으로 정리하는 효과가 있을 뿐만 아니라, 무엇보다 글 전체의 유기적 구성 정도를 가늠하기에 편리하다는 장점을 갖는다.

글의 종류에 따라, 그리고 글 쓰는 이의 취향이나 편의에 따라 이 두 가지 개요 방식 중 어떤 것을 선택할 것인가는 달라질 수 있다. 논문이나 보고서 등의 경우처럼 긴 글을 써야 한다면 어구식 개요가 적합할 것이다. 항목을 잘게 나누어 가급적 구체적인 개요를 작성하는 것이 글 쓰는 과정에서의 혼란을 피하게 해주기 때문이다. 반대로 적은 분량의 글은 항목을 잘게 나눌 필요가 없으므로 처음부터 문장식 개요를 택하여 항목별 소주제를 미리 적어보는 것이 바람직할 것이다.

하지만 무엇보다 중요한 것은 글 쓰는 이 자신에게 유리한 방식으로 이 두 가지를 적절하게 사용할 줄 아는 것이라고 할 수 있다. 제시된 기법만을 무조건 따르는 것보다는 자신의 독창적인 개요 작성 방법을 개발하는 노력을 게을리 하지 않는 것 역시 마친가지로 중요하다.

[예시]

주　제 : 환경 보호	
주제문 : 환경을 보호하기 위해서 전 국민적 각성과 노력이 절대적으로 필요하다.	
어구식 개요	**문장식 개요**
1. 서론 : 환경오염의 문제점 제시	**1. 서론 :** 오늘날 환경오염은 우리 인류의 미래를 위협할 정도로 심각한 상태에 이르렀다.
2. 본론 1 : 환경오염의 폐해 1) 공해의 심각성 2) 생태계의 파괴	**2. 본론 1** 1) 자동차에서 배출되는 유독가스는 대기를 오염시키고, 일회용품의 처리 과정에서 나오는 유독물질은 하천을 오염시킨다. 2) 각종 유독물질이 생태계를 파괴시켜 그 피해는 결국 우리 인류에게 돌아오고 있다.
3. 본론 2 : 환경오염의 방지 방안 1) 자원 재활용 극대화 2) 환경오염 부담금제 실시	**3. 본론 2** 1) 일회용품의 사용을 최대한 줄이고, 재활용이 가능한 자원을 사용하여 오염을 줄여야 한다. 2) 필수 산업에 의한 오염의 경우 기업이나 개인에게 환경오염 부담금을 부과하는 법안을 마련하여 자체 정화 활동이 가능하도록 해야 한다.
4. 결론 : 전 국민적 각성과 노력 촉구	**4. 결론 :** 환경오염 방지는 정부나 기관의 힘으로만 이루어질 수 없는 전 인류적 과제이므로, 온 국민이 이에 대한 새로운 인식을 가지고 적극 노력해야 할 것이다.

다... 개요 작성의 실제

- 주제에 대하여 주제문을 작성한다.
- 작성된 주제문과 연관된 글감을 모으고 구성한다.
- 개요를 작성한다.

[예시]

주 제 : 독서	
주제문 : 사람은 사고력을 넓히고 인격을 수양하기 위해 독서를 해야 한다.	
생각 모으기	1) 사고의 정리 정돈 2) 인격의 수양 3) 정신적 여유 4) 사색과 명상의 결과 5) 지식과 정보의 원천 6) 삶의 간접 체험 7) 삶의 연습장
구성하기	1. 사고의 정리 정돈 및 사색과 명상의 결과, 지식과 정보의 원천 - 책의 효용성 면에서 위의 1), 4), 5)를 합침 2. 인격의 수양과 정신적 여유 획득, 삶의 간접 체험과 연습 - 독서의 의의의 면에서 위의 2), 3), 6), 7)을 합침
개 요 작성하기	**1. 서론** : 인간과 사고력과의 관계 **2. 책의 효용성** 1) 글은 사고를 정리하여 기록한 것이다. 2) 책은 사색과 명상의 결과물이다. 3) 책은 지식과 정보의 원천이다. **3. 독서의 의의** 1) 독서는 인격 수양의 한 방법이다. 2) 독서는 정신생활을 신장시킨다. 3) 독서는 다양한 간접 체험의 행위이다. **4. 결론** : 독서의 중요성

소 속		학 번		성 명	
제출일		평 가			

[문제 1] 다음에 제시된 주제 중 하나를 선택하여 주제문을 작성하고 글감을 찾아 구성한 다음 개요를 작성해보시오.

주 제 : 전통 문화 / 원천 기술 / 법(法) / 술[酒]	
주제문 :	
생각 모으기	
구성하기	
개 요 작성하기	

절 취 선

CHAPTER 제4장

짜임새 있는 단락

- 단락의 정의
- 단락의 구성
- 단락의 통일성
- 단락의 긴밀성

글쓰기

제4장

짜임새 있는 단락

1. 단락의 정의

단락은 몇 개의 문장이 모여서 공통된 하나의 내용을 이루는 글의 덩어리이다. 이때 공통된 하나의 내용을 소주제라 한다. 단락은 소주제를 여러 가지 방법으로 풀이해 놓은 글이라는 점에서 완성된 글의 축소판이라 할 수 있다. 한 편의 글은 몇 개의 단락이 모여 이루어진다. 단락의 소주제들은 글 전체의 주제를 떠받드는 요소가 된다. 형식을 갖춘 단락을 쓰는 것은 긴 글을 완성하는 것과 비슷한 효과가 있다.

단락은 소주제문과 소주제를 뒷받침하는 문장으로 이루어진다. 뒷받침문은 소주제를 더욱 구체화하고 상세화한다. 따라서 뒷받침문은 소주제문과 밀접하게 관련되는 내용이어야 한다. 단락은 둘 이상의 문장으로 이루어지는 것이 원칙이며 그 첫머리는 반드시 들여 써야 한다. 단락의 길이에는 특별한 제한은 없지만 대략 4~8개의 문장으로 이루어지는 것이 보통이다.

> ① 나는 책을 통해서 늘 새로운 세계를 발견하고 있다.(소주제문) ② 책의 저자들은 각자가 살고 느끼고 생각하는 세계를 보여준다. ③ 옛 책을 읽으면 옛날 사람들이 살았던 세상을 보게 되고 딴 나라 사람들의 책에서는 그 세상의 모습을 엿볼 수가 있다. ④ 문학 작품에서는 작가가 그리는 미지의 세계가 나에게 펼쳐진다. ⑤ 특히 근래에 다시 읽어 본 파브르의 곤충기에서 보여주는 벌레들의 세계는 우리가 상상키 어려운 세계이기도 하였다.(뒷받침문) ⑥ 이렇게 나는 책을 읽음으로써 나 자신이 경험할 수 없는 새로운 세계로 흥미진진한 여행을 한다.

위 글의 중심 내용은 첫 번째 문장에 나타나 있다. 첫 번째 문장이 소주제문이다. ②~⑤는 소주제문을 구체화시키고 있는 뒷받침문이다. '책을 통한 새로운 세계 발견'이라는 소주제를 뒷받침하는 구체적인 내용들로 채워져 있다. ⑥은 앞에서 밝힌 구체적인 내용을 다시 요약하여 중심생각을 강조하는 문장으로 역시 소주제문이라 할 수 있다. 이 예문은 소주제문이 글의 처음과 끝에 있는 양괄식 구성이라 할 수 있다.

2. 단락의 구성

좋은 단락은 소주제문이 명확히 드러나야 할 뿐만 아니라 뒷받침문들이 소주제 문장의 내용을 적절하게 설명해야 한다. 소주제문은 단락의 앞부분에 올 수도 있고 뒷부분에 올 수도 있다. 때에 따라서는 소주제문이 단락에 명확하게 나타나지 않는 경우가 있는데 이때는 글을 읽고 소주제 또는 소주제문을 밝혀내야 한다.

단락을 전개하는 방법은 다양하다. 일반적으로 글을 쓰는 양식이라 하는 설명, 논증, 서사, 묘사 등이 동원된다. 단순한 사실이나 추상적인 서술로 된 소주제라면 이를 풀어 설명하기도 하고, 또 예시나 일화를 보여 줌으로써 소주제가 드러나게 하기도 한다. 어떤 주장이 담긴 소주제라면 적절한 근거를 들어 증명하는 방식으로 소주제를 펼치게 된다.

소주제문을 뒷받침하는 방식은 고정된 것이 아니기 때문에 하나의 단락을 펼치는 데는 여러 방식이 함께 이용되기도 한다. 가령 아래 ❶은 소주제와 관련된 내용을 구체화함으로써 소주제를 펼치고 있으며, ❷는 소주제에 대해 '예'(例)를 들어 설명하고 있다. ❸은 소주제를 직접 설명하는 것이 아니라 일화를 통해 소주제가 드러나게 하고 있다. ❹는 소주제를 유추의 방식으로 풀어가는 방법을 택하고 있으나, '지구'와 '화성'의 비교를 통한 서술을 하고 있다.

❶

<u>사람이란 대체로 묘한 존재다.</u> 이 세상에 태어난 것이 우선 묘하고, 어디서 왔는지 어디로 가는지 무엇 때문에 사는지도 모르고 살아가는 것이 묘하고, 그러면서도 무엇을 생각하려고 하는 것이 묘하고, 백인백색으로 얼굴이나 성미가 다 각각 다른 것이 또한 묘하다. 모르면 약이요 아는 게 병인데도 아는 체하는 것이 묘하고, 뛰는 놈 위에 나는 놈이 있건 만은 다 뛰려고 하는 것이 묘하다.

❷

우리가 일상적으로 쓰는 말 속에는 여성에 대한 편견이 녹아들어 있다. 가령 '여교수', '여의사'라는 말은 있어도 '남교수', '남의사'라는 말은 없다. 마치 교수나 의사는 남자가 하는 것이 당연하고 여자가 하면 특이한 것이 된다는 사고가 숨어 있는 것이다. 친족 명칭도 마찬가지이다. 부계의 친족 명칭은 아무 표지가 없지만 모계의 친족 명칭에는 '외'자가 더 붙는다. 어머니 쪽 친척인 '외할머니, 외삼촌, 외숙모'를 '할머니, 삼촌, 숙모'라고 부른다든지 아버지 쪽 친척인 '할머니, 삼촌, 숙모'를 '친할머니, 친삼촌, 친숙모'라고 부르면 어색한 것이 사실이다. 모두가 부계 중심, 남성 중심적인 사회상과 관련이 된다.

❸

위트가 위기를 모면해 준 일이 있다. 어느 날 저녁 때 임금이 대궐 안을 산책하고 있었다. 우연히 주방 앞을 지나다가 보니 수라상을 마련하는 여자가 홍시를 핥고 있었다. 임금은 못 본 체하고 그 앞을 지나쳤다. 그 이튿날 아침에 수라상에 그 홍시가 올라와 있었다. 임금은 은근히 화가 치밀어 그 여인에게 물었다. "음식은 어떻게 해야 깨끗한고?" 여인은 가슴이 철렁했다. 임금이 홍시를 핥는 것을 보신 것이라고 짐작이 갔기 때문이다. 여인은 금시 대답하여야 되었다. "아니 보시면 깨끗하나이다." 임금은 그녀의 재치 있는 대답을 듣고 입가에는 흐뭇한 미소가 서렸다. 그것에 그치지 않고 후한 포상을 하라는 분부가 뒤따랐다.

＊ 임정현, 「감의 맛」.

❹

화성에도 사람이 살까? 이 문제는 많은 과학자들 사이에 논란이 되고 있다. 그런데 지금까지 발명된 아무리 큰 망원경이라도 화성에 생명체가 있는지를 직접 확인할 수 없다. 그러므로 우리는 지구와 화성을 견줌으로써 어떤 추정을 내릴 수밖에 없다. 지구는 하나의 축을 중심으로 하여 돌고 있는 공 모양의 행성으로서 태양 둘레를 일정하게 공전하고 있다. 지구는 얼마쯤의 원소로 이루어져 있으며 대기층이 있음으로써 생명체를 지탱한다. 화성도 태양을 일정한 궤도로 공전하고 있고, 태양과의 거리나 자전 주기도 지구와 거의 같다. 화성은 표면의 상태가 행성 중에서 지구와 가장 비슷하고 엷으나마 대기권이 있는 것으로 알려져 있다. 이런 점에 비추어 볼 때 화성에도 생명체가 있으리라는 추정은 상당한 근거가 있다고 할 만하다.

소 속		학 번		성 명	
제출일		평 가			

[연습 1] **다음 내용을 읽고 소주제문을 찾아보시오.**

______❶

고대 유태의 법전이나 희랍의 법전에 독신자는 처벌을 받는다는 기록이 있고, 로마 시대 키케로는 독신세를 혹독하게 부과한 적도 있었다. 중국이나 인도 지역에서 독신자는 가족과 친족에게 화를 끼치는 존재로 여겨졌다. 여러 나라에서 사망한 독신자들끼리 영혼 결합을 시켰던 것은, 당사자들은 물론 가족이나 친족 전체에게 다가올 화를 면하게 하기 위함이었다. 이처럼 예로부터 혼인은 사회적인 구속력을 지닌 의무로 여겨졌기 때문에 독신 남녀는 비하나 차별의 대상이 되었다.

절취선

______❷

과학이라면 으레 어려운 것, 일반 국민과 아무 상관 없는 것으로 여기는 경향을 볼 수 있다. 그러나 우리의 조상들이 남겨준 교훈들을 돌이켜 보면 얼마나 많은 과학 지식이 실생활에 이용되는지를 알 수 있다. 가령 간장을 담글 때 가마솥 밑에 접시 같은 그릇을 엎어 놓고 끓인다. 이를 물리학적으로 생각해 보면 매우 흥미 있는 일이다. 만약 접시로 가마솥 밑에 생긴 기포를 조절해 주지 않으면 폭발적으로 끓어서 간장이 넘을 우려가 있다. 또 간장에 숯을 띄어 놓는 것은 숯의 탈취성을 이용한 것이며 고추를 띄어 놓는 것은 살균 작용을 이용하려는 것이다.

＊ 권영대, 『과학하는 심상』.

③

지구의 물은 순환하고 있다. 매년 바다에서 3만 세제곱 마일의 물이 증발하고, 다시 비나 그 밖의 형태로 바다에 되돌아온다. 이 바닷물에 들어 있는 물질 가운데서 증발하는 것은 오직 물뿐이므로, 비가 거의 순수한 물인 것은 바로 이 때문이다. 회귀하는 물의 일부는 우선 비가 되어 육지로 떨어지고, 땅 속을 흐르다가 녹기 쉬운 화학 물질을 담아 바다로 운반한다. 예를 들면, 강물은 0.01%의 염분을 함유한다. 이 정도의 함유량은 짠 느낌이 들 정도는 아니지만, 문제가 되기에는 충분하다. 이는 바다가 강물을 통하여 육지에서 끊임없이 소량씩이나마 염분이나 그 밖의 화학 물질을 얻지만, 증발로는 전혀 잃지 않기 때문이다. 그렇다면 바다는 점점 염분이 증가하지 않을까? 물론, 매우 느린 속도이지만 그래도 수백, 수천만 년이라는 지질학적 시간의 관점에서 보면 바다의 염분이 크게 증가하는 것은 틀림없는 사실이다.

＊『과학동아』, 1991.9.

소 속		학 번		성 명	
제출일		평 가			

[연습 2] **다음 빈칸에 단락의 주제 문장을 넣어 보시오.**

❶

( ). 비교적 지능이 발달해 있다는 침팬지 같은 짐승들을 대상으로 언어를 가르치려는 실험을 많이 하였지만, 이들이 습득하는 수준은 인간이 성취해 내는 수준과는 비교가 되지 않는다. 제 아무리 영리한 동물이라고 하더라도 몇몇 단어를 알아 듣는 데 그칠 뿐이다. 동물이 문장을 제대로 알아 듣는 것은 기대할 수 없다. 반면 인간이 언어를 습득하는 과정을 보면 정말로 이해하기 어려울 정도로 신비하다. 인간이라면 누구든지 만 세 살 정도밖에 안 되는 나이에 전화까지 받을 수 있을 정도로 모국어가 유창해진다. 누가 특별히 가르치지 않아도 언어를 접하기만 하면 누구나 완벽한 언어 구사자가 되는 것이다. 이런 신비한 능력은 다른 동물에게서는 찾을 수 없다.

절취선

❷

( ). 예를 들어 우리가 매일 쓰는 '학교'라는 단어를 정의한다고 해 보자. 자칫 잘못하면 재수생들이 다니는 학원을 포함시킬 수도 있고 또는 공무원 교육원을 포함시킬지도 모른다. 선생과 학생이 가르치고 배우는 곳이라고 해서 그런 곳을 다 학교라고는 하지는 않는다. 그러면서도 '여름 성경 학교'처럼 건물도 없는 잠깐의 모임을 학교라 부르기도 한다. 과연 어디까지를 학교라고 해야 할지 쉽지 않다.

3. 단락의 통일성

단락의 통일성이란 단락 안의 모든 문장이 하나의 주제, 즉 중심 생각 하나로 뭉쳐야 함을 의미한다. 단락에는 하나의 공통된 주제가 들어 있는데 이 주제와 관련이 없는 내용이 들어가면 단락의 통일성이 깨진다. 통일성이 없는 단락은 독자에게 혼란을 주기 때문에 피해야 한다. 단락을 쓸 때에는 항상 그 단락의 주제를 염두에 두고 관련되는 내용만을 담아야 한다.

____ ❶

나무는 주어진 분수에 만족할 줄을 안다. 나무로 태어난 것을 탓하지 아니하고, 왜 여기 놓이고 저기 놓이지 않았는가를 말하지 아니한다. 등성이에 서면 햇살이 따사로울까, 골짜기에 내려서면 물이 좋을까 하여 새로운 자리를 엿보는 일도 없다. 물과 흙과 태양의 아들로, 물과 흙과 태양이 주는 대로 받고, 득박(得薄)과 불만족(不滿足)을 말하지 아니한다. 이웃 친구의 처지에 눈떠 보는 일도 없다. 소나무는 소나무대로 스스로 족하고, 진달래는 진달래대로 스스로 족하다.

＊ 이양하, 「나무」.

____ ❷

강의 내용을 잘 이해하기 위해서는 여러 가지 노력이 필요하다. 강의 시간에 쫓겨 허둥대고 와서는 안 된다. 반드시 미리 와서 오늘 있을 강의에 대비해 책이나 노트를 읽어 본다. 강의 중에 노트 정리를 효과적으로 하는 것도 중요하다. 핵심적인 내용을 요약, 정리하고 좌우 여백을 많이 남긴다. 질문이 있을 때는 주저하지 않고 질문도 해야 한다. 이런 노력들이 있어야 강의 내용을 잘 이해할 수 있다.

____ ❸

우리의 주변은 고통의 조건으로 가득 차 있다. 내가 스스로 만든 고통이 있는가 하면 남이 가져다 주는 고통이 있고, 자연의 변화에서 오는 고통이 있는가 하면 전쟁이 빚는 고통이 있다. 무지로 말미암은 고통이 있는가 하면 지식 때문에 오는 고통도 있다. 이 밖에도 경제적 문제 때문에 오는 고통, 건강 때문에 발생하는 고통, 가정 문제로 오는 고통, 고독에서 오는 고통 등이 있다.

＊ 박신언, 「고통의 의미」.

소 속		학 번		성 명	
제출일		평 가			

[연습 3] **다음 단락에서 통일성을 깨뜨리는 부분을 찾아보시오.**

❶

우리나라의 문학작품에는 독자가 모를 사투리가 많다. 일일 생활권이라는 이유 말고도 신문이나 방송 또는 교과서를 통해 표준어가 위세를 떨치고 있어서 정다웠던 사투리는 우리의 언어에서 자꾸 사라져 가고 있는 실정이다. 개인적으로는 정답고 쓰고 싶은 말이지만 그 말을 쓸 수 없는 경우는 많다. 대중을 상대로 한 글이나 방송에서는 이 문제가 가볍게 처리될 성질의 것도 아니어서 때때로 말썽을 빚기도 한다. 그런데 소설 속의 사투리에서 문제가 되는 것은 다른 고장 사람이 모르는 말만이 아니라 소리가 같으면서 서로 뜻이 다른 말들이다. 함경도 작가의 소설에 '매일같이 서답을 넌' 이야기가 나오면 다른 고장 사람들은 함경도 여자란 부끄러움도 모르고 채신머리없다고 생각하겠지만, 함경도의 '서답'은 '빨래'를 뜻하므로 그 여자가 풍기는 실상은 '부지런한 여자'가 될 것이다.

* 이승우, 「문학작품 속의 사투리」.

❷

우리 대학은 완전히 초만원이다. 공간이 부족하다는 것은 캠퍼스의 어느 곳에서나 실감할 수 있다. 강의실은 꽉 차서 학생들은 통조림 속의 생선 모양 같다. 그들 중 일부는 마루 바닥에 앉아서 강의를 들어야 한다. 도서관 역시 자리잡기가 보통 어려운 것이 아니다. 구내 식당 역시 배불뚝이의 배처럼 금방 미어터질 정도로 붐빈다. 도서관 앞의 벚꽃나무만은 멋있다. 벚꽃이 질 때면 그 지는 모습이 너무 아름다워 꽃비가 나리는 것 같다. 그러나 전체적으로 캠퍼스는 초만원이서

절취선

싸구려 시장같이 보인다.

❸

여행은 생산적인 일이다. 돈도 쓰고 시간 낭비도 하는, 그저 그런 일이 아니다. 자신을 지켜 주고 위로하고 발전시키는 힘의 원동력이다. 여행을 가서 새로운 사람을 만나고 어울리는 일은 대단히 즐겁다. 도시의 반복적인, 습관적인 삶을 탈출해 낯선 곳에서 자신을 맡기고 그 곳의 삶을 체험하면 새로운 활기를 느낄 수 있다. 이러한 활기는 일상 생활을 계속하는 데 큰 도움이 된다.

소 속		학 번		성 명	
제출일		평 가			

[연습 4] **다음은 한 단락의 내용이다. 이를 통일성의 관점에서 평가하고, 그 결과를 바탕으로 단락을 나누어 쓰시오.**

까치는 먹이가 매우 다양하다. 까치는 곤충, 달팽이, 쥐, 나무 열매, 과일, 감자, 토마토, 콩을 먹는다. 까치는 집에서 버린 음식 찌꺼기도 잘 먹는다. 까치는 새의 알과 새끼도 먹는다. 따라서 까치는 농작물에 피해를 준다. 그리고 메추리나 자고새를 기르는 사람에게 피해를 준다. 까치는 해충을 잡아먹는다. 까치는 소나 양이나 사슴에 붙은 진드기를 뜯어 먹는다. 까치는 산림이나 논밭에 심은 곡식에 이롭다.

＊ 오창영, 「까치」.

절 취 선

1. 통일성이 떨어지는 이유를 쓰시오.

2. 단락을 나누어 다시 쓰시오.

4. 단락의 긴밀성

좋은 단락은 통일성이 지켜진다고 해서 되는 것은 아니다. 단락을 이루는 문장들 사이의 관계가 부자연스러우면 곤란하다. 단락의 긴밀성은 단락을 이루는 문장들 사이의 관계가 논리적이고 자연스러워야 함을 의미한다. 소주제와 밀접한 관련이 있는 내용들이라 할지라도 이들이 올바르게 배열, 연결되어 있지 않으면 긴밀성이 떨어지고 결국 좋은 단락이 되지 못한다. 접속어나 지시어 등을 적절하게 사용하는 것도 긴밀성을 높이기 위한 하나의 방법이다.

가... ▌긴밀성이 떨어지는 단락 ▌

> 너클 커브는 오른쪽 검지는 너클볼 그립처럼 구부리고 중지는 정상적으로 실밥을 쥔 채 던진다. 웬만한 야구광들에게조차 생소한 구질이다. 한국에서 이 볼을 던지는 투수는 두산 진필중이 유일하다. 너클 커브는 반드시 손가락의 강한 힘이 뒷받침돼야 던질 수 있다. 메이저리그에서는 뉴욕 양키스의 마이크 무시나가 명수로 꼽힌다. 최고의 투수 페드로 마르티네스도 체인지업과 함께 주무기로 구사한다.

나... ▌긴밀성이 있는 단락 ▌

> 너클 커브는 오른쪽 검지는 너클볼 그립처럼 구부리고 중지는 정상적으로 실밥을 쥔 채 던진다. 웬만한 야구광들에게조차 생소한 구질이다. 너클 커브는 반드시 손가락의 강한 힘이 뒷받침돼야 던질 수 있다. 한국에서 이 볼을 던지는 투수는 두산 진필중이 유일하다. 메이저리그에서는 뉴욕 양키스의 마이크 무시나가 명수로 꼽힌다. 최고의 투수 페드로 마르티네스도 체인지업과 함께 주무기로 구사한다.

소 속		학 번		성 명	
제출일		평 가			

[연습 5] **다음 글의 문장 관계가 자연스럽게 다시 배열해 보시오. 단어들의 간의 연관관계를 참고하시오.**

① 사람에게는 생물학전 유전 외에 정신적 유전이 있다고 한다. ② 국보나 보물이나 장승에는 혈육의 정 같은 것이 있다. ③ 석불과 석탑을 조각하고 세운 옛날 석공들의 체온이 전해져, 석탑이 따듯하게 느껴지는 것이리라. ④ 석탑을 만지면 따뜻한 온기가 느껴진다. ⑤ 민족적 유대감이나 사랑도 이 낯익음의 다른 이름인지 모른다. ⑥ 이것은 피 속을 흘러온 낯익음이다. ⑦ 우리 선조의 종교와 생활문화와 예술적 감각이 정신적으로 유전되어 오늘날 우리는 문화 민족으로서의 생활을 영위한다.

＊ 최신해, 「따뜻한 석탑」.

절
취
선

소 속		학 번		성 명	
제출일		평 가			

[연습 6] **다음 두 단락을 비교하여 어느 것이 더 긴밀하게 구성되어 있는지 평가하시오.**

❶

물은 사람에게 있어 생명과도 같다. 밥은 며칠을 굶어도 살 수 있지만 물은 단 하루만 마시지 않아도 생명에 지장을 받을 수 있다. 그런데 식수의 원천인 강물이 대부분 오염되었다. 심지어 상수원에서 악취가 나는 경우도 있다. 이런 강물 오염의 주요인은 가정의 오수 및 공장의 폐수이다. 강물 오염에 대한 당국의 규제가 강화되지 않는다면 국민들의 건강은 크게 위협받을 것이 분명하다.

❷

물은 사람에게 있어 생명과도 같다. 밥은 며칠을 굶어도 살 수 있지만 물은 단 하루만 마시지 않아도 생명에 지장을 받을 수 있다. 많은 사람들이 식수난에 고통을 받고 있으며 생수에서 세균이 검출되기도 한다. 또한 많은 공장에서 강에다 폐수를 배출하고 있다. 가정에서 버리는 생활하수의 양도 대단하다. 이제 맑은 물을 만들기 위해 범국민적인 운동을 벌이지 않으면 안 된다.

절 취 선

소 속		학 번		성 명	
제출일		평 가			

[문제 1] **다음의 소주제문에 대해 각각 뒷받침문을 작성하고, 그 중 하나를 택해 단락으로 완성하시오.**

가) 바다의 생물 자원은 대단히 풍부하다.

❶

❷

❸

❹

❺

절 취 선

나) 원(圓: 둥글다)의 발견은 인류의 역사에서 커다란 진보의 하나다.

❶

❷

❸

❹

❺

다) 가을은 독서하기에 가장 부적당한 계절일 것 같다.

____❶

____❷

____❸

____❹

____❺

소 속		학 번		성 명	
제출일		평 가			

[문제 2] **다음 글을 읽고, (   )안에 들어갈 내용을 쓰시오.**

유용성은 (   ). 이를테면 VTR을 구입한 소비자가 예약 녹화 기능이 너무 복잡하여 좀처럼 이용하지 않는다면 그 예약 녹화 기능의 유용성은 낮다고 할 수 있다. 최근 컴퓨터 소프트웨어와 웹사이트 개발에 유용성이 고려될 경우 적은 비용과 노력으로 커다란 효과를 거둘 수 있다는 사실이 밝혀지면서 이 유용성 개념은 '사용자에게 편리한(user-friendly)' 웹사이트 디자인에서 핵심 개념으로 자리 잡았다. 유용성에서 고려해야 할 사항들로는 쉽게 배울 수 있을 것, 효율적으로 이용할 수 있을 것, 기억하기 쉬울 것, 오류를 미리 방지할 것, 사용자에게 만족감을 줄 것 등을 꼽을 수 있다.

＊ 신형기 외, 『과학글쓰기』.

절취선

소 속		학 번		성 명	
제출일		평 가			

[문제 3] **다음 글에서 소주제문을 찾고 뒷받침 관계를 도식화하시오.**

① 요즈음 국어 순화 운동이 크게 진전을 보이고 있다. ② 한때 외국말을 분별없이 마구 쓰던 사람들이 최근에는 자제를 하고 있다. ③ 특히 대중 매체에 종사하는 사람들이 외국말을 되도록 안 쓰려고 힘쓰고 있다. ④ 운동 경기의 중계방송에서도 그런 점이 드러나고 있다. ⑤ 가령, 구석 차기(코너킥), 길게 차기(롱킥), 짧게 주기(숏 패스), 옆줄(사이드라인) 등과 같은 우리 말을 새로 만들어 쓰려는 시도를 하고 있는 것이다. ⑥ 또한, 어려운 한자말을 쉽고 정다운 토박이말로 바꾸어 쓰려는 기풍이 사회 각층에서 일어나고 있다. ⑦ 한자말이 우리말 속에 오랫동안 뿌리를 박고 있지만 역시 순수한 우리말은 될 수 없는 이질적인 요소임에 틀림없다. ⑧ 더구나 그것들이 순수한 토박이말보다도 더 많다는 점에서 문제가 심각하다. ⑨ 그런데 이런 한자말을 우리말로 바꾸어 쓰는 예가 자꾸 늘어나고 있다. ⑩ 외길(일방로), 건너가는 길(횡단보도), 잘라 말하다(단언하다), 내다보다(전망하다), 밝히다(천명하다) 등의 말이 많이 생겨나고 있으며, 아이차, 맛고만, 만나니, 꽃샘 같은 상품 이름, 다나아 약국, 고우네 의상실, 늘봄 다방 등 토박이말 상호 등이 새 맛을 돋우고 있다.

＊ 2002년도 PSAT 실험평가 문제.

절 취 선

소 속		학 번		성 명	
제출일		평 가			

[문제 4] **다음 글을 읽고, 글의 순서를 바르게 배열하시오.**

____ ❶

이런 노력은 경직되기 쉽습니다. 에스페란토의 규칙적 문법은 예외를 거의 허용하지 않지요. '도그마' 영화도 엄한 규범들에 충성함으로써 존재를 드러냅니다. 더구나 경험을 나중에 교리로 집약하는 종교운동과 달리 '도그마'는 먼저 규약을 내걸었다는 점에서 엘리트적이고 교조적입니다. 대부분 부정문인 규약은 온통 법률적 금지로 구체화돼 있고요. 에스페란토나 바하이교가 오늘날 그저 '또 다른' 언어나 종교일 뿐이라는 게 의미심장하네요.

____ ❷

최초 순간들이 지나고 제도와 산업의 외피를 입어가며 순수함을 잃을 때, 어떤 이들은 처음으로 회귀해 위기를 극복하려 합니다. 초발심이나 초대 교회 같은 말을 불교와 기독교가 강조하는 건, 신자 개인이건 종교 공동체건 처음 경험이 뿌리가 되기 때문입니다. 테오 앙겔로 풀로스의 '율리시즈의 시선'에서도 주인공 영화감독은 수렁에서 벗어나려고 발칸반도에서 처음 영화를 찍었던 마나키스 형제의 잃어버린 필름들을 찾아 나섭니다.

____ ❸

많은 미덕에도 불구하고 처음으로 돌아가려는 시도가 실패한다면 맥락을 무시했기 때문일 겁니다. 지금 모습은 긴 시간의 변화에 나름대로 적응해나간 결과이지요. 영화역사가 남긴 경향이나 기술을 발전 과정이 아니라 걸림돌로 보는 시각은 맥락을 잃기 쉽습니다. '율리시즈의 시선'에서 마침내 찾아낸 필름에 담긴 건 빈 화면이었지요. 맥락을 배제할 때 최초 열정이나 무구도 나중에 까발려 보면 빈 화면같은 걸 겁니다.

____ ❹

개봉 3주째를 맞는 토마스 빈터베르그의 '셀레브레이션'은 '도그마 95'의 첫 소산입니다. '도그마

95'란 덴마크 감독들이 95년 '순결의 맹세 10계명'을 앞세워 시작한 영화운동입니다. "카메라를 정지한 채 찍지 말라"같은 조항들이 10계명을 이루지요. 핵심은 "처음으로 돌아가자"는 겁니다. 테크닉과 화장술로 덧칠한 환상을 지우고 진실을 되찾자는 거지요.

____❺

근원 회귀 시도는 종종 모두를 통합 대체하려는 야심을 드러냅니다. 19세기 말 자멘호프가 고안한 에스페란토는 언어가 갈라지게 된 바벨탑 사건 이전으로 돌아가려는 시도이지요. 아울러 모든 언어를 대신 할 '유일한 언어'를 꿈꾸었고요. 19세기 중반 바하이교를 창시한 이란의 바하 울라 역시 "창시자들은 모두 같은 신의 현현"이라며 종교 통일을 기도했지요. '도그마'도 다른 영화들을 '환상'으로 배격하고 스스로를 '구원'으로 표현합니다.

＊ 2002년도 PSAT 실험평가 문제.

소 속		학 번		성 명	
제출일		평 가			

[문제 5] **다음에 제시된 문장들 중 필요한 것들을 골라 완성된 단락을 만들어 보시오. 단 문장 사이의 접속어는 적절하게 넣어야 한다.**

① 나는 사이버 공간의 대중화를 반대한다.
② 사이버 공간이 기존 인간관계를 변화시키고 있다.
③ 정이 자랄 틈이 없는 사이버 공간에서 혼자 노는 몸에는 표정이 없다.
④ 나는 혼자서는 나라고 할 수 없다.
⑤ 사이버 공간의 장점 중 하나는 순발력이다.
⑥ 사이버 공간에서의 만남 역시 예전의 정을 찾아볼 수는 없다.
⑦ 다른 사람들과의 중요한 인간관계를 컴퓨터 화면 속에서 맺는 인간은 영혼을 파는 현대판 파우스트이다.
⑧ 나는 나를 형성하고 있는 많은 관계의 매듭 속에 있다.
⑨ 사이버 공간은 인간의 삶에서 피가 돌고 표정이 있는 만남을 거세해 나간다.
⑩ 인간의 공간에서 살기보다 사이버 공간에서 살고 싶어 하는 사람들이 양성되고 있다.
⑪ 우리는 사이버 공간에서 더 치밀하고 조직적으로 통제당할 운명에 있다.
⑫ 사이버 공간은 새로운 공간이며 사이버 세대는 기존의 공간을 쉽게 벗어나고 있다.
⑬ 괴테의 파우스트는 '여성적인 것'으로 구원받았지만 현대판 파우스트는 무엇으로 구원을 받을까?
⑭ 많은 사람들은 컴퓨터가 절약시키는 시간과 부대 비용에 감탄한다.
⑮ 기존의 인간관계는 다른 사람들과 직접 부대끼면서 피와 살이 도는 그런 관계였다.

절
취
선

CHAPTER 제 5 장

분석과 요약

- 분석과 요약의 방법
- 분석과 요약의 순서
- 분석과 요약의 실제

글쓰기

제5장
분석과 요약

1. 분석과 요약의 방법

좋은 글을 쓰기 위한 조건들 가운데 하나는 주어진 자료나 다른 사람의 글을 읽고 제대로 이해하는 것이다. 다른 사람이 말하는 내용을 이해하지 못하면서 자신의 의견만 주장하는 것은 의사소통을 어렵게 할 뿐이다. 그렇다고 자신의 글에서 다른 사람의 의견을 장황하게 늘어놓는 것 역시 좋은 글쓰기의 조건이라고 할 수는 없다. 중요한 것은 주어진 것을 분석하고 요약해서 간결하게 정리한 후, 자신의 주장을 전개하는데 참고 자료로 활용하는 능력이다. 분석하고 요약하는 훈련이 필요한 것은 이 때문이다.

좋은 글은 일관되고 명료한 주장, 이해하기 쉬운 풍부한 사례, 유려한 문체, 짜임새 있는 논지 전개 방식, 표현의 독창성 등 많은 장점을 갖고 있다. 깊은 감동을 주고 오랜 동안 기억에 남는 글은 대개 이런 것들에 대한 인상 때문인 경우가 많다. 그러나 분석과 요약은 이 모든 특징들을 아우르려는 것이 아니다. 주어진 글에서 지엽적인 것이라고 판단되는 것은 과감히 생략하고 필자의 중심 논지를 중심으로 간단명료하게 재구성하는 과정이 분석과 요약이다.

분석은 전체를 부분으로 나누어서 각 부분을 면밀하게 따지는 것이고, 요약은 다시 부분들을 구조화하여 하나의 전체로 만드는 일이다. 이 과정을 구체적으로 살펴보면 분석, 그리고 재구성을 포함하는 요약으로 이루어져 있음을 알 수 있다.

글을 처음 읽고 중심 내용을 알 수는 있지만 전체를 체계적으로 파악할 수는 없다. 글을 다시 읽으면서 논리적 구조에 따라 논지를 다시 정리해야 한다. 글을 읽을 때는 글을 단락 단위로 나누어서 살피는 것이 자연스럽다. 이때 단락의 요지를 파악하기 위해서는 단락의 구조를 살펴서 소주제문을 찾고, 소주제문을 중심으로 요점을 정리해야 한다. 이처럼 전체를 부분으로 나누어 각 부분을 세밀하게 살피는 것이 분석이다.

그러나 단락의 분석만으로 글의 논지를 파악하고 이해했다고 할 수는 없다. 각 단락의 요지를 다시 전체로 구성하는 과정이 필요하다. 이때의 재구성은 단순히 단락의 요지들을 나열하는 것이 아니라 논지를 구조화하거나 구성하는 읽기와 쓰기가 요약이다.

재구성은 단락의 요지들을 통일성과 일관성 있게 구조화해야 한다. 만약 단락의 요지를 단순히 나열하면 앞뒤의 문맥이 맞지 않아 읽는 사람이 무슨 뜻인지 이해하기가 쉽지 않다. 그러므로 재구성된 요약글은 원문을 읽지 않은 사람도 요약글만 읽으면 원문의 논지를 쉽게 파악할 수 있도록 독립적인 완결성을 갖추어야 한다.

2. 분석과 요약의 순서

(1) 전체 글을 주의 깊게 읽고 중심생각을 파악한다.

(2) 전체구조를 염두에 두고 단락의 요지를 파악한다.

(3) 논리적 전개에 맞게 단락의 요지를 재구성한다.

(4) 통일성과 일관성을 갖춘 독립적인 글로 완성한다.

(5) 본래 글과 비교하여 중심 내용이 빠진 것이 없는지 혹은 불필요한 내용이 없는지 확인한다.

요약할 때 유의해야 할 사항

- 글 전체를 주의 깊게 읽고, 중심 개념과 보조 개념을 식별하여 표시한다.
- 핵심적 요소와 비핵심적 요소(일화, 사례 등)를 구분한다.
- 전체적 논제 → 중심 개념들 → 세부적 사항들의 순서로 글의 구조를 파악하는 것이 좋다. 이 경우 필자가 사용하는 연결어구들('그러므로', '결론적으로', '왜냐하면', '예를 들면' 등)이 글의 구조를 파악하는 데 유용한 실마리가 된다.
- 자신의 독자적인 어휘나 표현 방식을 사용하는 것이 좋다. 그러나 필자와 견해가 다르다 하더라도 자신의 생각을 표현해서는 안 된다.
- 자신의 말과 다른 사람의 말의 인용을 분명히 구분해야 한다. (예: 토인비에 따르면 ~한다, 김용옥은 자신의 강의에서 ~라고 주장했다 등)
- 글에 나타나는 순서대로 개념들을 요약한다.

3. 분석과 요약의 실제

[예시] **다음 글의 중심적 내용을 한 단락으로 요약하시오.**

❶

최근 국내・외에서 인간과 닮은 로봇을 만드는 일이 한창이다. 흔히 로봇의 기본 개념과 이론적 모형이 기계공학이나 컴퓨터과학 등 이공계 학문에서 비롯되었을 것이라고 생각하기 쉽다. 하지만 그렇지 않다. 인문사회과학에 속하는 심리학과 인지과학이 기본이다. 공상과학영화 「터미네이터」의 주인공을 떠올려 보자. 이 로봇은 대상에 대한 불투명한 이미지로부터 몇 단계의 계산 과정을 거쳐 상당히 구체적인 이미지를 뽑아낸 것이다. 이 영화를 보면 마치 터미네이터가 인간과 다른 시각 처리를 하는 것처럼 보인다. 또 이런 이미지 계산 방법은 컴퓨터과학자가 만든 것이라고 생각하기 쉽다. 하지만 이 일은 한 인지심리학자가 제시한 인간의 시각 계산 이론을 바탕으로 이루어진 것이다.

❷

세계적인 인공지능센터인 미국 매사추세츠공대(MIT) 미디어랩의 예를 보자. 사람과 상호작용을 하면서 스스로 학습하는 능력을 가진 레오나르도, 공간이나 대상에 대한 인간의 언어를 이해하며 자신의 감각운동 행위를 조작하는 리플리 등이 만들어지고 있다. 또 키스멧이란 로봇은 인간과 얼굴을 맞대고 자연스러운 표정을 지을 줄 안다. 이처럼 공간과 대상의 지각 및 언어적 지칭의 이해, 얼굴 표정을 비롯한 정서표현, 인간과의 상호작용 등의 기본 개념과 메커니즘은 심리학과 인지과학의 이론에 바탕을 두고 있다. 따라서 서구의 로봇 연구 그룹에는 심리학자와 인지과학자가 항상 공동연구자로 참여하고 있다.

❸

학계에서 '발달로보틱스'라는 신생 학문분야가 각광받고 있다. 전통적 로봇연구의 목표는 특정 분야의 특정 문제만 해결하는 것이었다. 자동차공장에서 끊임없이 부품을 조립하는 일을 반복하는 산업용 로봇이 대표적인 사례다. 하지만 발달로보틱스는 최소한의 지식만 부여받고 만들어진 로봇이 마치 인간의 아기처럼 스스로 작동하면서 새로운 정서적・인지적・사회적 능력을 습득해 발달해 가는 연구를 수행한다. 여기에 필요한 지식을 얻기 위해 저명한 발달심리학자인 피아제나 비고츠키의 이론이 도입되고 있다. '피아제 로봇'이나 '비고츠키 로봇'이란 이름으로 새로운 연구 패러다임이 등장하고 있는 것이다.

❹

미국 상무부와 과학재단은 2001년 저명한 과학자들과 정책연구자들에게 미래 과학기술이 어떤 틀에서 추진되어야 할지를 물었다. 조사 결과 향후 최소 20년 동안 추진해야 할 4대 핵심 축으로 나노과학, 생명과학, 정보과학 그리고 인지과학이 선정되었다. 물론 이들 핵심축이 서로 융합하며 발전하는 일이 필수다. 캐나다는 이에 자극 받아 1년 후 비슷한 틀을 제시했다. 유럽연합은 2004년 9월 미국의 틀에 유럽의 특성을 가미해 '유럽지식사회를 위한 융합과학기술(CTEKS)'안을 제시했다.

❺

이런 세계적 추세를 보면 한국의 상황이 다소 답답하게 느껴진다. 인지로봇, 진화로봇, 발달로봇 등 첨단 로봇을 연구해 국제적으로 경쟁해야 할 한국의 이공계 학생들이 심리학과 인지과학의 기본 지식을 습득할 수 있는 대학이나 대학원의 교육 체제가 전혀 마련되어 있지 않기 때문이다. 우리의 이공계 학생들이 10년 후 심리학과 인지과학에 무지한 채 국제무대에서 고생할 생각을 하면 안쓰럽기까지 하다. 하루빨리 과학교육 정책 차원에서 국가적인 개선책이 마련되어야 한다.

＊ 이 글은 이정모, 「과학세상」, 『동아일보(2005. 1. 25.)』 중에서 발췌하여 윤문한 것임.

〈단락의 요지 파악〉

① 로봇의 기본 개념과 이론은 심리학과 인지과학이 기본이다. (예: 공상과학 영화인 「터미네이터」의 이미지 계산방법)
② 공간과 대상의 지각 및 언어의 이해, 정서 표현, 인간과 상호 개념 등의 기본 개념과 메커니즘은 심리학과 인지과학의 이론에 바탕을 두고 있다. (예: 미국MIT의 미디어랩의 여러 로봇의 동작)
③ 전통적인 로봇 연구는 특정분야의 특정 문제 해결이 목표(예: 산업용 로봇)였으나 '발달로보틱스' 학문은 최소한의 지식을 부여받은 로봇이 아기처럼 스스로 작동하면서 정서적, 인지적, 사회적 능력을 습득해 나가는 것을 목표로 한다.
④ 미국과 유럽의 과학자와 정책연구자들은 미래과학기술의 4대 축 가운데 하나로 인지과학을 선택했다.
⑤ 세계적인 추세와 비교할 때 한국의 교육은 인지과학과 심리학을 교육하는 체제가 미흡해 답답하다. 그러므로 국가과학교육정책 차원에서 개선책이 필요하다.

〈전체 구조의 재구성〉

- **전제 :**
  로봇의 기본개념과 이론은 심리학과 인지과학이 기본이다.
- **오늘날 현실 :**
  전통적인 로봇은 특정분야의 특정 문제 해결이지만 새로운 '발달로보틱스'는 최소한의 지식을 부여하면 스스로 작동하여 정서적, 인지적, 사회적 능력을 습득하는 로봇을 만들려고 한다.
- **선진국의 상황과 우리의 상황 :**
  선진국의 과학자와 정책연구자는 미래의 4대 과학기술의 하나로 심리학과 인지과학을 교육하는 데 집중하고 있다. 그러나 한국은 심리학과 인지과학을 교육하는 체제가 전혀 마련되지 않았다.

〈예문1의 재구성된 요약글〉

로봇의 개념과 이론은 인지과학과 심리학에 기초하고 있다. 오늘날 '발달로봇틱스' 연구도 인간의 심리나 인지과정을 닮은 로봇을 만드는 것을 목표로 삼고 있다. 로봇에 최소의 지식을 부여하면 로봇이 스스로 작동하여 정서적, 인지적, 시회적 능력을 습득하는 것을 목표로 하고 있는 것이다. 따라서 선진국의 과학자나 정책연구자는 이러한 로봇을 만드는 심리학과 인지과학을 미래의 과학으로 주목하고 있다. 그러나 한국은 심리학과 인지과학을 교육할 체제가 전혀 없다. 그러므로 한국은 국가과학교육정책 차원에서 개선책이 필요하다.

소 속		학 번		성 명	
제출일		평 가			

[연습 1] 다음은 TV 드라마에 나타난 음주 행위 장면에 대한 통계 자료다. 다음 두 표가 담고 있는 사회·문화적 의미를 분석하여 500자 내외로 쓰시오.

＊ 출처 : 청소년보호위원회, 「2002년 매체물 보고서 종합보고서」.

연령대별 빈도수	
연령별	음 주
10대	6(2.22%)
20대	97(35.92%)
30대	44(16.29%)
40대	37(13.7%)
50대	37(13.7%)
60대 이상	4(1.48%)
알 수 없음	45(16.66%)
계	270(100%)

행위 목적								
채널	고민	스트레스	회합	무료	반주	축하	기타	계
횟수	75	46	55	12	5	12	12	217
비율	34.56%	21.19%	25.34%	5.50%	2.30%	5.50%	5.50%	100%

절 취 선

☞ 연령대별 음주 빈도의 의미는?

☞ 행위 목적에 따른 음주 비율이 시청자들에게 미치는 의미는?

[문제 1] 다음 글을 읽고 필자의 주장을 한 단락으로 요약해 보시오.

대부분의 관객이 영화 보기를 현실적 삶에서 쌓인 스트레스를 해소하는 오락으로 여긴다. 그런데 때로 어떤 영화들 – 소수에 속하지만 – 은 삶의 진솔함에 카메라를 들이댄다. 이러한 영화는 일회적인 스트레스 해소와는 다른 커뮤니케이션을 목표로 한다. 이런 영화들은 소수 관객을 대상으로 하는 배급과 상영 시스템을 통해 한두 개의 극장에서 장기간 상영하며, 객석 점유율을 높여야 살아남는다. 그러나 나중에 좋다는 소문을 듣고 보려고 하면, 낮은 객석 점유율로 이미 간판을 내려 볼 기회가 없다. 저예산 영화들은 대규모 자본이 투입된 영화사의 싹쓸이 마케팅과 개봉관 독점에 의해 선택권을 빼앗기는 악순환 속에 빠져 있는 것이다.

이런 점에서 한국 영화가 대박 영화의 상업성을 앞에 내걸고 황금시대를 구가한다 하더라도 또 다른 유형의 영화가 관객과 지속적으로 만날 수 있는 소형 배급 라인과 마케팅 전략을 개발하지 않으면 결국 단일 유행에 질린 관객으로부터 외면을 당하게 될 수 있다. 일례로 일본의 '인디 배급 라인'이나 프랑스의 '아르 에 에세(arts et essai)' 같이 이런 소형 영화들이 살아남을 수 있는 토양을 제공하는 배급과 상영 시스템이 도입되어야만 한국 영화의 토양은 풍요로워질 수 있다.

지금의 한국 영화는 풍요로운 외양 속에 심각한 빈곤 현상이 내재하고 있다. 실제로 대박 영화 몇 편의 수익성을 보면 한국영화산업은 윤기가 돌지만 전체적으로 계산하면 마이너스 수익률을 보이고 있다. 이를테면 「친구」 같은 대박 영화를 빼고 2001년 상반기 한국영화의 평균 수익률을 계산하면 -29.3 퍼센트라는 결과나 나온다. 대단한 수익을 올린 한 편 이외에 20여 편 이상의 영화들은 모두 적자라는 계산이 나온다. 따라서 대박 영화 행진 덕에 황금시장처럼 보이는 한국영화산업의 실체는 자본주의의 최대 폐해인 부익부 빈익빈 현상으로 번져가고 있다.

이런 폐해 역시 각 영화의 컨셉과 제작 규모, 예상되는 관객수에 따른 차별화된 마케팅과 배급 라인의 개발로 극복되어야 한다. 이를테면 「고양이를 부탁해」나 「와이키키 브라더스」 살리기 운동처럼 일시적이고 단발적인 영화문화운동보다는 당장이라도 이들 영화에 맞는 배급 시스템을 만드는 작업이 영화산업 현장의 전문가들을 중심으로 이루어져야 한다. 영화제작자들에게 표현의 자유가 중요하듯이 관객의 볼 권리 역시 중요하기 때문이다. 영화는 필름 깡통 속에서 존재하는 것이 아니라 상영되는 순간 관객을 위해 존재하는 것이기 때문이다. 특히 지금과 같은 쌍방향 뉴미디어 시대에 관객의 볼 권리는 전보다 더 중요하다.

그런데 한국 영화는 특정 관객에게만 치우쳐 있다. 한국 영화는 어느 때보다 대중성을 구사하는 듯하지만 실제로는 젊은 세대 - 10대 후반과 20대 - 에만 집중되어 있다. 영화 제작 현장은 젊은 인력으로 빠른 세대교체가 이루어졌으며, 그것은 결국 젊은 관객의 취향을 반영하는 데 가장 유리한 구조라는 점에서 당연한 일처럼 보인다. 그러나 중견과 노장의 영화 생산이 사라지고 일단 30대를 넘기면 볼 영화가 없어지는 한국영화계는 젊은이들만의 활력과 세대 폐쇄성 속에서 구가하는 그들만의 세상이다.

영화가 늘 젊은이들만의 것이 되면 젊음의 활력과 이탈을 보장받는 대신 세월과 함께 이루어지는 성숙함과 성찰을 거부하는 피터팬 신드롬에 갇힐 위험이 있다. 뿐만 아니라 산업적 차원에서 보더라도 숙련된 전문 기술자들과 창작자들이 젊은 관객과 호흡을 같이 못한다는 이유로 사장되는 것은 투자의 결과를 활용하지 못하는 낭비이다. 이런 문제는 다세대용 영화, 어린이와 어른이 함께 보는 영화, 가족용 영화 같은 컨셉의 창의적인 기획을 통해 해결되어야 한다.

* 이 글은 유지나, 「한국영화 대박시대 - 그 풍요 속 빈곤」, 김호기 외, 『지식의 최전선』(서울: 한길사, 2002) 중에서 발췌 · 윤문한 것임.

소 속		학 번		성 명	
제출일		평 가			

절취선

[문제 2] 많은 사람들은 과학기술과 미술이 각기 독자적인의 영역을 가지고 있다고 여긴다. 그러나 이 둘은 서로 밀접한 관계를 유지해 왔고, 사실 그 경계를 명확히 구분하기도 쉽지 않다. 특히 현대에 이르면 그 경계가 무의미할 정도로 과학기술과 미술이 뒤섞여 있는 경우가 허다하다. 다음 글을 읽고 과학기술과 미술의 관계에 대한 여러 견해들을 요약, 정리해 보시오.

과학기술과 미술의 관계

미술과 과학의 관계에 대해 대체로 미술가보다는 과학자들이 더 큰 관심을 가져왔다. 텔러(E. Teller)는 "과학은 진리란 무엇인가를 생각하고 헤아려 거의 상상할 수 없는 아이디어들로부터 체계화를 시작한다. 과학의 임무는 이러한 아이디어들을 이해하고 그것들을 우주의 광범위하고 논리적인 그림에 맞추어 보는 것이다. (……) 예술은 아름다움이란 무엇인가를 언어, 음악, 건축을 통해 형상으로 전개하는 것"이라고 양자를 구분한다. 그는 미술과 과학기술 두 분야에서의 성공적인 활동들은 상당히 분기되었고, 상호 무관하게, 또는 가능한 갈등들을 화해시키지 않고 추구될 수 있다고 본다. 각 분야의 영향은 독립적이어야 하며, 이러한 모순들과 함께 살아가는 것을 배울 때 세계와 인간을 더 깊고 효과적으로 이해할 수 있다고 강조한다.

이러한 생각에는 미술은 주관적이고 과학기술은 객관적이라는 통념이 반영되어 있다. 미술은 개인적인 상상력의 산물로서 개인에 따라 다양하고 가변적인 것이며, 반면에 과학은 증명과 실험을 거친 공적 진리로서 가치중립적인 것이라는 것이다. 그러나 20세기 후반에 일어난 과학본질 자체에 대한 반성과 검증은 전통적 과학관의 근본적 수정을 초래했다. 상대성 이론과 양자역학은 과학이 곧 진리는 아니며 과학적 실증이란 반증되지 않았음을 의미할 뿐이며 우리가 파악할 수 없는 미지의 세계는 불확실하며 확률적으로 접근할 수밖에 없다는 것이다.

이러한 변화와 함께 현대과학기술의 본질적 변화, 즉 순수과학과 응용과학의 융합인 혼성과학으로의 변화는 현대미술에서도 마찬가지이다. 현대미술과 현대과학기술은 통념에 근거하는 이전의 과학기술과 미술과 다르다. 현대미술과 과학기술은 이미 여러 면에서 긍정적, 부정적인 변화들을 나누는 과정에서 서로의 거리를 좁혀가고 있다. 미술가들은 더 이상 영감, 직관, 감정에만 의지하지 않는다. 과학자들도 이론과 이성만으로 연구를 수행하지 않는다. 과학도 비이성적인 것을 배제하지 않는다. 미술과 과학기술은 도구와 표현체계는 다르지만, 자연의 실재를 바르게 재현하고, 설명하려는 목적으로 지성과 감성, 추론과 직관 등을 통해 각각의 매체에 적합한 세계관을 만드는 유사한 활동이다.

그러나 쿤(T. Kuhn)은 양자가 비슷한 것으로는 상호영향을 증명할 수 없다고 지적한다. 그는 미술과 과학의 차이를 두 가지 관점에서 비교한다. 첫째, 목적에서의 차이이다. 미술은 미학 자체가 목적이지만 과학에서 미학은 수단에 불과하기 때문에 수단과 목적은 비교대상이 될 수 없다고 주장한다. 미술가에게 아름다움이 목적이지만 과학에서는 문제해결이 목적이다. 둘째, 관객의 유무문제이다. 과학은 관객이 없다. 그러나 미술은 취향의 차이가 있지만 관객이 있다. 또 미술의 관객은 과거의 걸작과 현대의 작품들을 모순 없이 수용한다. 반면에 과학에서는 새로운 이론은 과거의 이론을 신속하게 대치한다. 따라서 미술은 과거를 보존하는 미술관이 있지만, 과학은 없다. 미술가들은 과거의 거장들의 작품을 통해 배우지만 과학에서는 과학사가들만이 옛날 과학자들을 연구한다.

루트 번스타인(Robert S. Root-Bernstein)의 반론은 다음과 같이 정리된다. 그는 미술과 과학은 둘 다 인간과 우주에 대한 탐구와 문제해결의 과정이라고 지적한다. 과학자의 목적이 자료를 기록하는 것이 아니듯이 미술가의 목적도 풍경을 기록하는 것이 아니다. 미술가와 과학자가 하는 일을 검토해 보면 양자의 차이는 미미하다. 과학만이 진보하며 진리나 지식에 대해 주장할 수 있다는 과학자들의 입장은 과학의 쇼비니즘이다. 과학의 패러다임은 진위의 문제이며 신구 패러다임의 교체가 혁명적이지만, 미술의 패러다임은 개개의 작품들이며 옳고 그름이 평가의 척도가 아니기 때문에 현재와 과거가 공존한다는 쿤의 주장에 대해서 사실 과학에서도 같은 현상이 일어난다고 지적한다. 과학과 미술은 모두 누적적이고, 이들의 패러다임은 저작이나 작품이 아닌 대를 물리며 전승되는 테크닉에 있으며, 미술에서도 과학처럼 문제가 해결되고 기준이 되는 패러다임이 제기될 수 있어서 미술도 과학처럼 일종의 지식이 될 수 있다고 강조한다. 과학자나 미술가나 제 각기 자신의 시각과 방법으로 진리를 추구한다는 점에서 과학이 미술보다 더 객관적이라고 할 수 없다는 것이다.

굿맨(N. Goodman)은 미술과 과학이 모두 세계를 이해하는 방식으로서의 인식행위이며, 서로가 사용하는 기호체계의 차이밖에 없다고 주장했다. 미학적 태도는 동적인 것으로서 세계를 작품의 관점으로 작품을 세계의 관점으로 재구성하는 것을 포함하는 창조와 재창조에 속하는 행위라고 규정한다. 과학은 지식이나 앎에 관계되는 인식행위이고 미술은 느낌이 관여하는 정서적 활동이라는 이분법을 비판한다. 인식적인 것과 감정적인 것을 엄격히 구분함으로써 미학적 경험에서 감정은 인식적으로 작용한다는 사실을 망각하는데, 양자는 서로 상호 관련되고 얽혀있다. 엄격히 구분된다 해도 양자는 상호 보완적인 것이다. 미술과 과학은 느낌과 사실, 직관과 추론, 감각과 사고, 종합과 분석, 미와 진리 등이 이분법적으로 작용하는 것이 아니다. 그는 과학과 미술을 양극에 놓는 과학주의와 휴머니즘에 반대한다. 그리고 과학은 진리를, 미술은 아름다움을 추구한다는 생각은 잘못된 것이라 주장한다. 과학만이 지식을 개선해 가는 방법이 아니고 미술 역시 세계에 대한 새로운 비전과 새로운 구성을 위해 낡은 범주를 쇄신하는 작업을 한다는 것이다.

* 김국현, 『과학기술과 윤리』 중에서 발췌 · 윤문한 것임.

소 속		학 번		성 명	
제출일		평 가			

절 취 선

[문제 3] **아래 글을 450자 이내로 요약하고, 이를 토대로 사례를 분석하는 글을 300자 정도로 쓰시오.**

인간관계로부터 발생되는 갈등은 삶의 필수적인 존재 조건이라 할 수 있다. 그러나 성격장애자가 아님에도 유난히 많은 갈등을 겪는 사람들을 우리는 주위에서 흔히 접할 수 있다. 이들은 대부분 낮은 자존감을 지닌 사람들로서 자존감 형성에 중요한 나와 타인을 경계 짓는 심리적 자아경계선이 제대로 형성되지 못한 사람들이다. 따라서 이번 글에서는 건강한 자아를 형성하는데 중요한 심리적 자아경계선에 대해서 설명하고자 한다.

우리는 동물의 세계에 대한 다큐멘터리 프로그램을 접할 때마다 동물과 인간과의 유사점을 자주 발견하곤 한다. 그 중의 하나가 많은 동물들이 배변을 뿌리는 등의 행위로 자신의 영역을 선포하는 행위이다. 이는 동물들이 광활한 자연에서 삶을 영위하기 위해서는 어느 정도의 물리적 공간을 확보하여야만 하기 때문이다. 인간도 생존하기 위해서는 적절한 공간이 필요하다. 이러한 공간을 확보하기 위한 노력은 크게는 국가들 간의 영토싸움, 적게는 집 한 칸을 마련하고자 하는 우리 서민들의 애절한 소망에서도 드러난다. 이렇게 사람들은 외부로부터 자기를 보호할 수 있는 적절한 공간이 필요한데 이러한 공간은 외부세계에서의 물리적 영역뿐만 아니라 내적 세계의 심리적 영역에서도 필요하다.

이러한 영역은 나와 타인과의 관계에 따라 그리고 상황에 따라 나에 의해서 결정된다. 어느 만큼의 영역을 허용하느냐 하는 것은 내가 어디까지, 어떤 경계선을 긋느냐에 달렸다. 이러한 경계선이 제대로 형성되면 나와 타인과의 관계에서 내가 허용하고 싶은 만큼의 나의 영역과 내가 들어가고자 하는 상대방의 영역에 대한 분명한 인식이 있기 때문에 타인으로부터 자기를 보호할 수 있고 또 다른 사람도 존중할 수 있다. 그러나 이러한 영역을 결정짓는 경계선이 지나치게 경직되면 아무도 내 영역에 들어오는 것을 허락하지 않고 또 다른 사람의 영역에도 들어가려 하지 않기 때문에 자기를 타인으로부터 소외시킨다. 하지만 이 경계선이 너무 성글게 형성되면, 다른 사람이 나의 영역에 부적절하게 지나치게 들어오는 것을 막지 못하거나 다른 사람의 영역을 침범하게 되는 결과를 낳는다. 결국 다른 사람과 친밀한 관계를 맺지 못해서 혹은 지나치게 다른 사람들과 감정적으로 얽혀있어서 혼돈에 빠져 고통스럽게 된다. 또는 두 상태를 왔다 갔다 하기도 한다.

물론 이러한 경계선은 문화마다 차이가 있다. 어느 사회에서는 용납되는 경계선이 다른 문화에서는 용납되지 않을 수도 있다. 그러나 문화에 따르는 차이가 무엇이던 개인이 적절하다고 느끼는 경계선을 형성하여야 한다는 과제는 누구에게나 요구된다. 특히 정으로 얽혀있는 우리의 관계 지향의 문화권에서는 이러한 경계선이 불분명하기 쉽기 때문에 심리적 자아경계선을 적절하게 형성하는 과제가 오히려 더 중요하다.

그렇다면 이러한 경계선은 어떻게 형성되는가? 나와 타인을 하나의 독립된 인격체로 인식할 수 있는 능력은 태어나면서부터 타인으로부터 상호작용하면서 형성된다. 어린아이가 인정받고 자신의 존재가 존중받을 때 자기의 영역을 형성하게 되며, 타인의 영역도 자기의 영역과 같이 존중하게 된다. 몇 년 전에

한 방송국에서 어느 농촌의 소에 대한 이야기를 방영한 적이 있다. 소의 태를 집의 강아지가 먹어버렸기 때문에 자신의 태를 먹어야만 자기 새끼를 인식할 수 있는 어미 소는 송아지를 키우려하지 않아 외로운 주인아저씨가 송아지 새끼를 어린아이 키우듯이 키웠다. 그렇게 키워진 송아지는 송아지의 행동을 하는 것이 아니라 어린아이의 행동을 하였다. 앉아있는 주인아저씨의 어깨에 두발을 올려놓고 어린아이가 하듯이 머리를 기대고 있는 모습은 그대로 사람의 행동이었다. 그러나 더 중요한 것은 어미소로부터 키워지지 못한 송아지가 자기 새끼를 낳았을 때 새끼를 키우는 방법을 몰라 새끼를 양육하지 못하였다는 사실이다. 이는 동물이나 인간이나 태어나면서 경험하기 시작하는 것을 바탕으로 자아경계선과 생존양식을 만들게 된다.

＊ 이 글은 김영애, 「건강한 경계선 형성하기」 중에서 발췌하고 윤문한 것임.

[사례] 동환이는 다섯 살짜리 사내아이로 무척이나 귀엽고 영특한 아이였다. 그러나 아이는 동네 놀이터에서나 유아원에서 다른 아이들을 자꾸 때려서 상담을 받기 시작하였다. 그의 어머니는 어려서부터 아버지가 어머니를 때리고, 또 자기들까지 때리곤 하는 가정에서 자랐다. 또 집안에서 무슨 일이든 잘못되면 모두 이 어머니를 지적하여 야단을 치곤하였다. 식구들한테 잘 보이려고 하면 할수록 야단을 맞았기 때문에 항상 주눅이 들었다. 그러면서도 하고 싶은 것은 참지 못하고 또 조금이라도 상대방이 내 마음에 안 들면 화를 터뜨리곤 하였다. 결혼을 하고 나서도 남편은 물론 시집식구, 동네사람들과도 자주 싸우고, 아이를 자기 기분에 따라 야단을 치곤하였다. 엄마의 감정에 휘둘리는 동환이는 대소변을 아직도 잘 가리지 못하였고, 조금만 긴장하면 머리를 쥐어뜯곤 하여 머리가 여기저기 허옇게 드러나 있었다.

소 속		학 번		성 명	
제출일		평 가			

절
취
선

[문제 4] **다음 인용문은 '중력과 미술작품의 구조가 갖는 상관성'을 설명하고 있다. 이 글의 논지를 한 문단으로 요약하시오.**

우리가 일상적으로 활동하는 물리적인 세계는 중력이라는 힘에 의해 지배된다. 중력은 모든 것을 끊임없이 지구의 중심으로 끌어당긴다. 이 같은 인력으로부터 산출되는 하향운동은 하강을 차단하는 것이 있어야만 멈출 수 있다. 책의 하향운동은 테이블에 의해 멈추고 테이블은 마루 바닥에 의해서 멈추며 바닥은 집의 기반에 의해 유지되고 집의 기반은 지표면에 의해 멈추게 된다. 모든 것은 하향 운동의 상태에 있다.

이 같은 하향의 인력이 모든 것의 운동을 지배한다. 우리는 원칙적으로 모든 대상이 중력의 인력을 행사한다는 것을 알고 있지만 지표면만이 이 하향의 인력인 중력과 관련시킬 수 있을 만큼 충분히 크다. 사실 인간은 옆에 서 있는 건물로부터 인력의 영향을 받지는 않는다. 또한 인간의 육체는 근처의 과일바구니 안에 있는 사과에 눈에 보일 정도의 마법을 걸어 자신에게로 끌어당기지는 못한다.

중력이 발생시키는 인력은 우리가 살아가고 있는 공간을 비대칭적인 것으로 만든다. 기하학적으로는 상하의 차이는 존재하지 않지만 힘의 움직임에서 상하간의 차이는 기본적인 것이다. 우리의 생활공간에 충만해 있는 힘들의 장에서는 모든 상향의 운동은 특별한 에너지의 투입을 요구하는 반면에 하향운동은 단지 떨어뜨리는 행위에 의해서 또는 단지 하향의 인력으로부터 대상을 지지하고 있던 지지대를 제거함으로써 성취될 수 있다.

무게의 저항을 극복하는 것은 인간의 자유에 대한 기본적인 경험이다. 공중을 날아다니는 새들과 곤충들은 무게의 방해를 극복했음을 보여준다. 그러나 모든 운동은 이와 비슷한 승리를 재현한다. 자연적인 지각에 따르면 운동은 생물이 언제나 행하고 있는 특성인 반면 죽어 있는 것들은 불가항력적으로 자체의 중량감에 사로잡혀 있다.

내리막길을 걸어 내려가거나 위에서 떨어지거나 또는 추락하는 것은 지각적으로는 수동적으로 자체의 무게를 따르는 경험을 하게 한다. 인간은 육체에 내재할 뿐만 아니라 육체를 지배하고 있는 하향의 인력에 굴복하게 되는 것이다. 그러나 하향운동은 인간이 자기 외부에 있는 어떤 중심의 인력을 감지하도록 하는 상황만을 제시한다. 이런 면에서 인간은 자력을 지닌 지구에 무력하게 굴복하는 피해자처럼 느끼게 된다. 그렇지 않으면 물리적인 상황을 지각적으로 자각하는 데에는 특별한 정신적인 노력이 필요하게 된다. 직립해 있기 때문에 스스로를 발밑의 지구가 끌어당기도록 내버려둘 수도 있는 것이다. 이것은 나의 육체의 무게를 비우는 것과 관련이 있다. 나는 단지 껍데기처럼 느낀다. 나의 모든 근육은 이완되고 사지와 몸통은 오직 아래로부터의 인력에 반응할 뿐이다. 자아는 활동 중심으로서의 특권을 포기하고 외부의 어떤 중심에 굴복한다. 그러나 이 같은 초점의 이동을 경험하는 것은 또한 정상적인 근육운동의 감각적인 지각과 관련시켜 볼 때 이 초점이 어느 정도 비전형적인 것인가를 깨닫는 것이기도 하다.

좌 · 우, 위 · 아래의 길이가 똑같은 단순한 십자가 형상이 하나는 바닥에 수평으로 놓여 있고, 하나는 벽에 수직으로 걸려있다고 가정해 보자. 수직 방향의 위치에서 보이는 동일한 형상의 지각적 효과는 얼마나 다른가! 여기서 수직적인 대칭축, 즉 십자가의 수직 방향의 막대는 십자가 형상의 본질에 속하는 부분이다. 십자가의 수평 막대는 수직축으로부터 나뭇가지나 사람의 몸의 팔처럼 양옆으로 펼쳐진다. 중심이 수평 막대의 통일성을 깨트려 한 쌍의 대칭적인 가지나 또는 날개로 변형시킨다. 수직 기둥의 가장 윗부분과 가장 아래쪽 두 부분은 상이한 시각적 기능들을 제공한다. 두 부분은 위쪽으로 올라가는 힘과 아래쪽으로 내려가는 힘이 질적으로 상이한 것처럼 대칭적으로 지각되지 않는다. 그러므로 시각적 논리는 수직의 상부와 하부가 동일한 길이를 가지지 않아야 한다고 요구한다. 길이가 같을 때는 길이의 동등성과 기능의 부등성 간의 시각적인 모순이 발생한다. 라틴 십자가의 수직의 축대칭은 그리스 십자가가 만들어내는 중심 대칭보다 바람직한 수직 방향이라는 위치를 제공한다. 수직 막대 윗부분이 아랫부분보다 짧을 때 만들어지는 차이는 기능적인 차이에 시각적 표현을 부여한다.

이것은 또한 앞으로 곧 우리가 관심을 가지고 논의하게 될 어떤 사실을 정당하게 다룰 수 있도록 해준다. 한 패턴의 윗부분에 있는 요소는 아랫부분에 있는 것보다 좀 더 시각적인 무게를 전달하고 그래서 윗부분에 상응하는 아랫부분의 것과 대응 균형을 이루려면 윗부분은 좀 더 작아야 한다. 단순한 십자가 형상에서도 명백하게 나타나는 공간적 정향성(orientation)의 영향은 천장이나 바닥 장식의 수평성과 비교되는 벽에 걸려 있는 회화와 같은 복잡한 패턴들 내에서는 그 자체를 느끼도록 명시한다.

* 이 글은 루돌프 아른하임 저, 정용도 옮김, 『중심의 힘』(눈빛, 1995) 중에서 발췌하여 수정 · 윤문한 것임.

소 속		학 번		성 명	
제출일		평 가			

절 취 선

CHAPTER 제6장

표현적 글쓰기

- 표현적 글의 이해
- 상투적 표현 넘어서기
- 상상력의 활용
- 구체적으로 표현하기
- 감상문

제6장

표현적 글쓰기

1. 표현적 글의 이해

누구나 모국어로 자신의 생각과 감정을 표현하지만 정확하고 쉽게 표현하기가 만만치 않다. 생각과 감정이 본래 볼 수 없고 만질 수도 없는 것이기 때문이다. 그런데 같은 뜻이라도 사람의 마음을 움직이도록 잘 표현하는 사람도 있고 전혀 와 닿지 않게 표현하는 사람도 볼 수가 있다. 왜 이런 일이 벌어질까.

첫째, 지나치게 정형화된 표현을 하기 때문이다. 정형화된 표현은 의사소통을 빠르게 해 주지만 구체적인 정보를 전달하지는 못한다. "아, 정말 기분 좋다."고 쓰면 기분이 좋다는 상황을 알 수 있지만 구체적으로 기분이 좋은 정도나 그 이유는 알 길이 없다. 위 문장을 "아, 앓던 이가 빠진 것 같다."나 "아, 구름이라도 탄 기분이다."로 바꾸어 표현하면 어떤가. 답답하던 일이 풀려서 시원하다거나, 바라던 일을 성취해 기분이 좋다는 사실을 알 수 있다. 이렇듯 표현을 정확하게 하려면 정형화된 표현보다 구체적인 표현이 훨씬 효과적이다.

둘째, 자세하게 표현하는 것이 반드시 효과적인 것은 아니다. 자신이 경험한 세세한 것이 모두 생각과 감정을 만드는 것은 아니기 때문이다. "붉은 빛깔의 단풍, 나무껍질, 흐르는 물이 가을의 정취를 느끼게 한다."는 문장에서 '나무껍질'은 가을의 정취와 무관하다. 가을에 나무껍질이 갑자기 변하지는 않기 때문이다. 오히려 소통을 쉽게 하려면 모든 것을 세세하게 표현하기보다는 중심적인 자극을 집중적으로 표현하는 것이 훨씬 효과적이다. 위 문장을 "회색빛 살짝 감도는 솔과 붉은 단풍이 비치는 물이 가을의 정취를 느끼게 한다."로 바꾸어 표현하면 어떤가. 물에 비친 그림자와 빛깔에 집중된 구체적 표현이 글쓴이의 생각과 감정을 더 쉽게 떠오르게 하지 않는가.

셋째, 집중적으로 표현하는 것이 반드시 생생한 감동을 주는 것은 아니다. 독자가 마치 글쓴이와 같은 시·공간에서 글쓴이처럼 보고 생각하고 느끼도록 하는 것이 중요하다. "물고기가 썩은

물에 살다니 그 물고기가 진화해 괴물이 될까 무섭다." 이 문장은 중심적인 자극을 집중적으로 표현했지만 독자에게 글쓴이가 현장에서 보고 느끼던 생각과 느낌을 생생하게 전달할 수 있을까 의문이다. 자신의 생각과 느낌을 전달하려면 독자의 상상력을 훨씬 더 자극할 필요가 있다. 위 문장을 "이제 물고기들은 저 물 속에서 끊임없이 진화를 거듭해서 땅으로 올라올지도 몰라. 그래서 자동차를 잡아먹고 아파트를 뜯어먹고 사람을 잡아먹을지도 몰라."로 바꾸어 표현하면 어떤가. '진화'와 '무서움'이 훨씬 생생하게 전달되지 않는가.

본장에서는 이렇게 표현적인 글을 효과적으로 쓰기 위한 몇 가지 전제와 더불어 각종 감상문을 중심으로 표현적인 글의 이해하고 연습한다.

2. 상투적 표현 넘어서기

생각과 감정을 표현하는 데 있어 적절한 낱말을 찾아 쓰려는 노력이 매우 중요하다. 게다가 이러한 표현이 단순한 정보 전달이나 독자의 이해를 목적으로 하지 않고, 독자를 설복시키거나 독자의 공감을 얻기 위한 글이라면 이러한 노력이 상투적 표현을 찾는데 그쳐서는 안 된다.

이러한 상투적 표현을 넘어 참신하고 독특한 표현을 찾기 위해서는 무엇보다도 고정관념을 벗고 다양한 관점에서 대상을 바라볼 수 있는 '발상의 전환'이 필요하다.

그러나 상투적 표현이라고 해서 항상 감동이 없는 것은 아니다. 다른 구절과 결합하여 오히려 의미가 살아날 수도 있기 때문이다. 다음 문장들을 비교해 보자.

① 거리에 꽃이 핀다.
② 하늘에 꽃이 핀다.
③ 샤넬, 샤넬 립스틱을 바르면 하늘에 꽃이 핀다.
④ 샤넬, 샤넬 립스틱을 바르면 거리에 꽃이 핀다.

①의 문장 자체는 거의 모두가 상투적인 말을 넣어서 신선한 표현이 되기 어렵다. 그런데 아주 흔한 말이지만 ②의 문장처럼 '하늘에'란 말을 넣으면 '거리에 꽃이 핀다.'라고 할 때보다 훨씬 신선한 표현이 되는 것을 볼 수 있다.

그렇다고 참신한 표현이 항상 감동적인 표현이 되는 것은 아니다. 참신한 표현도 다른 구절과 결합하여 오히려 의미가 약화될 수도 있기 때문이다. 마찬가지로 상투적 표현이라고 해서 항상 감동이 없는 것은 아니다. 다른 구절과 결합하여 오히려 의미가 살아날 수도 있기 때문이다.

위의 예문에서 보면 ③의 문장보다는 ④의 문장이 립스틱을 바르면 아름다워질 것이라는 의미를 훨씬 효과적으로 전달하고 있다. 이처럼 상투적으로 보이는 말도 제자리에 놓으면 신선한 표현이 된다. 그러므로 너무 이색적인 표현을 찾기보다는 일상적이고 쉬운 말을 적절하게 결합하려는 노력도 중요하다고 할 수 있다.

3. 상상력의 활용

똑같은 이야기를 해도 어떤 사람의 이야기는 흥미로운데 어떤 사람의 이야기는 지겹다. 왜 이런 일이 벌어질까. 여기에는 표현의 비밀이 들어 있다. 이야기를 지겹게 하는 사람은 대개 요약·정리하듯 설명한다. 그러므로 일반적인 개념어가 많이 사용된다. 반면에 이야기를 흥미롭게 하는 사람은 그 일이 지금 그 자리에서 벌어지는 것처럼 말한다. 눈에 보이거나 만질 수 있을 것 같은 감각적 표현을 많이 사용한다.

이러한 차이는 상상력을 활용한 표현의 구사 여부에서 비롯된다. 상상력의 활용은 말하는 이의 태도와 관련된다. 자신이 지금 그 자리에 있듯이 이야기할 때와 책상에 앉아 지난 이야기를 조용히 정리하여 이야기할 때는 현장감이 다르다. 상상력을 활용해 이야기의 현장으로 이동한 사람은 이야기가 발생하는 구체적인 정황을 감각적으로 느낄 수 있으므로 생생한 표현이 가능한 것이다.

그런데 이야기할 때는 상상력을 활용해 말을 잘하던 사람도 글을 쓸 때는 현장감을 잃어버리는 경우가 많다. 이런 일은 왜 벌어지는 것일까. 글을 쓸 때 대부분의 사람은 구체적인 상황을 체험하기보다는 멋진 문장을 만들기에 온 정신을 다 쏟아버린다. 이 과정에서 상상력은 닫혀버린다. 그러므로 글이 잘 써지지 않을 뿐만 아니라 쓴다 해도 생동감이 없는 죽은 문장이 되기 마련이다. 이를 극복하기 위해서는 글을 쓰는 과정에서 먼저 자신이 겪은 사건의 현장으로 자신을 이동시키는 상상이 필요하다. 현장으로 이동하면, 멀리서만 바라보던 이야기가 눈앞의 이야기로 바뀌기 마련이다. 이때 생생한 표현이 만들어질 수 있는 것이다.

4. 구체적으로 표현하기

자신의 생각과 감정을 표현하였는데도 독자에게 그것이 제대로 전달되지 못하는 경우가 적지 않다. 내 생각과 느낌은 생생하여 넘쳐나는 데 왜 타인에게 그 생생함이 전달되지 못하는 것일까. 이는 대부분 자신의 생각과 느낌을 너무 뭉뚱그려 표현하기 때문이다. 뭉뚱그려진 말을 구체적으로 풀어서 생생한 표현을 만들려는 노력이 필요하다. 다음 두 문장을 비교해보자.

> ① 우리 사회에 아직도 인신매매범이 있다니 무섭다.
> ② 내 몸을 누군가가 마음대로 팔고 산다고 생각만 해도 무섭다. 지금 우리 사회에서 이런 일이 벌어진다니, 나라고 무사하겠는가.

①의 문장에는 글쓴이의 감정과 생각이 들어 있다. 그러나 이 문장에서 '무서움'은 뭉뚱그려진 낱말이어서 무서움의 정체나 정도가 충분히 드러나지 못하고 있다. 반면 ①의 문장을 ②의 문장처럼 바꾸어 표현하면 어떤가. 뭉뚱그려졌던 말이 풀어져 구체적인 생각과 느낌이 훨씬 생생해지고 있음을 알 수 있을 것이다.

5. 감상문

감상문이란 영화나 책을 보고 난 후에, 혹은 연주회나 전시회 등을 다녀온 후에 마음속의 느낌이나 생각을 정리하여 적는 글이다. 감상문은 주로 글쓴이의 마음의 움직임을 표현한 글로, 쓰는 사람 자신은 물론 읽는 사람에게도 큰 감동을 주게 된다. 그러나 감상문은 느낌만 적는 글이 절대 아니다. 자신의 느낌을 뒷받침해 주는 이야기가 함께 곁들여져야 한다는 사실에 유의할 필요가 있다.

가... | 영화 감상문 |

- 제목은 인상적인 내용을 중심으로 붙인다.
- 어느 한 부분의 내용을 중심으로 쓰는 것보다는 작품 전체의 내용을 골고루 담아 쓰도록 한다. 나아가 영화의 줄거리와 느낌은 따로 쓰지 말고 골고루 섞어서 쓴다.
- 영화의 내용이 무조건 옳다고 쓰기보다는, 옳고 그름을 생각하여 쓰거나, 자기의 생각을 중심으로 쓴다. 즉, 영화에서 전개되는 상황을 나의 경험이나 생활에 비교해 보거나, 영화에 등장하는 인물들의 행동이 옳은지 그른지 대하여 자기의 생각을 써야 하는 것이다.
- 글의 앞뒤가 잘 연결되게 하여 감상문만 읽고도 대강의 내용을 짐작할 수 있게 쓴다.

영화 감상문의 예

죽음은 삶의 또 다른 연장

-「8월의 크리스마스」를 보고-

나의 인생이 불과 며칠밖에 남지 않았다면 무엇을 가장 하고 싶을까? 아마도 내 인생에서 아쉬웠고 해보고 싶었던 일들을 더듬어가며 실행해보든지, 아니면 왜 내 인생이 이렇게 끝나야만 하는 건지 하늘에 대고 한바탕 욕을 하든지, 그렇지 않다면 내 인생의 운명에 순응하며 조용히 내가 살아온 추억들과 내 주변의 것들을 정리하고 있진 않을까. 그렇다면 '죽음'이라는 명제 앞에서 나는 얼마나 당당해질 수 있는가. 다가오는 죽음 앞에서 지나온 삶의 의미는 무엇일까. 이런 저런 생각을 떠올리며 이 영화에 대해 얘기해보고자 한다.

「8월의 크리스마스」는 조그만 사진관을 꾸려가고 있는 30대 노총각 사진사가 시한부 인생을 선고 받고 얼마 남지 않은 자신의 삶을 담담하게 정리해 가는 일상의 이야기다. 이 영화는 90년대 후반 한국영화의 로맨틱 코미디 시대가 저물고 등장한 애정영화의 한 예이겠지만 비슷한 시기에 나온 '눈물을 짜기 위한 영화' 「편지」와는 그 형식 뿐만 아니라 관객에게 다가오는 '죽음에 대한 느낌'이 너무도 다른 영화다. 물론 한국인의 정서를 충실히 반영하고 있는 「편지」의 메시지에 대해 부정하고 싶진 않다. 그러나 나는 죽음에 대해 관객의 눈물샘만을 자극하려고 했던 「편지」보다는 「8월의 크리스마스」가 더 좋은 영화라고 본다. 죽음을 앞둔 한 남자의 사랑을 그렸음에도 불구하고 '눈물 짜는' 애정영화의 전형적 틀에서 벗어나 죽음에 대한 의미를 절제된 표현으로 담담하게 그려줌으로써 죽음과 삶의 의미를 되돌아보게 하기 때문이다.

「8월의 크리스마스」는 죽음을 통해 삶을 관조할 수 있도록 상황에 대해 거리를 두고 있어 영화에 대한 깊은 이해를 할 수 있게 한다. 하지만 영화 전체에서 별다른 극적 갈등이 없어 애정 영화적인 흥미, 즉 눈물샘 자극에 의한 감정이입을 어렵게 만드는 측면도 있다. 실제로 영화는 감독의 의도대로 카메라와 인물에 대해 어느 정도 거리를 두는 한편 인물들의 실제 행동마저도 동적인 느낌보다는 정적인 느낌에 가깝게 표현해내고 있다. 즉, 죽음을 목전에 두고 정원(한석규 분)이 자신의 죽음을 주변에 알리지 않은 채 친구와 술을 마신 후 자신의 방에 들어와 흐느끼는 장면은 가히 절정이다. 이 장면은 영화를 보는 관객들이 영화의 극적인 상황에 몰입해 들어가는 것을 방해하는 한편 그 거리감으로 말미암아 영화내용을 '담담히' 바라보게 하는 효과를 유도한다.

이 영화는 애정영화의 일반적인 공식을 깨려고 한다. 애정영화, 특히 비극적 사랑에 동반되는 죽음이라는 소재는 흔히 고통과 아픔을 선사하곤 한다. 그러나 이 영화는 죽음에 대한 아픔보다는 죽음에 이르는 과정을 어둡게 바라보려 하지 않는다. 밝은 영상과 인물의 행동방식으로 오히려 삶의 아름다움을 얘기하려 한다. 정원과 다림(심은하 분)의 '풋사랑'은 이루어질 수 없었기에 정원의 계속될 수 없는 '삶'과 일맥상통하고 있다. 정원의 죽음을 알지 못하는 다림의 무지와 밝은 영상 속에 전개되는 두 사람 사이의 자잘한 에피소드들은 이 영화 특유의 잔잔한 아름다움을 만들어 낸다. 그것은 정원이 유리창으로 다림의 모습을 보면서 손가락으로 조심히 더듬다 가려버리는 장면, 그리고 다림이 정원의 죽음 이후에 사진관에 드나들며 큰 아름드리나무 밑에서 '다시는 오지 않을' 정원을 기다리는 장면을 통해서 이를 극대화시킨다. 이는 사랑하는 사람에 대한 이별의 고통을 나누지 않고 자신이 짊어지고 가겠다는 지극히 '현대적'이지 않은 사랑법이라서 약간은 낯설지만 그래서 더욱 이 사랑이 아름다워질 수 있는 것 같다.

결국 이 영화는 인간 생활에서 일어나고 있는 죽음의 일상화에 대해 고통보다는 삶에 대한 '간절함'을 이야기하려 한 듯하다. 정원이 죽음을 앞두고 사진관의 여러 가지 물건을 정리하거나 아버지에게 리모콘 사용법을 알려주려는 모습에서 삶에 대한 간절함을 읽을 수 있다. 또한 죽음이 삶의 연장선에 있다는 점, 그리고 어둡지 않은 밝은 색채로 죽음이 표현되고 있는 점은 죽음에 대한 다른 시각으로 해석된다. 이는 정원이 혼자서 자신의 모습을 찍고 그 즉시 화면이 웃고 있는 영정사진으로 변하는 장면 속에 농축되어 있다. 지금 살고 있는 이 현실이 '잔잔한' 죽음으로 이어지는 순간이다.

그렇다면 「8월의 크리스마스」라는 제목의 의미는 무엇일까? 8월은 한여름, 그것은 생명의 역동성이 가장 활발한 계절이다. 크리스마스는 겨울이다. 여름과 겨울을 대비시켜놓은 것은 흡사 이 영화에서 말하고자 하는 '삶과 죽음에 대한 차이'와 같다는 생각이 든다. 그러나 그것이 전부일까? '8월의 크리스마스'라는 단어의 조합에서 언어적 모순이 느껴진다. 따라서 상식적으로 판단하고 있는 의미의 파괴를 보여주려 한 듯하다. 우리가 알고 있는 '삶' 그리고 '죽음'을 말이다. 영화에서 보여주려 했던 밝은 '죽음'의 의미가 제목 속에 구현되고 있는 것 같다. 그렇다면 또 다른 '죽음'의 의미는 무엇일까? 영화제목에서 찾을 수 있을 것 같다. 크리스마스는 추운 겨울이지만, 그 안에 탄생의 의미를 담고 있다. 모든 생명들이 자취를 감추고 새로운 탄생을 준비하기 위한 시간. 따라서 '죽음'을 넘어선 또 다른 '탄생', 즉 삶에 대한 의미가 내포되어 있다. '죽음은 삶의 또 다른 연장'인 것이다.

* 이 글은 '영화로 보는 세상' 교과목 수강생이 쓴 영화 감상문임.

나... 독서 감상문

- 책의 내용을 함축적으로 설명할 수 있는 제목을 붙인다.
- 글의 첫 부분에는 책을 읽게 된 이유나 책을 소개하는 내용으로 구성한다.
- 인상 깊은 장면이나 사건 등을 언급하면서 이와 관련한 자신의 비판적 견해를 제시한다.
- 작가가 책을 통해 전달하려는 메시지를 파악하여 마무리한다.
- 중간 중간 자신의 경험이나 생각 등을 표현해도 좋다.

독서 감상문의 예

김동리 작 「무녀도」를 읽고

「무녀도」는 작가 김동리의 대표작이다. 이 작품은 흔히 김동리 문학의 '원점'에 해당되는 것으로 평가되고 있다. 그 이유는 김동리가 「무녀도」에서 그려내었던 세계와 주제를 그 이후의 작품 창작에서 확대 반복해왔고, 여러 차례에 걸쳐 이 작품을 부분적으로 혹은 전면적으로 개작했다는 점과 연관된다.

「무녀도」의 골격을 이루고 있는 것은 토속신앙과 외래 기독교 신앙의 충돌로 인해 생기는 정신사적 갈등이다. 자연의 모든 것을 신령으로 받드는 무당 모화가 거주하고 있는 세계는 전근대적인 무속의 세계이다. 이러한 신령의 세계에 파문을 일으키는 것은 기독교도가 되어 돌아온 그녀의 아들 욱이다. 이 두 개의 이질적인 세계의 충돌 속에서 어머니와 아들이라는 혈연의 정은 용납되지 않고, 상호 파멸로 귀결되고 만다.

한국 사회의 근대화 과정에서 전통적 세계관과 외래적 세계관의 갈등은 근본적인 문제였다고 할 수 있다. 그러므로 이 문제를 문학적으로 형상화해 내는 것이 그만큼 중요한 과제가 되는 것임은 두말할 필요조차 없다. 「무녀도」는 이 같은 정신사적 과제에 정면으로 도전하고 있다는 점에서 주목된다. 그러나 「무녀도」가 이러한 과제를 해결하는 데에 성공하고 있다고 보기는 힘들다. 우선 광기에 가까운 모화의 무속신상이 과연 기독교라는 외래사조에 대항하는 전통적 세계관으로서 대표적인 것일 수 있겠는가 하는 것이 문제이다. 모화의 무속신앙은 전통적인 세계라기보다는 원초적이며 비역사적인 것이다. 무속신앙과 기독교는 처음부터 대립항이 잘못 설정된 것이다. 그러므로 이같은 대결 구조를 근간으로 하는 「무녀도」에서 진정한 정신사적인 대결을 발견한다는 것은 불가능하다. 이 소설이 귀신과 인간의 대결로 흘러가고, 광기어린 칼부림이라는 파멸의 길로 달려가게 된 것은 당연한 귀결이다.

작가는 이 소설의 이야기가 할아버지에게 전해들은 것이라고 밝히고, 그것을 '무녀도' 그림 속의 세계에서 벌어진 사건으로 설정하는 소설적 고안을 시도하고 있다. 이 소설에서 설정한 정신사적 과제를 전혀 현실과 동떨어진 시원적 세계의 인간에 대한 서술로 축소해 놓고 있는 셈이다. 이러한 방법이 주제로부터의 도피인지 본원적인 인간의 운명에 대한 해석인지는 더 생각해 보아야 하겠다.

＊ 권영민, 『우리 문장 강의』.

『가시고기』를 읽고

『가시고기』를 읽던 날, 나는 하염없이 내리는 눈물을 억제할 수 없었다. 간혹 감동적인 책을 읽으면서 눈물을 흘렸지만, 그렇게 오래도록 눈물을 흘리며 책을 읽은 기억이 없다. 몇 년 전 허준의 생애를 소재로 한 『동의보감』을 읽을 때가 생각난다. 소설 속에서 허준의 스승이신 유의태가 의술의 발전을 위해서 죽어가는 자신의 몸을 해부 실습용으로 제자에게 내어주는 대목에서, 그 모습을 상상하며 눈물을 흘린 적이 있다. 하지만 『가시고기』를 읽을 때만큼은 아니었다.

이 책은 가시고기라는 물고기의 부성애를 주제로 내용이 전개된다. "가시고기의 엄마는 알을 낳은 후, 어디론가 사라져 버린다. 아빠 가시고기는 혼자서 알을 돌보다, 알들이 깨어나 멀리 떠나면 돌 틈에 머리를 박고 쓸쓸히 죽어 간다."라는 구절은 주제를 잘 표현하고 있다. 주인공 다움이는 아직 열 살밖에 되지 않았는데, 백혈병에 걸려 있다. 엎친 데 덮친 격으로 아들의 병을 고쳐주기 위해 열심히 일하던 다움이 아버지도 간암에 걸리게 된다. 살아갈 날이 얼마 남지 않은 아버지는 자신의 한쪽 눈을 팔아 다움이를 수술시키고 엄마가 있는 프랑스로 보낸다. 다움이가 떠난 후 혼자 남은 아버지는 다시 보고 싶어도 볼 수 없는 곳으로 쓸쓸히 떠난다.

『가시고기』를 읽으면서 눈앞에 어른거리는 한 사람이 있었다. 지금은 세상에 계시지 않는 나의 아버지이다. 다움이 아버지처럼 나를 아끼고 사랑해 주신 아버지, 아버지의 얼굴이 생각나는 순간 울컥 쏟아지는 눈물을 억제할 수가 없었다. 당신의 몸이 병들어 누워 계실 때도 큰아들인 나를 걱정하시던 아버지, 나이 45세에 첫 아들을 얻었다고 온 동네에 돌아다니시며 자랑하셨다는 아버지, 어린 자식이 세상의 이치를 알기도 전에, 이곳저곳 데리고 다니시며 당신의 대 이을 준비를 하셨던 아버지이셨다.

최근 10쌍 중 3쌍이 이혼한다는 통계를 읽었을 때 마음이 아팠다. 아니 마음으로 울었다. 헤어지는 사람들이 불쌍해서가 아니라, 헤어진 부모들에게서 버려지는 아이들 때문이다. 사랑의 열매가 자식이 아니던가? 그렇게 얻은 자식을 함부로 버리는 세상에서 『가시고기』는 우리의 삶에 큰 교훈서가 아닐 수 없다. 나 역시 사랑하는 두 딸을 둔 아버지로서 아버지의 사랑에 대해서 생각하는 기회가 되었다. 나의 아버지가 베풀어주신 사랑처럼, 나의 사랑하는 두 딸에게도 한없는 사랑을 베풀련다.

＊ 오순자 · 박대우, 『생활 속의 글쓰기』.

소 속		학 번		성 명	
제출일		평 가			

[문제 1] 아래 사비냐크의 그림을 보고 자신의 생각과 느낌을 글로 쓰시오.

절 취 선

소 속		학 번		성 명	
제출일		평 가			

[문제 2] **원 영화의 스토리와 상관없이 각자 자기 나름대로 아래 사진을 보고 드는 생각과 느낌을 자유롭게 이야기로 표현하시오.**

절취선

소 속		학 번		성 명	
제출일		평 가			

[문제 3] 가장 최근에 본 영화나 혹은 읽은 책을 한 편 선정하여 이에 대한 감상문을 써 보시오.

절취선

CHAPTER 제7장

설명적 글쓰기

- 설명의 기법
- 설명적 글의 구성

제7장

설명적 글쓰기

이 단원에서는 설명적 글의 기법과 구성 방식을 익힌다. 설명적 글쓰기란 필자가 자신의 지식과 정보, 또는 이론이나 신념 등에 대해 그것에 익숙하지 않은 독자를 이해시킬 목적으로 하는 글쓰기의 한 유형이다. 좋은 설명적 글을 쓰기 위해 이용할 수 있는 가장 일반적인 방법으로 정의, 비교, 대조, 예시, 인용, 분석, 분류, 일화의 삽입 등을 들 수 있다.

1. 설명의 기법

가... 정의

정의는 어떤 대상을 구성하는 가장 기본이 되는 속성을 제시해서 그 대상의 명확한 의미를 규정하는 것이다. 따라서 서술하려고 하는 대상의 정의를 글의 첫머리에서 제시하는 것이 효과적이다. 그러나 그러한 사전적 정의가 글의 주제 문장이 되는 것은 바람직하지 않다.

정의의 기법과 예시

정의 = 정의 대상	+ 대상에 대한 내용
원소는	같은 종류의 원자만의 집합으로 되는 물질을 말한다.
예술이란	미를 창조하거나 표현하려는 인간 활동 혹은 그 작품이다.
주식은	주식회사 자본의 구성 단위이다.

정의하고자 하는 개념이 복잡한 것이라면 보편적인 정의로는 충분하지 않다. 그러한 경우 일반적으로 용인된 견해나 관념만으로는 정의할 수 없고, 필자 자신이 새로운 견해, 관념 등을 동원하여 확장된 정의를 내려야 한다. 또한 이렇게 정의를 확장하여 서술하는 글 자체가 하나의 설명적 글이 된다.

[예시] 정의의 방법

> 제도는 인간의 생식과 보호, 생계 유지와 같은 중요한 문제를 다루는 형식이다. 그것은 인간 상호 간에 규칙적이고 지속적인 협력을 요구하며, 다른 한편 안정된 권력이 된다. 제도는 본래 불안정한 존재인 인간들이 서로 견뎌 내고 믿을 수 있도록 하기 위하여 찾아낸 형식이다. 제도 안에서 삶의 목적이 공동으로 추구되고 우리가 무엇을 하고, 하지 말아야 되는지를 결정할 수 있도록 도움을 받으며 내적 삶의 안정을 획득한다. 그리하여 제도는 우리가 항상 격렬하게 대립해야 하는 부담과 기본적인 문제에 대하여 결정해야 하는 부담에서 벗어나게 해 준다.
>
> 제도는 개인이 태어나기 전부터 이미 존재하며, 개인은 그 제도 안에 편입되어 있다. 따라서 개인은 사실상 사유 재산이나 결혼과 같은 제도를 개인적 차원을 넘어선 행동 양식으로 체험한다. 제도는 그 구성원이 바뀌는 것에 관계없이 오래전부터 지금까지 존속하고 있는 것으로 개인에게 의식되며, 개인은 그런 의식을 가지고 직업, 관청, 공장과 같은 제도 안으로 들어온다. 인간이 함께 살아가고 함께 일하는 형식들 안에서 지배가 형성되고 정신적인 교류가 이루어지는데, 이러한 형식들이 결국은 그 자체로 중요성을 지닌 제도가 되고, 이 제도가 개인에 대하여 권력을 획득하는 것이다. 그러므로 우리는 사회 체제 내에서 개인이 차지하는 위치가 어디인지, 또 어떤 제도에 그 개인이 편입되어 있는지를 안다면 개인의 행동을 비교적 확실하게 예측할 수 있게 된다.
>
> * 아놀드 겔렌, 『인간학적 연구』.

나... 비교와 대조

비교는 둘 이상의 대상이나 개념이 가진 공통점의 각기 다른 정도를 따져 보는 것이며, 대조는 그 대상들에서 나타나는 차이점을 견주어 보는 것이다. 즉 비교가 둘 이상의 대상을 견주어 그들 간의 공통점에 주안점을 두고 진술하는 방식이라면, 대조는 둘 사이의 차이점에 주안점을 두고 진술하는 방식이다. 비교・대조 방법이 유용한 이유는 우리가 새로운 대상을 인지하거나 이해하는 것이 일차적으로 배경과 대상의 차이를 인지하는 것으로부터 시작되기 때문이다.

비교와 대조의 세 가지 방법

① 하나의 사항을 설명하고자 할 때 그것을 이미 독자들에게 알려진 사항과 관련시킨다.

예) '화성'을 설명할 때 '지구'와 비교 혹은 대조하는 방식

② 두 사항을 설명하고자 할 때 그것들을 먼저 그들 자체에 관련시키거나, 동시에 독자들에게도 널리 알려진 일반 원리에 관련시킨다.

예) 레오나르도 다빈치와 미켈란젤로의 작품을 소개할 경우

첫째, 독자들이 두 작품을 널리 알 경우 : 작품 자체의 내용을 비교 혹은 대조하는 방식

둘째, 독자들이 두 작품을 전혀 모를 경우 : 독자들이 미술 이론에 대해 알고 있을 것이라고 생각되는 미술의 일반적 특질에 따라 비교 혹은 대조하는 방식

③ 어떤 일반 원리나 관념을 설명하기 위하여 이미 알려진 여러 사항들을 관련시킨다.

예) 종교가 무엇인가를 설명할 때 가톨릭, 불교, 기독교 등의 각기 다른 종교들을 비교 혹은 대조를 통해서 그 개념을 추출하는 방식

☞ 비교·대조의 방식으로 설명하기 위해서는 반드시 그 대상에 공통 속성이 전제되어야 한다. 즉, '사람'과 '책상'은 공통 속성을 전제하기 어렵기 때문에 비교·대조할 수 없지만, '사람'과 '유인원'은 적어도 '걷는다'는 측면에서 그 공통 속성을 전제할 수 있기에 비교 혹은 대조가 가능한 것이다.

[예시] 비교의 방법

법은 필요악이다. 법은 우리의 자유를 막고 때로는 신체적 구속을 하는 식으로 강제력을 행사하는 일이 많다. 이런 점에서 법은 달가운 존재가 아니며 기피와 증오의 대상이 되기도 한다. 그러나 법이 없으면 안전한 생활을 할 수 없게 되는 것이 우리의 사회 현실이고 보면 법은 없어서는 안 될 존재이다. 이와 같은 법의 양면성은 울타리와 비교될 수 있다. 울타리는 우리의 시야를 가리고 때로는 바깥 출입의 자유를 방해하는 점에서 답답한 존재다. 그러나 부질없는 낯선 사람의 눈총을 막아 주고 악의에 찬 침입자를 막아서 가정의 안전하고 포근한 삶을 보장하는 점에서 울타리는 고마운 존재이다. 법은 이런 울타리처럼 달갑지 않은 면이 있으면서도 우리 사회에 없어서는 안 되는 필요성을 지닌 것이다.

* 서경환, 「법은 필요한가」.

[예시] 대조의 방법

> 본질적으로 '글'은 '말'을 문자로 바꾸어 놓은 것이지만, 우리가 평소에 보통 쓰는 글의 표현 방식과 말의 표현 방식 사이에는 상당한 차이가 있다. 글로 표현하면 자연스러운 어휘가 말에 사용하면 어색하게 느껴지는 것들이 있고, 또는 말로는 표현할 수 있으나 글로는 묘사하기 어려운 내용이 얼마든지 있다. 우리가 글로 읽을 때는 자연스럽게 느껴지는 '그녀', '아름답다', '즐겁다' 등과 같은 평범한 단어들도 말로는 별로 사용하지 않으며, 친구간 대화에 흔히 등장하는 "너 어제 뭘 했니?", "그거 니꺼니?" 등과 같은 표현은 대화체가 아닌 보통 글에서는 거의 찾아볼 수 없을 것이다.
>
> * 송기중, 「문장 구조의 문제」.

다... 인용과 예시

인용은 설명하는 내용의 보편성을 확보하기 위해 다른 사람의 글이나 학설로부터 일부 진술을 빌려오는 것이고, 예시는 설명하려는 개념을 구체화하기 위해 실증적인 사례를 드는 것이다.

[예시] 인용과 예시의 방법

> • 요즘 채팅에서 사용하는 용어 중에 도무지 무슨 뜻인지 알 수 없는 경우가 많다. 예를 들어 '즐팅'이나 'ㅎㅇ', 'KIN'은 어떤 경우에 어떤 뜻으로 쓰이는지 짐작조차 할 수 없다는 말이다.
>
> • 녹색 혁명을 거치면서 다수확 개량 품종에 농약과 비료를 투입하여 다수확하는 것이 현대 농업의 목적이 되면서, 전통 사회에서 재배하던 수많은 품종들이 극히 일부의 개량 품종으로 대체되었다. 인도에서는 수만 가지의 쌀 품종을 재배했지만, 현재 재배되는 품종은 불과 10여 종에 불과하다고 한다.
>
> • 미인의 전체적인 인상은 주로 중국의 선녀나 절세미인인 서시 · 양귀비 · 서왕모 등에 비유되고, 꽃으로는 해당화 · 모란화 · 부용화 · 금련화 · 양도화 등으로 상징된다. 그 한 예를 들어 보면, 「옥낭자전」에 "그 아리따운 자태는 마치 서왕모가 요지연에 내린 것이 아니면 월궁 항아 낙포에 내린 것 같더라."느니, "이를테면 홍련화가 아침 이슬에 반개하듯 해당화가 봄바람에 날리듯 하여 진실로 천하의 가인이요, 숙녀이더라."고 묘사되어 있다. 여기에 중국의 미녀상이 큰 영향을 끼치고 있음이 드러난다.
>
> * 조흥윤, 『한국문화론』.

라... 분류와 분석

넓은 의미에서 분류는 글의 내용에 포함된 여러 가지 개념들을 속성별로 나누거나 묶어 질서를 부여하는 것이다. 이러한 분류는 좁은 의미로서의 '분류'와 '구분'으로 나눌 수 있다. 이때 좁은 의미에서의 분류란 일정한 기준에 의해 작은 항목을 큰 항목으로 묶어 나가는 것을 말한다. 반면 구분은 큰 항목에서 작은 항목으로 묶어 나가는 것을 말한다. 한편 분석은 어떤 대상의 속성을 보다 더 작은 단위로 나누어 그 안에 내재된 특수한 속성을 밝히는 것이다.

[예시] 분류와 구분의 방법

- 문학은 그 형식에 따라 시, 소설, 수필, 희곡 등으로 나눌 수 있다.(구분)
- 시, 소설, 수필, 희곡 등은 문학의 장르들이다.(분류)
- 중요무형문화재는 크게 예능 종목과 기능 종목으로 나뉜다. 기능 종목으로는 공예 기술과 음식이 있고, 예능 종목은 다시 음악・무용・연극・놀이와 의식・무예로 분류되는데, 이 예능 종목들이 전통 예술에 해당한다.(분류와 구분)

* 조흥윤, 『한국문화론』.

[예시] 분석의 방법

타란티노의 연출에 대한 분석 : 타란티노의 연출은 이른바 의학적이다. 트라볼타가 통로에서 춤을 추는 레스토랑 시퀀스는 즐겁고 유쾌한 일이 벌어지는 홀처럼 보인다. 하지만 거기에는 할리우드의 꿈을 패러디하는 것 말고는 아무 것도 없고, 트라볼타가 맡은 인물은 외과의사들 같은 역할이었다.(약을 지나치게 많이 복용하는 장면에서처럼.) 거리를 두고 폭력을 마주하고 있다는 것은 여기에서 거짓처럼 보이며, 여기에는 거리감도 패러디도 부족하다.

* 올리비에 몽젱 지음, 이은민 옮김, 『이미지의 폭력』.

소 속		학 번		성 명	
제출일		평 가			

[연습 1] 다음에 주어진 소주제문을 지원하는 뒷받침문을 설명의 기법 중 비교 혹은 대조의 방법을 이용하여 한 단락의 글을 완성해 보시오.

『조선일보』와 『한겨레신문』은 창간 시기, 성장 과정, 그리고 정치적 성향이나 역사의식에 있어서 매우 많은 차이점을 보인다.

조선일보는 일제강점기 한국의 근대화가 시작되던 시기에 창간되어 이후 자칭 한국의 정통 민족언론으로 일컬어졌다. 그러나 한겨레신문은 1980년대 이후 소수 개인 주주들에 의해 창간되어 우리나라의 민주화에 크게 기여한 언론으로 일컬어진다.

절취선

소 속		학 번		성 명	
제출일		평 가			

[연습 2] **다음에 주어진 소주제문을 지원하는 뒷받침문을 설명의 기법 중 비교 혹은 대조의 방법을 이용하여 한 단락의 글을 완성해 보시오.**

과학과 철학은 둘 다 진리를 추구한다는 점에서 공통적이다.

과학은 매우 실용적이며, 철학은 개별 과학의 성과를 종합하여 전체적인 세계상을 구성하고, 개별 과학의 탐구에 기초를 제공하여 개별 과학이 나아가야 할 방향들을 제시한다. 100

200

300

400

절취선

2. 설명적 글의 구성

설명적인 글은 첫째, 전달하려는 정보를 체계화하기 위해 시간적 흐름의 순서나 공간적 이동 순서를 좇아 글을 구성할 수도 있고, 둘째, 설명하려는 현상의 인과관계를 좇아 글을 구성하기도 한다. 또한 중심 내용을 먼저 서술한 다음 구체적 서술로 진행시켜 나가거나(두괄식 구성) 그와는 반대로 구체적인 내용으로부터 시작해서 중심 내용으로 마무리하는 식(미괄식 구성)으로 구성할 수도 있다.

[예시] 시간적 흐름, 공간적 질서에 따른 방법

> 뚜껑 위 장식부분은 봉황이 여의주를 목에 끼고 날개를 활짝 펴서 날아가는 모습을 하고 있죠. 그 아래의 뚜껑에는 5명이 음악을 연주하는 연주 모습, 크고 작은 산, 사람들, 동물, 말을 탄 사람들, 불꽃무늬 등 화려한 무늬가 조각되어 있어요. 몸통에는 연꽃, 물고기, 동물 등 여러 가지 무늬가 새겨져 있습니다. 그 밑에는 용이 살아 움직이는 듯한 모습으로 몸통을 입으로 받들고 있고, 또 구름과 풀잎무늬가 소용돌이치는 모습으로 꾸며져 있어요. 그래서 이 향로는 백제 문화의 우수성과 독창성이 한층 돋보이는 작품으로, 동북아시아에서 출토된 향로 중에서 가장 아름다운 것이지요.

[예시] 인과관계에 따른 방법

> 특히 일부 자치단체장들의 선심행정, 예산낭비, 정실인사, 부정부패, 비리 등의 문제 그리고 일부 지방의원들의 비리 및 월권 행동이 줄어들지 않고 있는 실정이다. 지방자치단체의 부정부패는 자원의 왜곡분배로 인한 비효율성과 경쟁력의 약화 등 경제적인 문제뿐만 아니라, 성실한 공무원과 주민의 사기 저하를 초래하여 행정기능의 약화와 법질서의 파괴, 정부불신에 따른 정책효과의 둔화 등 그 심각한 폐해를 수반한다. 더욱이 이러한 공직부패가 주민이 직접 선출한 공직자에게 해당한다면 대의제 민주주의의 기본 토대라 할 수 있는 주민과 선출직 공직자의 신뢰관계와 지방자치에 치명적인 손상을 가하게 되는 것이다.
>
> * 천성권, 「한국의 지방자치와 참여민주주의」.

[예시] 두괄식 구성의 방법

미국의 전화 요금은 멀리 걸수록 싸진다. 중・단거리(local tell) 통화가 분당 요금 25센트로 가장 비싸고 장거리는 9센트, 한국에 거는 국제전화는 분당 최저 3센트에 이용할 수도 있다. 심지어 중국에 공짜로 통화할 수 있는 방법도 있다나.

* 『주간한국』 2006.8.1.

[예시] 미괄식 구성의 방법

동물실험 결과나 배양세포 단계의 실험 결과를 그대로 사람에게 적용하는 경우가 있다. 동물실험은 임상시험의 전 단계로서, 이 때 치료 효과가 나타나더라도 실제 임상시험에서는 효과가 없거나 부작용이 나타는 사례가 수두룩하다. 사람에게 안전성이 검증되지도 않은 신물질이나 약에 대한 맹목적인 믿음을 갖게 하는 결과를 낳을 수 있다. 흰쥐에 고추의 캡사이신을 투여하자 위궤양 발생이 억제되고, 항암 작용・비만 억제 등의 효과가 있다고 보도했다. 사람이 고추를 먹어 위암과 비만을 막는다고 단정할 수는 없다. 비인체 실험 결과를 사람에게 확대해서는 안 되는 것이다.

* 『한겨레 21』, 2007.2.6.

소 속		학 번		성 명	
제출일		평 가			

[연습 3] **다음에 주어진 각 문장들의 개념을 통합하여 한 편의 글을 완성하되, 설명하고자 하는 대상이 무엇인지 먼저 밝히고, 설명적인 글의 구성 방식에 유념하여 작성해 보시오.**

- 기대승은 조선시대의 대표적 성리학자로 당대의 석학들과 학문을 논하며 성리학에 관한 많은 저술을 남겼는데, 특히 이황과 주고받은 사단칠정논쟁(四端七情論爭)으로 유명하다.
- 1941년 지금의 자리에 다시 빙월당을 짓고 1978년부터 사당과 장판각, 내외삼문의 건립이 시작되어 1981년에 모두 준공되었다.
- 이 건물은 고봉 기대승(高峯 奇大升, 1527년~1572년)을 비롯한 조선시대의 학자들을 모셨던 월봉서원(月峯書院)의 강당이다.
- 월봉서원은 1578년(선조 11) 낙암(樂庵)에 세워졌다가 임진왜란 때 피해를 입고 동천(桐川)에 다시 세워졌는데 대원군의 서원 철폐로 인하여 헐렸다.
- '빙월'이라는 이름은 정조가 기대승의 고결한 학덕을 '빙심설월(氷心雪月)'에 비유하여 하사했다고 전해진다.

절취선

설명하고자 하는 대상 :

소 속		학 번		성 명	
제출일		평 가			

[문제 1] **아래 주어진 글에 이어서 컴퓨터의 구조에 관하여 분류와 분석의 기법으로 600자 내외의 설명하는 글을 써 보시오.**

컴퓨터의 구조는 크게 본체와 주변 장치로 나누어 볼 수 있다. 우선 컴퓨터의 본체는 중앙 처리 장치와 기억 장치로 이루어져 있다.

100

200

300

400

절취선

[문제 2] **다음 칠면조에 관한 설명을 읽고, 야생 칠면조와 가축화된 칠면조의 특성을 요약해서 300자 내외로 비교 · 대조하시오.**

당신은 미국의 달러 지폐에, 미국 국기를 다는 깃대의 깃봉에, 미국 정부가 사용하는 공식 문장의 도안에 독수리가 아니라 칠면조가 등장한다는 것을 상상할 수 있는가? 초기 미국의 유명한 정치인이었던 벤자민 프랭클린이 칠면조가 미합중국을 상징하는 새가 되어야 한다고 선언했을 때 그는 실제로 그런 의도를 가졌었다. 추수감사절 저녁 식탁에 구워 올려지기 위해 슈퍼마켓에 진열된 통칠면조에 익숙한 오늘날의 미국 사람들에게 프랭클린의 생각은 매우 어색해 보일 것이다. 그러나 프랭클린의 시대에 야생 칠면조는 미국이라는 신세계의 역사에 중요한 역할을 했던 진정으로 미국적인 새였다.

야생 칠면조는 한때 북미 대륙의 전 지역에 서식했다. 북미 지역에 백인들이 정착하기 이전에 아메리카 원주민들은 식품을 얻기 위해 사냥했다. 그들은 또한 겨울에 입을 따뜻한 의복을 만들기 위해 칠면조의 털을 이용했으며, 뼈는 도구와 무기를 만드는 데 사용했다. 유럽으로부터 이주민들이 들어왔을 때, 칠면조가 그들의 주요 식품 공급원 이었다.

사람들은 칠면조가 비가 내리는데도 우리 안으로 들어올 줄 모르기 때문에 매우 미련하다고 생각한다. 실제로 칠면조들은 비바람이 몰아치는 동안에 입을 벌린 채 서 있다가 익사하기까지 하는 것으로 알려져 있다. 그러나 그것은 가축화된 칠면조들에게나 사실일 따름이다. 야생 칠면조는 자연 상태에서 가장 영리한 동물들 중에 하나이다.

야생 칠면조는 힘이 세고 지능이 높은 조류이며 햇빛을 받아 반짝이는 아름답고 다양한 색조의 갈색 깃털을 가지고 있다. 키는 4피트에 이르기도 한다. 수컷은 탐(tom) 혹은 가블러(gobbler)라고 불리기도 하는데, 무게가 16파운드가 넘기도 한다. 암컷은 9파운드 이상의 무게가 나간다. 야생 칠면조는 고기가 많은 가축화된 칠면조에 비해서 날씬하며, 목과 다리가 더 길다. 구애할 시기에만 수컷 야생 칠면조는 추수감사절에 아이들이 그림으로 그리는 살찐 칠면조와 비슷한 모습이 된다. 그 수컷들이 꼬리 깃털을 펼치고 몸의 깃털을 한껏 부풀릴 때, 그들은 날씬한 유선형의 새들이라기보다는 뚱뚱하고 둥그스름한 새처럼 보인다.

야생 칠면조들은 경계심이 매우 높은데, 새끼들을 거느린 어미의 경우에 더욱 그러하다. 그들은 좀처럼 인간의 눈에 띄지 않는다. 그들은 숲 속에 몸을 숨기는데 그들의 몸 색깔이 주위 자연의 색깔과 매우 흡사하기 때문에 거의 눈에 띄지 않는다. 가축화된 칠면조와는 달리 야생 칠면조는 힘차게 날을 수 있다. 위험에 처하면 5내지 6피트 정도의 날개를 활짝 펴고 시간당 50마일까지 날을 수 있다. 야생 칠면조는 육지에서도 대단히 빠른데, 시속 25마일의 속도로 달릴 수 있다.

이러한 속성들 덕분에 야생 칠면조들은 자연의 적들로부터 자신들을 지켜왔을 것이다. 그러나 그 새들도 유럽으로부터의 이주민들을 당해낼 수가 없었으며, 그들이 야생 칠면조를 사냥하기 시작한 뒤로 한때 거의 멸종 상태에 이르렀었다. 1900년대 초반에 사람들은 이 야생 조류를 구제하기 위해서 무언가 조치를 취해야 한다는 것을 깨달았으며, 사냥을 제한하는 법률이 시행되었고 보호구역이 마련되었다. 그 결과 오늘날 100만 마리가 넘는 야생 칠면조들이 42개 주에 걸쳐 서식하고 있다.

한편 가축화된 다양한 종류의 칠면조들이 여러 해에 걸쳐 농장에서 사육되고 있다. 그 결과 그들의 사촌격인 야생 칠면조와는 매우 다른, 길들여진 새가 탄생했다. 그러나 그 가축화된 새가 야생 칠면조보다 덜 중요하다고 할 수는 없다. 가축화된 칠면조들은 자연에서 생존할 수 있는 능력을 상실했기 때문에 야생 서식지에서는 살아갈 수 없다. 그들은 단지 우리 안에서만 살 수 있다. 깃털의 색이 대부분 흰색인 그 가축화된 칠면조는 몸이 너무 무겁고 또 너무 길들여져 있어서 곧장 사람들에게 달려가 버리기 때문에 날을 수도 없다. 그럼에도 불구하고 그들의 야생 사촌들이 그랬던 것처럼, 가축화된 칠면조들은 미국 사람들에게 식품을 제공하는 중요한 목적에 부응하고 있다. 미국인들은 추수감사절 하루 동안에만 6억 파운드의 칠면조를 먹어치운다. 게다가 영양학자들이 칠면조 고기가 건강에 매우 좋은 식품이라는 것을 입증했기 때문에 초기 정착민들의 식탁에서 칠면조 고기가 가장 중요하고 흔한 식품이었던 것처럼 오늘날에도 미국인들의 일상 식탁에서 가장 평범한 식품이 되고 있다.

* 이 글은 Milada Broukal and Janet Milhomme, *More about the USA: A Cultural Reader* (New York: Longman, 1996)의 일부를 발췌하여 번역한 것임.

소 속		학 번		성 명	
제출일		평 가			

절 취 선

100

200

300

400

500

100
200
300
400
500
600

[문제 3] **다음 글은 필자가 설명하려고 하는 주요 개념에 대해 스스로 질문을 던진 후에, 그것에 답변하는 형식으로 구성되어 있다. 나노의 개념 및 중요성을 400자 이내로 쓰시오.**

나노란 무엇인가?

인류 역사상 과학기술은 지속적으로 인류 생활을 이끌어 왔지만 그 중에서도 가장 큰 변화를 몰고 왔던 과학기술은 18세기에 등장했던 증기기관일 것이다. 증기기관의 발명으로 기계의 힘을 이용할 수 있게 되면서 인류는 '산업혁명'이라는 놀라운 진보를 경험하게 되었던 것이다. 21세기에 들어서 우리는 또 하나의 '산업혁명'을 기대하고 있다. 6T라고 불리는 첨단 산업기술이 인류의 미래에 대한 혁명적 변화를 약속하고 있기 때문이다. 정보기술(IT), 생명공학기술(BT), 나노기술(NT), 환경공학기술(ET), 우주항공기술(ST), 문화콘텐츠기술(CT)이 바로 그것이다. 우리 정부도 이 분야가 국가 발전을 주도할 첨단산업의 바탕이 될 것으로 판단하여 올해부터 5년 동안 13조원을 투자하는 적극적인 지원책을 내놓고 있다.

우리는 여기에서 이들 6가지 핵심 기술 중 하나인 NT에 대해서 알아보기로 하자. NT는 과연 무엇이며 그것은 전통 산업기술과는 어떻게 다를까? NT는 Nano Technology의 약자이며 NT는 '물질을 원자나 분자 크기의 수준에서 조작·분석하고 제어할 수 있는 모든 분야의 과학과 기술'을 총칭하는 말이다. NT라는 용어가 세상에 나온 지 얼마 되지 않았지만 주위에서 자주 접하다 보니 이제 많은 사람들이 NT에 대해 막연하면서도 익숙한 느낌을 갖게 된 것으로 보인다. 우리는 공간이나 시간 등 도량의 척도에 쓰는 단위와 함께 '마이크로', '나노', '피코' 등을 사용한다. '나노'라는 말은 10억 분의 1을 의미하며, 길이의 경우 나노미터는 10억 분의 1미터를 말한다. 이것은 1밀리미터를 100만 번 쪼갠 두께에 해당되는데, 사실상 그것은 우리의 일상적 경험 세계로부터 너무나 멀리 떨어져 있어서 실감하기 어려운 크기다.

여기에서 우리는 나노를 이해하기 위해 중요하게 생각되는 세 개의 질문을 해보자. 첫째, 우리는 왜 작은 크기에 관심을 가지며, 세계를 계속 작은 크기로 분해하려고 하는가? 그 이유는 우리가 물질계를 이해하려고 할 때 그 물질의 최소 구성 요소에 대해 알아야 하기 때문일 것이다. 우리가 객관적으로 어떤 물질이 존재한다는 것을 받아들이기 위해서는 그것이 우리의 감각과 지각에 주어질 수 있어야 하며, 그것을 우리의 의식으로 직접 이해할 수 있어야 한다. 과거로 거슬러 올라가보면 당시의 과학기술의 한계 때문에 객관적으로 물질의 존재를 관찰하고 확인할 수는 없었지만 고대인들조차도 단위 물질의 존재를 이미 의식하고 있었다는 사실을 쉽게 알 수 있다. 물질세계가 더 이상 쪼갤 수 없는 궁극적 요소로 구성되어 있다는 생각은 이미 그리스 철학의 초기적 특징을 규정하는 물질 개념, 존재 개념, 생성 개념의 발달과 더불어 나타나고 있다. 기원전 5세기 경에 이미 흙,

불, 공기 그리고 물 등 자연적 요소를 세계의 기본적 구성 요소로 생각하는 철학자들이 있었으며, 또 어떤 철학자들은 물질의 최소 단위를 기하학적 구조로 설명하려고 시도하기도 했다. 이것은 제한된 경험적 지식과 기술 때문에 그 존재를 확인할 수는 없었지만 고대에도 이미 물질의 최소 단위에 관한 철학적 사색이 이루어지고 있었으며 그 존재를 의식하고 있었다는 것을 말해 준다.

물질의 존재를 확인하고 그 물리적 현상을 이해할 수 있는 물질의 크기는 과학의 발전과 함께 시대적으로 많은 변화가 있었다. 육안으로 볼 수 있는 물질만을 관찰 할 수 있고 그 물리적 현상을 확인하던 시대는 이미 먼 과거가 되었다. 기술이 발달하면서 현미경 등을 이용하여 마이크론 크기의 물질을 관찰할 수 있게 되었으며, 현재는 나노미터 크기의 물질을 관찰할 수 있는 수준에까지 와 있다. 앞으로 기술이 더 발전하면 나노미터보다 더 작은 크기까지 확인할 수 있는 시대가 오겠지만 현재 우리의 기술이 여기까지 와 있기 때문에 주위에서 나노라는 말을 흔히 듣게 되는 것이다.

둘째, 그렇다면 작은 크기로 물질을 계속 분해해 나갈 때 그 끝은 어디인가? 우리가 객관적으로 물질이라고 할 수 있는 가장 작은 크기는 얼마일까를 생각해 보는 것이 이 물음에 대한 답이 될 것이다. 물론 그 끝에 관해 확정적으로 이야기하는 것은 사실상 불가능하지만 대신에 우리는 그 끝 지점에 관해 어느 정도의 예상을 해 볼 수는 있을 것이다. 화학에서는 화학반응에 의해서 더 간단한 물질로 분해할 수 없는 물질을 '원소'(element)라고 한다. 현재 우리는 115개의 원소를 알고 있으며, 각각의 원소들은 고유한 화학기호로 표시된다. 원소의 가장 작은 단위를 '원자'(atom)라고 한다. 원자는 어원상 더 이상 더 나눌 수 없는 물질이란 뜻을 갖고 있다. 자연계에서 원소들은 헬륨과 같이 고립된 원자로 존재하기도 하고, 수소나 산소와 같은 원소는 두 개의 원자로 이루어져 있으며, 다른 많은 원소들은 더 복잡한 결합으로 배열된 원자들을 가지고 있다.

원자들은 여러 가지 방법으로 결합해서 화합물을 형성한다. 화학자들은 물질의 화학적 성질을 결정하는 원자의 결합 형태는 원자의 성질과 연관 지을 수 있고, 원자들이 결합하여 모여 있는 방법에 따라 물질의 물리적 성질이 결정된다고 생각한다. 그래서 이들은 원자를 물질을 이해하는 데 필요한 물질의 가장 작은 크기라고 생각한다.

셋째, 우리가 관찰하고 확인할 수 있는 크기의 한계는 기술의 발전과 함께 계속 감소해 왔고 나노미터는 그 중의 한 과정인데, 나노미터 크기에서는 어떤 특별한 현상이 있기에 왜 우리는 나노미터에 관심을 갖는가? 나노미터 크기에서의 현상에 관심을 갖게 되는 중요한 이유 중의 하나는 나노미터가 물질의 화학적·물리적 성질을 결정짓는 원자나 분자의 크기에 해당하기 때문이다. 원자나 분자들의 크기는 대략 몇 10분의 1나노미터에서 몇 백 나노미터의 크기를 갖고 있다. 그렇다면 앞으로 기술이 더 발전하여 소립자의 크기까지 관찰할 수 있을 것으로 예상되는 데도 불구하고 왜 과학자들은 원자나 분자의 크기에 특별한 관심을 갖는 것일까? 그것은 원자가 갖는 다음과 같은 두 가지의 특이한 성질 때문이다. 즉 원자가 안정성을 갖고 있으며, 원자 단위에서는 양자역학적 거동이 관찰된다.

원자의 안정성이란 무엇을 말하는가? 그것은 원자가 주기율표에 나타나는 바와 같이 규칙성을 갖고, 물질이 항상 반복하여 같은 성질을 나타내고, 같은 결정을 반복하여 형성하며, 항상 같은 화학결합을 한다는 것이다. 이것은 외부적 작용에 의해 많은 변화가 일어난 다음에도 원자는 원래와 같은 성질을 유지한다는 것을 의미한다. 반면에 소립자는 매우 높은 에너지 상태의 충돌 과정에서 생겨났다가 다른 기본 입자로 전이되면서 금방 소멸해 버린다. 그 중 가장 안정된 기본 입자일 경우에도 존속 시간은 겨우 100만 분의 1초에 불과하고 나머지들은 그보다 백 배, 천 배 더 짧다.

양자역학적 거동이라는 것은 드 브로리(Louise de Broglie)가 제안했던 것처럼 어떤 운동량을 가진 물질의 거동은 파동성을 갖는데, 이 때 그 파장은 입자가 작아질수록 증가한다. 그런데 입자의 파동성은 원자나 분자 같은 나노미터의 크기에서부터 무시할 수 없는 현상으로 간주되기 시작한다고 할 수 있다. 그래서 원자나 분자 수준에 있어 에너지는 양자화되고, 이렇게 입자성과 파동성의 이중성을 해석의 기반으로 한 쉬뢰딩거의 파동방정식의 해는 불연속적인 고유한 에너지 값을 준다. 이는 고전역학의 사고의 기반이 되어 왔던 에너지의 연속성의 사고를 에너지의 불연속성을 갖는 양자역학의 생각으로 바꾸게 한다. 이 패러다임의 전환은 뉴턴역학에 의한 기계공업이 주도하는 산업사회가 양자역학에 의한 전자공업이 주도하는 정보화 사회로 전환하게 한다. 이처럼 나노미터의 크기의 입자는 물질계를 이해할 수 있는 안정성을 갖는 최소 부분에 해당하며, 양자역학적인 행동을 하기 때문에 우리의 관심을 갖게 되는 것 같다.

＊ 이 글은 국성근, 「나노의 세계」, 『전대신문』(2004)의 일부를 발췌한 것임.

소 속		학 번		성 명	
제출일		평 가			

절 취 선

[문제 4] **다음은 각각의 제재에 대한 생각을 무질서하게 나열한 것으로, 몇 개의 중심 생각으로 다시 분류할 수 있다. 이 중 가장 중요하다고 여겨지는 내용을 한 단락으로 쓰시오.**

하이브리드 자동차(hybrid car)

- 내연기관에서 생산하는 동력과 전기 에너지를 함께 사용하는 자동차
- 석유를 에너지원으로 하여 구동되는 자동차의 단점을 보완하기 위함
- 내연기관 동력의 단점: 자동차가 가속된 후에 신호등을 만나거나, 내리막길을 주행할 때 자동차가 가지고 있는 운동 에너지를 브레이크를 이용하여 열 에너지로 변환한 뒤, 공기 중으로 버려야 함
- 내연기관의 열효율은 연료로부터 약 20%정도만을 운동 에너지로 변환함
- 하이브리드 자동차: 자동차의 제동 시에 브레이크를 사용하는 대신에 발전기를 이용하여 자동차의 운동 에너지를 전기 에너지로 변환하여 축전기 등에 임시로 저장해 둠으로써 내연기관 동력 자동차의 단점을 보완
- 임시로 저장된 전기 에너지는 자동차를 다시 가속할 때, 전동기에 공급하여 동력을 얻게 하여 연료 사용량을 줄임
- 하이브리드 자동차를 만들 때 기술상 어려움: 자동차를 급제동할 때에 매우 많은 양의 전력이 발생하는데 현재의 축전기 기술이 그 에너지를 효과적으로 저장하지 못함
- 기존의 차량은 내연기관과 브레이크만을 탑재하는 반면에, 하이브리드 자동차는 내연기관, 브레이크, 발전기, 전동기, 축전기 전력제어장치 등이 추가로 탑재되어 차량 가격과 차량의 무게를 커지게 하는 단점을 가짐
- 현재 일본의 도요다사의 하이브리드 자동차는 33.4km/리터의 연비를 가짐
- 우리나라의 하이브리드 자동차의 평균 연비는 10km/리터 정도
- 순수 전기자동차: 그 효용이 매우 유용할 것으로 여겨지지만, 필요한 전력을 충당하기에 어려움이 있음
- 우리나라의 한국전력이 보유한 총 발전 설비는 5,900만kw
- 모든 자동차를 순수 전기자동차로 교체할 경우 필요한 에너지 양: 약 4,000만kw 이상
- 이러한 전력원을 더 확보하기위하여 발전소를 시설할 경우 한반도 주변의 바닷물의 온도는 더욱 뜨거워져서 지구 온난화를 촉진
- 화석연료(석유)는 그 수명이 약 43년 정도로 추정되므로 대체 에너지의 개발이 필요함

도깨비

- 도깨비의 정체는 불명확함
- 도깨비는 도채비, 돗가비, 독갑이, 도각귀, 귀것, 망량, 영감, 물참봉, 김서방, 허체, 허주 등 다양하고 흥미로운 이명(異名)을 가짐
- 고대인들은 자연재해로부터 액운을 막고 풍년과 안위를 도와주는 여러 종류의 직능신을 창조했으며 이것이 도깨비의 근원일 것으로 추측됨
- 도깨비는 사람을 도와주기도 하지만 때로 괴롭히기도 함
- 바위나 나무 같은 자연물이 도깨비로 둔갑하여 사람을 홀리기도 함
- 한낮에는 숨어 있다가 해가 지면 어슬렁어슬렁 걸어 나와 길손을 유인함
- 도깨비는 아예 형체가 없이 소리나 빛으로만 출몰하기도 함
- 흉가로 알려진 집이 종종 도깨비집으로 여겨짐
- 도깨비는 변신에 능함
- 옛사람들은 손때 묻은 빗자루나 부지깽이, 절구공이 등이 도깨비로 변할 확률이 높다고 봄
- 도깨비는 장난을 좋아하고, 미녀를 탐하고, 수수팥떡을 좋아하고, 시기와 질투도 있으며, 때로는 멍청하기도 함
- 나들이를 다녀오다가 도깨비와 밤새워 씨름을 겨루다 보니 닳아빠진 빗자루를 껴안고 씨름을 벌이고 있었다는 이야기
- 도깨비에게 돈을 빌려주었더니 매일 돈을 갚으러 와서 벼락부자가 되었다는 이야기
- 혹부리와 도깨비 방망이를 바꾼 이야기
- 도깨비는 결코 잔인하거나 폭력적이지 않음
- 붉은 악마는 우리의 민간 도깨비 형상이 변형된 이미지로 볼 수 있음

소 속		학 번		성 명	
제출일		평 가			

100

200

300

400

500

절 취 선

[문제 5] **우리나라 사람들이 즐겨보는 TV 프로그램의 비율을 나타내는 다음 표에 근거해서 우리나라 사람들이 지역별, 성별, 연령별, 학력별, 직업별로 여러 가지 TV 프로그램에 대한 관심도가 어떤 차이와 특성을 보이는지 500자 내외로 설명하시오.**

즐겨보는 TV 프로그램 응답

(단위: %)

		계	뉴 스	연속극	스포츠	오 락	영 화	교육/교양	홈쇼핑	기 타
2000	전 국	100.0	74.1	68.1	33.7	37.5	33.5	15.9	3.0	0.9
	동 부	100.0	73.2	65.8	34.8	37.1	35.8	17.0	3.2	0.9
	읍면부	100.0	77.3	77.0	29.7	38.8	25.0	11.7	2.3	1.0
	남	100.0	82.7	47.3	60.3	29.8	33.8	14.1	1.0	0.9
	여	100.0	65.9	87.7	8.6	44.8	33.3	17.6	4.9	0.9
	15~19세	100.0	27.5	59.5	38.3	74.7	54.8	9.8	0.8	1.2
	20~29세	100.0	62.6	61.7	39.0	48.9	49.0	12.5	2.3	0.6
	30~39세	100.0	82.5	59.5	39.1	31.2	40.6	21.2	3.4	0.7
	40~49세	100.0	87.4	65.6	36.2	26.4	28.7	20.0	4.2	1.0
	50~59세	100.0	85.9	77.8	29.5	27.2	18.6	15.8	4.0	1.3
	60세이상	100.0	78.2	88.1	17.7	32.1	11.1	11.5	2.3	1.0
	초졸이하	100.0	73.2	89.1	15.9	38.2	14.9	8.8	3.2	1.1
	중 졸	100.0	63.9	71.3	33.1	46.1	35.2	12.1	3.6	1.1
	고 졸	100.0	75.6	63.4	39.7	36.7	39.4	16.6	3.1	0.8
	대졸이상	100.0	82.2	50.6	42.2	29.6	40.9	26.7	2.1	0.7
	전문관리	100.0	85.0	44.9	47.3	26.6	39.9	26.1	1.3	0.9
	사무직원	100.0	75.3	59.7	39.3	37.8	44.2	17.6	2.7	0.7
	서비스판매	100.0	75.8	71.6	30.5	35.3	32.3	14.5	4.3	0.9
	농어업숙련	100.0	84.7	86.7	21.7	34.6	12.4	9.9	1.6	0.9
	기능노무	100.0	83.3	60.9	46.7	29.9	32.1	12.6	2.6	0.9

* 자료 출처 : 통계청, 「2000년 사회통계조사결과」 문화와 여가 부문.

절
취
선

소 속		학 번		성 명	
제출일		평 가			

CHAPTER 제 8 장

논증적 글쓰기

제8장

논증적 글쓰기

논증적 글은 나의 생각과 주장을 다른 사람이 받아들이도록 설득하거나 다른 사람의 주장을 반박하기 위해 쓰는 글이다. 따라서 논증적 글에는 반드시 어떤 주장과 그것을 뒷받침하는 근거를 담고 있어야 한다. 논증적 글쓰기는 특정한 주제에 대한 자신의 관점과 주장을 합리적 근거를 토대로 설득력 있게 제시해야 한다.

1. 논증적 글쓰기의 특징

논증적 글은 논리적 설득을 목적으로 한다. 이런 점에서 논증적 글쓰기는 정보와 지식의 전달을 목적으로 하는 설명적 글쓰기나 주관적 느낌이나 상상력을 예술적으로 표현하는 표현적 글쓰기와 구별된다. 가장 큰 차이는 논증적 글쓰기가 주장과 함께 주장의 근거를 제시하는 글쓰기라는 점이다. 쉽게 말하면 내가 했던 어떤 주장에 대해 다른 사람이 '왜'라고 물었을 때 거기에 대답하는 형태의 글쓰기다. 다음 두 예문을 살펴보자.

> 동물에게 거울을 보이면 무슨 일이 일어날까? 조롱 속에 거울을 넣어주면 잉꼬는 거울 속에 나타난 모습에 얼이 빠진 듯 하염없이 들여다본다. 다 자란 개나 고양이는 신기할 정도로 거울에 대해 무관심하다. 어린 침팬지는 처음에는 거울 속에 비친 자기 모습에 상당히 강한 호기심을 품는다. 어미 침팬지는 손거울 하나만 주면 몇 시간이고 재미있게 논다. 거울을 보고 얼굴을 찡그리기도 하고 뒤편에 있는 풍경을 비춰보는 데 쓰기도 한다.
>
> * 마틴 가드너, 『양손잡이 자연세계』.

> 사람은 죽는 법이지, 나도 죽겠군.

앞글은 논증적인 글이 아니다. 여기에는 관찰된 사실의 나열이 있을 뿐 사태에 대한 어떤 주장은 없기 때문이다. 반면에 누군가가 뒷글처럼 말했다면, 이 글은 길이와 상관없이 하나의 논증이다. 이 글에는 전제와 결론을 매개시키는 '나'는 사람이다'는 진술이 생략되어 있기는 하지만 그럼에도 불구하고 첫째 내가 죽을 것이라는 주장이 있고, 둘째 왜 죽는가에 대한 근거로서 사람이 죽는 것은 자연의 법칙이라는 전제를 제시했기 때문에 하나의 논증이다. 이처럼 논증적 글이란 주장과 주장의 근거를 동시에 제시하는 글이다.

소 속		학 번		성 명	
제출일		평 가			

[연습 1] **보기에 나타나는 것처럼 대답지 안에 적당한 문장을 넣어 주장과 근거를 갖춘 글로 완성하시오.**

보기) 그녀는 춤을 잘 춘다.

오랫동안 무용학원에 다녔기 때문이다.

❶ 공기가 없으면 사람은 숨을 쉴 수 없다.

그러므로 우주에서는 사람이 살 수 없다.

❷ 정주영은 뛰어난 사업가다.

❸ 어린아이를 다루는 것은 힘들다.

절취선

논증적 글쓰기는 주장과 근거 사이의 관계를 논리적으로 서술한다는 특징을 갖는다. 논리적 서술이라는 특징은 논증적 글쓰기를 여타 유형의 글쓰기보다 까다롭게 만든다. 좋은 논증적인 글은 형식적인 면에서 논리적 규범을 위배하지 않아야 하고, 내용적인 면에서는 참인 전제들로 이루어진 서술이 들어 있어야 한다. 다른 말로 하자면 좋은 논증적 글은 타당성과 진실성을 갖추어야 한다. 타당성은 전제에서 주장으로 나아가는 추론 과정에 오류가 배제되었을 때 달성된다. 진실성은 전제들이 참일 경우에 달성된다. 왜 두 가지 요구가 동시에 충족되어야 하는가를 이해하기 위해서는 논리적 서술이 갖는 독특한 성격을 알아야 한다.

논증적 글의 타당성이란 글이 제시하고 있는 전제들로부터 결론에 이르는 사고 과정, 즉 추론의 타당성을 의미한다. 그런데 추론의 타당성을 평가하고 보장하는 것은 논리적 규칙들이고, 이 논리적 규칙들은 형식적 합리성만을 따진다는 특징을 갖는다. 즉 어떤 논증적 글이 타당하다고 할 때, 그 말의 의미는 논리적 형식의 측면에서 타당하다는 뜻이다. 이 말은 주어진 전제로부터 논리적 추론을 통해 얻어진 결론이 타당하다고 하더라도 그것이 언제나 그 논증의 정당성을 보장해주지는 않는다는 뜻이다. 바로 이 때문에 진실성에 대한 요구가 필요하다. 형식적 타당성을 갖춘 논증에 실질적인 정당성을 부여하는 것은 전제들이 참이라는 조건이기 때문이다. 아래의 사례를 살펴보자.

> 모든 기독교인은 원수를 사랑한다.
> 모든 이슬람교도는 기독교인들의 원수다.
> 부시는 기독교인이고, 후세인은 이슬람교도다.
> 그러므로 부시는 후세인을 사랑한다.

위에 제시된 논증은 형식적으로 타당하다. 그럼에도 불구하고 이 논증이 제시하고 있는 결론은 선뜻 받아들이기 힘들다. 이와 같은 괴리가 생기는 이유는 이 논증의 전제 속에 거짓인 명제가 섞여 있기 때문이다. 그것은 첫 번째 전제와 두 번째 전제에 포함된 '모든'이라는 표현 때문에 생긴다. 우리는 주변의 몇몇 기독교인들이 원수를 사랑한다고 판단할 수 있고 또 그 진술이 참인지를 확인할 수 있지만, '모든' 기독교인이 원수를 사랑하는지 그렇지 않는지는 확인할 수 있는 방법이 없다. 즉 이 전제는 진위를 밝힐 수 없다.

기껏해야 우리가 참이라고 주장할 수 있는 것은 '어떤 기독교인은 원수를 사랑한다'는 정도의 진술이다. 그래서 첫 번째 전제의 '모든'이란 조건을 '어떤'이라는 표현으로 고치고서 이 논증을 다시 살펴보면 애초의 논증과 같은 결론이 도출될 수 없다는 것이 분명해진다.

어떤 기독교인은 원수를 사랑한다.
모든 이슬람교도는 기독교인들의 원수다.
부시는 기독교인이고, 후세인은 이슬람교도다.
( )

몇몇의 기독교인이 원수를 사랑한다는 주장은 또 다른 어떤 기독교인들이 원수를 사랑하지 않을 수도 있다는 주장을 허용한다. 이런 전제를 받아들인다면 설령 두 번째와 세 번째 전제를 참이라고 인정하더라도 두 가지 결론이 가능하다는 것을 알 수 있다. 즉 '부시는 후세인을 사랑한다'도 가능하지만, '부시는 후세인을 사랑하지 않는다'도 또한 가능하다. 물론 이 논증의 두 번째 전제 역시 첫 번째 전제와 같은 문제점을 안고 있다. 다음과 같은 주장은 이런 종류의 논증에 포함된 잘못을 보다 분명하게 보여준다. "모든 인간은 남자이다. 김태희는 인간이다. 그러므로 김태희는 남자이다."

이 논증들이 형식적으로 타당하지만 결론적으로 부당한 것은 진실성이 없는 전제 때문이다. 문제의 핵심은 논리적 규칙을 준수한다는 형식적인 타당성에만 있는 것이 아니라 전제들이 참인가 아닌가 하는 내용적인 진실성에도 달려 있다. 이처럼 진실성을 가진 전제들은 좋은 논증적 글을 보장하는 또 하나의 장치이다. 따라서 바람직한 논증적 글은 추론 과정의 타당성과 전제들의 진실성을 동시에 갖추어야 한다. 이러한 조건을 충족시킨 글만이 형식적으로뿐만 아니라 내용적으로도 설득력을 가질 수 있기 때문이다.

소 속		학 번		성 명	
제출일		평 가			

[연습 2] **다음에 제시된 논증이 부적절한 이유를 간략하게 설명하고, 바람직한 방향으로 수정해 보시오.**

> 호주제 폐지를 주장하는 사람들은 끊임없이 유교적 가부장제 전통을 비판합니다. 그러나 가부장적 전통 속에서 이 땅의 남자들은 형식적인 권위를 가졌을 뿐입니다. 그들은 오히려 자기희생을 통해서만 실행할 수 있는 가장으로서의 가혹한 의무에 시달려 왔습니다. 유교적 가부장제는 여성 차별이 아니라, 남성 차별이라는 결과를 가져왔습니다. 호주제도 마찬가지입니다. 이제 호주제가 사라질 것입니다. 이제 남자들은 허울뿐인 가장의 권위를 벗어던지려고 할 것입니다. 그들도 이제 그들만의 이기적인 삶, 즉 남자의 삶을 살아가려고 할 것입니다. 많은 여성주의자들이 자신의 삶을 찾으려고 어머니와 아내의 역할을 포기했듯이, 남자들도 아버지와 남편의 역할을 포기할 것입니다. 가족과 국가를 위한 희생을 숙명처럼 알고 인내하며 살아온 대다수의 남자들은 어디로 가야만 합니까? 희생에 대한 보상은커녕, 법과 제도를 통해 남성을 차별하는 현실을 어떻게 극복해야만 합니까?

절취선

☞ 이 글의 진실성을 판단하는 가장 큰 요인은 가부장적 전통 속에서 남자들이 형식적 권위를 가졌을 뿐이라는 전제의 진위 여부에 달려 있다. 왜냐하면 이 전제가 참이라고 가정했을 때만 '가장으로서의 가혹한 의무', '남성 차별', '허울뿐인 가장의 권위' 등등의 서술이 정당화되기 때문이다. 그러므로 이 전제의 진실성이 의심스럽다는 주장과 함께 이 전제를 반박할 수 있는 반증 사례를 들면 좋은 수정이 이루어질 것이다.

2. 논증의 구성과 재구성

논증적 글을 쓰기 위해서 우리는 먼저 ① 주어진 자료의 내용과 논리를 정확하게 이해하고 다양한 관점에서 분석할 수 있는 논리적·비판적 사고 능력, ② 주어진 자료가 함축하고 있는 내용을 토대로 예상되는 결과를 추론할 수 있는 수렴적이고 창의적인 상상력, 그리고 ③ 적절한 논거를 일관되고 통일성 있게 사용하면서도 논증의 오류 가능성을 인정하는 균형 잡힌 판단력을 필요로 한다. 이러한 능력을 전반적으로 향상시키기 위해 우리는 폭넓은 독서를 통해 포괄적 배경 지식을 가져야 할 뿐만 아니라, 논증적으로 서술된 다양한 글들, 예를 들면 신문 사설이나 논문 등을 분석하고 종합하는 훈련, 나아가 짧고 긴 다양한 종류의 논증적 글을 실제로 써보는 연습이 필요하다.

그리고 무엇보다 논증적 글쓰기의 특징을 정확하게 인식하는 것이 중요하다. 모든 논증적 글은 외적으로 어떤 형태를 갖든지 논리적 구조를 갖는다. 그 구조는 기본적으로 근거에 해당하는 전제, 근거에서 결론으로 나아가는 추론 과정, 주장에 해당하는 결론으로 이루어진다. 모든 논증적인 글은 이 세 가지 기본 요소의 상호 관계로 파악할 수 있다. 글을 쓰면서 이 세 가지 기본 요소가 유기적으로 결합된 형태로 글을 조직하는 것이 논증의 구성이다. 반면에 어떤 주어진 글의 논지를 전제, 추론, 결론의 구조적 관계로 파악하는 것을 '논증의 재구성'이라고 부른다. 논증의 재구성이 타인의 글에 대한 논증적 관점에서의 이해라면 '논증의 구성'은 자신의 글을 논증적으로 어떻게 구조화할 것인가의 문제이다. 결국 양자는 동일한 동전의 양면이라고 할 수 있다. 따라서 좋은 논증적 글을 쓰려는 사람은 주장하고자 하는 내용과 연관성을 갖는 진실성 있는 전제, 타당한 추론, 그리고 추론의 결과로서 설득력 있는 결론의 제시가 이루어졌는가 그렇지 않는가를 평가할 수 있는 능력을 길러야 한다.

일반적으로 논증적 글은 주어진 논제에 대한 나의 생각과 주장을 쓰는 것이기 때문에, 논제에 대한 다양한 생각과 주장에 대한 이해가 선행되어야 한다. 이 때문에 논증적 글을 쓸 때는 자신의 글을 '구성'하기에 앞서 다른 사람의 글을 논증적으로 '재구성'해야 하는 경우가 많다. 다른 사람들의 견해가 어떤 논증에 의존하는지를 검토하는 것이 나의 주장을 펴는 디딤돌이 되기 때문이다.

소 속		학 번		성 명	
제출일		평 가			

[연습 3] **아래에 주어진 예시를 참조해서 주어진 주제에 대한 자신의 생각을 전제로부터 결론으로 추론해가는 방식으로 구성하시오.**

[예시] 성형 열풍에 대한 자신의 견해를 논증적으로 서술하시오.

전제 1: 성형은 외과적 수술을 통해 외모를 개선하는 것이다.

전제 2: 몇 년 사이에 우리 사회에 성형이 광범위하게 유행하고 있다.

전제 3: 외모지상주의란 사람의 외모를 높이 평가하는 풍조를 말한다.

전제 4: 연예인들은 일반인에 비해 훨씬 더 외모를 중시한다.

추론 과정: 연예인들은 직업의 특성상 일반인보다 훨씬 더 외모에 민감하기 때문에 종종 성형이라는 수단을 통해 외모를 개선시켰다(전제 1+4). 이것은 일종의 외모지상주의의 한 사례라고 할 수 있다(전제 3). 그런데 최근 성형이 광범위하게 일상화되었다(전제 2). 이것은 외모지상주의가 연예인뿐만 아니라 일반인에게도 널리 유포되었다는 뜻이다(전제 2+3+4).

결 론: 성형 열풍은 우리 사회에 외모지상주의가 일상화되었음을 보여주는 현상이다.

☞ 논증의 구성이나 재구성에서 추론 과정은 전제에서 결론으로 나아가는 사고의 과정을 뜻하기 때문에, 대부분 전제들을 논리적 연관에 따라 순서대로 제시하고 결론을 도출하는 것 자체가 추론 과정을 이룬다. 물론 그 과정에서 전제들의 연합으로 이루어진 새로운 형태의 문장이 만들어질 수도 있다.

1. 인터넷 악플에 대한 자신의 견해를 논증적으로 서술하시오.

전제 1: 악플이란 인터넷 이용자들이 정도가 심한 욕설과 비아냥 등으로 특정인을 모욕하는 내용을 담은 댓글을 말한다.

전제 2: 사람들은 얼굴을 마주하는 인간관계에서 심한 욕설을 자제하는 경향이 있다.

전제 3: 인터넷은 비대면성을 특징으로 한다.

전제 4: 인터넷에는 악플이 일상적으로 넘쳐나고 있다.

추론 과정 :

결 론 : 악플은 대면성이 사라진 인터넷 문화의 소산물이다(결론).

[연습 4] 아래에 주어진 예시를 참조한 후, 주어진 글을 읽고 그 속에 포함된 논증을 재구성하시오.

[예시]

인간은 한 개의 갈대에 지나지 않는다. 자연 중에서 가장 약한 갈대이다. 그러나 인간은 생각하는 갈대이다. 그를 부수는 데는 온 우주가 무장하지 않아도 된다. 한 줄기의 증기, 한 방울의 물을 가지고도 그를 죽이기에 충분하다. 그러나 우주가 그를 부순다고 해도 인간은 자기를 죽이는 자보다 존귀할 것이다.

인간은 자기가 반드시 죽어야 한다는 사실과 우주가 자기보다 힘이 세다는 사실을 알고 있지만 우주는 그것을 전혀 모르고 있는 것이다. 그러므로 우리의 모든 존엄성은 사고에 있다.

* 파스칼, 『팡세』.

이 글은 일차적으로 이렇게 요약된다.

1. 인간은 생각하는 존재다.
2. 인간은 우주보다 존귀하다.
3. 인간은 사고를 통해 알고 있는 것을 우주는 알지 못한다.
4. 존엄성은 사고에 달려 있다.

다시 이 요약은 논증적인 부분만을 골라서 아래와 같이 재구성할 수 있다.

1. 존엄성은 사고의 유무에 달려 있다.
2. 인간은 사고할 줄 아는데 비해 우주는 사고하지 못한다.
3. 인간은 우주보다 존엄하다.

☞ 논증을 재구성할 때 중요한 것은 논리적인 관계를 제외한 모든 부분들은 생략해도 아무런 상관이 없다는 사실이다. 예시문의 경우 밑줄 친 부분들은 이 글의 논증적 구조를 따질 때는 불필요한 부분들이다. 논리적 관계는 최소한의 것만을 통해 제시되어도 충분하다. 일차 요약에서 1과 3에는 공통적으로 '인간은 생각한다'는 내용이 포함되어 있기 때문에 이들을 하나로 묶어서 제시하는 것이 좋다.

까마귀가 과연 검은색으로 보이기는 하지만 소위 푸른 빛, 붉은 빛을 띤다는 것은 바로 검은색 가운데서 푸르고 빛이 난다는 사실을 의미함을 그 누가 알고 있으랴? 검은색을 어둡다고 보는 사람은 까마귀를 모를 뿐 아니라 검은색조차도 알지 못하는 사람이다. 어째서 그러한가? 물은 검붉기 때문에 능히 비출 수 있고, 옻칠은 까맣기 때문에 능히 비추어 볼 수 있다. 그런 까닭에 색깔이 있는 것 치고 광채가 없는 것은 없고, 형체가 있는 것 치고 맵시가 없는 것은 없다.

* 『능양시집』에 대한 박지원의 「서문」.

논증의 재구성

·

·

·

·

·

·

·

·

·

소 속		학 번		성 명	
제출일		평 가			

[연습 5] 〈보기〉의 내용을 삽입하기에 가장 적절한 곳을 찾고, 그 이유를 300자 내외로 서술하시오.

[보기]

ㄱ. 그러나 인간의 경우엔 다만 이러한 본능적 기제의 잔재가 작용하고 있음을 볼 수 있을 뿐이다.
ㄴ. 확실한 것은 과거뿐이고 미래에 대해서 확실하다고 할 수 있는 것은 오직 죽음뿐이다.

사랑에 대한 어떠한 이론이든 인간론으로부터, 곧 인간실존으로부터 시작되어야 한다. ⓐ우리는 사랑, 또는 사랑과 비슷한 것을 동물에서도 발견하지만, 동물의 애착은 동물의 본능적 기제의 일부에 지나지 않는다. ⓑ인간의 실존에 있어서 본질적인 것은 인간이 동물계로부터, 곧 본능적 적응의 세계로부터 벗어났다는 사실이다. ⓒ물론 인간은 자연의 일부이다. 그러나 한번 자연과 결별하면 인간은 결코 이전의 자연으로 되돌아가지 못한다. ⓓ인간은 철저하게 상실한 전(前)인간적 조화 대신에, 인성을 발달시키고 새로운 조화, 곧 인간적 조화를 찾아내면서 오직 앞으로 나아갈 수 있을 뿐이다. ⓔ인간은 태어나자마자 본능처럼 결정되어 있는 상황으로부터 비결정적이고 불확실하며 개방적인 상황으로 쫓겨난다.ⓕ

* 이 글은 E. 프롬 지음, 황문수 역, 『사랑의 기술』(문예출판사, 2000)의 일부를 발췌하여 수정・윤문한 것임.

100

200

절취선

제시문은 전제들과 결론이 뚜렷하게 구별되는 간단한 논증적 글이 아니라, 사랑에 대한 올바른 이해에 도달하기 위해 필자가 예비적으로 요구하는 철학적 관점들이 복잡하게 엉켜 있는 글이다. 그러나 제시문은 분명 주장과 근거를 동시에 함축하고 있는 논증적 글이다. 이처럼 복잡한 논증적 글에는 여러 개의 단순한 추론이 함축되어 있다. 예를 들어 하나의 주장을 뒷받침하는 전제들을 다시 근거짓는 전제들이 연속해서 서술된다. 따라서 이러한 논증적 글을 정확하게 이해하기 위해서는 무엇보다 먼저 글 전체를 아우르는 주장이 담긴 문장을 찾아낸 다음, 그것의 근거로 제시된 문장을 차례로 찾는 일이 필요하다. 경우에 따라서는 글의 구조를 그림으로 그려보는 것도 도움이 될 수 있다.

전제와 결론을 정확하게 구별하는 것은 기본적으로 글을 내용을 올바르게 이해했을 때 가능하다. 그렇지만 논증적 글이 전제와 결론을 암시하는 표현을 포함하고 있는 경우가 많기 때문에, 이러한 표현들을 습득할 경우 전제와 결론을 쉽게 구별할 수 있는 경우가 많다. 흔히 전제임을 암시하는 단어를 '전제 지시어'(premise indicator), 결론을 가리키는 낱말을 '결론 지시어'(conclusion indicator) 라고 부른다. 대표적인 몇 가지 단어들을 모아보면 다음과 같다. 전제 지시어에는 '왜냐하면', '~이므로', '~을 고려할 때', '~으로 볼 때', '~사실로부터' 등이 있고, 결론 지시어에는 '그러므로 ~이다', '결론적으로 ~이다', '그런 이유 때문에 ~이다', '~으로 귀결된다' 등이 있다.

3. 오류의 이해와 반박

논증적 글쓰기에서 오류가 중요한 이유는 두 가지 이유에서이다. 좋은 논증적 글을 쓰려는 사람에게 오류는 피해야 할 것이다. 반면에 다른 사람의 주장을 비판하려는 경우에 오류는 발견되고, 이해되고, 비판되어야 할 것이다. 논증적 글에서 말하는 오류란 적어도 겉으로 보기에는 논리적으로 타당한 것처럼 보이지만, 엄밀하게 살펴보면 부당한 논증을 가리킨다. 먼저 논증의 형식적 규칙을 위반한 오류를 형식적 오류라고 하며, 규칙에 따른 식별이 불가능한 오류를 비형식적 오류라고 부른다. 형식적 오류는 논리학이 밝힌 논리적 규칙에 대한 일정한 학습 과정을 통해 좀 더 명확하게 식별할 수 있다.

논증적인 글 속에서 흔하게 발견되는 것은 비형식적 오류이다. 규칙적 식별이 불가능한 비형식적 오류가 일견 설득력을 갖는 것처럼 보이는 이유는 그것들이 흔히 논리적으로는 부당하면서도 대부분 심리적 설득력을 갖고 있기 때문이다. 비형식적 오류의 종류는 수없이 많기 때문에 비형식적 오류의 이름을 하나하나 식별하는 것은 그다지 중요하지는 않다. 더 중요한 것은 왜 부적절한지를 설명할 수 있는 능력이다. 하나의 가상적 담론을 예로 들어 몇 가지 대표적인 비형식적 오류에 대해 살펴보자. "인간은 태어나면서부터 생명, 자유, 그리고 평등에 대한 권리, 즉 인권을 갖는가?"라는 주제에 대한 몇 가지 가상적 주장을 제시해 보자.

① 인간의 타고난 권리, 즉 인권은 없다는 일부 철학자들의 주장이 있어서 오늘날 커다란 사회문제가 되고 있다. 매킨타이어(A. MacIntyre)와 같은 철학자가 그 한 예인데, 그는 인권과 같은 권리의 존재를 믿는 것은 마녀의 존재를 믿는 것과 동일하다고 주장한다. ② 그에 따르면 아직까지 마녀와 마찬가지로 인권이 존재한다는 것을 증명한 사람은 없기 때문에 인권은 존재하지 않는다. ③ 그러나 그의 주장은 철학자가 아니라 인권을 유린한 독재자나 할 만한 주장이다. ④ 길 가는 모든 사람에게 물어 보라. 그들은 모두 자신들이 생명과 자유, 그리고 평등에 대한 권리를 갖는다고 말할 것이다. ⑤ 우리 모두 억압과 착취 속에서 고통 받는 민중들의 아픔을 생각해보자. 그들에게 인권이 없다고 주장한다면, 그들은 희망 없는 비참한 삶을 살아가야 할 것이다. ⑥ 여기서 우리는 매킨타이어가 인권 유린의 정당성을 주장한다는 것을 알 수 있다. 인권이 없다는 그의 주장은 인권을 침범 받을 수 있다는 것을 함축하기 때문이다. 그의 주장은 잘못된 것임에 틀림없다. ⑦ 그의 주장처럼 인권이 없다면 인류는 불행해질 것이다. 불행을 원하지 않는다면 인권이 증명될 수 있다는 나의 주장에 동의해야만 한다.

이 논증에서 우리가 지적할 수 있는 논리적 문제점들로 다음과 같은 것을 들 수 있다.

❶ 논점 일탈(오류)

주어진 논의의 주제를 벗어나고 있다. 지금 다루어야 할 문제는 인권이 있는가의 문제이지, 그것이 사회적 문제가 되고 있는지의 문제가 아니다.

❷ 무지에의 논증(오류)

인권을 증명할 사실적 증거가 없다는 것을 근거로 반대의 사실, 즉 인권이 없다는 것을 주장하는 오류다.

❸ 인간에의 논증(오류)

매킨타이어의 주장에 대한 반론을 제기하는 것이 아니라, 그의 인격을 공격하는 인신공격의 오류를 범하고 있다.

❹ 군중에의 호소(오류)

자신의 결론을 뒷받침하는 적절한 논거 대신에 다른 많은 사람들이 이런저런 방식으로 생각한다는 사실을 들어 자신의 결론을 받아들이게 하려고 시도한다. 흔히 드러나는 유형의 오류다.

❺ 연민에의 호소(오류)

상대방의 동정심에 호소해서 결론을 받아들이게 하려는 오류다.

❻ 허수아비 오류

논쟁의 상대자인 매킨타이어의 주장을 왜곡시킨 경우다. 매킨타이어는 인권의 존재를 증명할 수 없다고 주장했을 뿐인데, 논자는 매킨타이어가 인권을 유린해도 된다고 주장한 것처럼 왜곡한 다음, 그의 주장을 논파했다는 결론을 도출한 오류다.

❼ 그릇된 이분법

제3의 가능성이 있음에도 불구하고, 두 가지 선택 가능성만 있는 것처럼 가정한 다음, 자신이 원하는 쪽으로 결론을 유도하는 오류다.

☞ 비형식적 오류의 경우에는 그 오류가 어째서 오류인지를 논리적으로 설명하는 것이 중요하다. 즉 오류에 대한 지적은 그 자체로 하나의 논증이 되어야 한다. 이 경우 비형식적 오류의 종류가 실제로 무한할 정도로 많기 때문에 하나의 보편적인 오류 지적 방식을 말할 수는 없겠지만, 느슨하게나마 통용할 수 있는 오류의 지적 방법을 알아두는 것이 유익하다. 김광수는 「논리와 비판적 사고」에서 그 오류 반박의 모형을 다음과 같이 소개하고 있다.

"당신은 지금 X라는 형태의 오류를 범하고 있습니다. 당신이 주장하는 요점은 'P이기 때문에 Q'라는 것인데, 이는 받아들일 수 없습니다. 이를 받아들인다면, 'R이기 때문에 S'라는 어리석은 경우도 받아들여야 하기 때문입니다."

이에 따르면 위에서 제시된 논점 일탈의 오류는 아래와 같이 그 부당성을 지적할 수 있다.

"당신은 지금 논점 일탈의 오류를 범하고 있다. 우리는 여기에서 인권의 존재유무를 따지고 있는데 당신은 '인권에 관한 주장이 사회적 문제가 되고 있다'고 주장하고 있다. 그런데 이것은 받아들일 수 없다. 이것을 받아들인다면 비행기의 추락 원인이 무엇인가를 따지고 있는 자리에서 '비행기의 추락이 사회적 화제가 되고 있다'고 주장하는 어리석은 전문가의 말도 받아들여야 하기 때문이다."

한편 형식적 오류에는 가장 빈번히 나타나는 두 가지 형태가 있다. 전건 긍정식(modus ponens)과 후건 부정식(modus tollens)이 형식적으로 타당한 논증을 대표한다면, 전건 부정식과 후건 긍정식은 형식적 오류를 대표하는 두 가지 형식이다. 두 가지 예를 들어 보자.

전건 부정의 오류	후건 긍정의 오류
암탉이 울면 집안이 망한다. 암탉이 울지 않았다.	암탉이 울면 집안이 망한다. 집안이 망했다.
그러므로 집안이 망하지 않았다.	**그러므로 암탉이 울었다.**

전건 부정의 오류와 후건 긍정의 오류는 '암탉이 울면'이라는 조건이 '집안이 망한다'는 결과의 유일무이한 원인일 경우에만 사라진다. 그러나 실제로 집안이 망하는 다양한 원인들이 있을 수 있다. 이 때문에 설령 암탉이 울지 않더라도 집안은 다른 이유에 의해 망할 수 있고, 거꾸로 집안이 망했다고 해서 그 원인이 반드시 암탉 때문이라는 필연성도 없다. 그러므로 이 논증들은 부당한 것이다. 여기에서 유의해야 할 것은 이 두 가지 오류는 내용적으로 이렇게 분석될 수도 있지만, 내용의 정당성 여부를 따지기 이전에 이미 논리의 형식적 규칙 그 자체에 의해 언제나 오류로 귀결된다는 점이다.

4. 논증적 글의 구성

논증의 방법과 논증적 글의 구성은 주제와 내용에 따라 다를 수밖에 없다. 따라서 논증적 글의 바람직한 구성 원칙을 제시하는 것은 불가능하다. 그럼에도 불구하고 좋은 논증적 글이 갖추어야 할 몇 가지 미덕을 제시할 수는 있을 것이다. 무엇보다 먼저 필자는 다른 글쓰기 형식과 마찬가지로 논증적 글쓰기의 성공 여부가 글의 첫 부분에 달려 있다는 것을 의식해야만 한다. 흔히 서론, 머리말, 또는 들어가는 말이라고 불리는 글의 첫 부분에서 필자는 글의 주제와 목적을 명확하게 설명하고, 다루어야할 내용과 논의를 통해 예상되는 결과를 간략하게 소개할 필요가 있다. 좋은 글은 서론을 읽고 필자의 주장과 근거를 예상할 수 있어야 한다.

본론은 서론에서 제안한 내용과 방법에 따라 서술되어야 한다. 그 과정에서 필자는 자신의 주장을 뒷받침할 수 있는 핵심적 근거를 몇 가지로 단순화할 필요가 있으며, 그것들의 논의 순서를 미리 정하고 그것에 따라 글을 쓰는 것이 바람직하다. 필자는 뒷부분에서 제기하기로 정한 부분이 지금 논의되고 있는 부분과 관련된다고 해서 논의 순서를 뒤섞어서는 안 된다. 그럴 경우 논증적 글의 핵심인 합리적 추론 과정이 흐트러질 수 있다.

마지막으로 결론에서 필자는 타당한 전제와 근거들을 통해 논증된 것 이상을 주장해서는 안 된다. 좋은 논증적 글은 본론에서 논리적으로 입증된 것만을 결론에서 다시 간명하게 주장하는 것이다. 예를 들어 본론에서 남녀평등의 정당성을 설득력 있게 논증했지만, 결론에서 인간 해방을 주장하는 것은 바람직한 논증적 글이 아니다.

소 속		학 번		성 명	
제출일		평 가			

절취선

[문제 1] **주어진 ①~⑨의 명제들은 현대사회에서 등장하는 노인 문제와 관련된 다양한 생각들을 모아놓은 것이다. 노인복지 문제에 관한 자신의 입장을 주어진 명제들을 참고하여 600자 내외의 논증적 글을 쓰시오.**

① 고령화 추세를 최대한 완화할 필요가 있다고는 하지만, 현실적으로 추세 자체를 반전시킬 만한 정책을 마련하기는 쉽지 않다.

② 실제로 노인들이 사회와 경제구조의 급격한 변화를 따라잡는 것은 매우 어려운 일이다. 그 때문에 노인들은 자기상실과 절망 속에서 좌절하기가 쉽다. 어떻게 하면 노인들이 건강하고 생산적인 삶을 살아갈 수 있을까?

③ 대통령 자문기구인 '고령화 및 미래사회위원회'에 따르면 우리나라가 2040년에는 15살 미만 어린이 1명에 65살 이상 노인은 3명에 가까운 '노인 국가'가 될 전망이다.

④ 지식기반사회에서는 종합적인 판단력이 그 어느 때보다 중요하다. 따라서 정보화, 다원화로 전환된 새로운 패러다임에 잘 적응한 이른바 '젊은 노인'은 보다 적극적이고 활발한 경제생활을 할 수 있다.

⑤ 노인들을 '부양받는 사람'으로 규정하지 않고, 자립성을 갖는 '지식 노동자'가 될 수 있다는 의식전환이 필요하다.

⑥ 국가적인 차원에서 보육체제 개편, 가족수당 강화 등을 통해 적극적으로 출산 장려 정책을 추진해야만 한다. 그러나 그러한 정책이 고령화 추세를 약화시킬 수는 있겠지만, 노인 문제 해결에는 크게 도움이 되지 않는다.

⑦ 대부분의 노인들은 가난과 질병, 그리고 고독과 소외라는 고통을 동시에 감수해야만 한다.

⑧ UN은 1991년 5개 분야 18개 조항으로 된 '노인을 위한 원칙'을 제시한 바 있다. UN의 노인 복지 원칙에 따르면, 노인은 자신들의 존엄성을 지키고 자아를 실현할 수 있도록 보호받아야 하지만, 동시에 사회・정치적 활동에 참여할 수 있어야 하며, 나아가 경제적 자립성을 가져야만 한다.

⑨ 대한민국의 정부와 기업, 그리고 시민사회가 자아 실현, 존엄성, 보살핌, 참여, 그리고 자립성이라는 노인 복지의 5대 원칙을 준수하고 있는지 처음부터 다시 점검할 필요가 있다.

100

200

300

400

500

600

소 속		학 번		성 명	
제출일		평 가			

[문제 2] **다음에 제시된 글들은 인터넷 문화의 확산에 대한 상반된 입장들을 나열한 것이다. 이 문제에 관한 자신의 견해를 여기에 소개된 관점들을 참고하여 600자 내외로 제시하시오.**

① 인터넷 정보는 쉽게 유포하고 쉽게 접근할 수 있는 만큼 악용될 소지가 많다. 예를 들어 전문 해커들의 등장으로 개인의 사생활 및 국가 기관의 중요한 정보들까지 해킹 당함으로써 지능적인 컴퓨터 범죄가 난무하고 있다.

② 음란물과 같은 건전하지 못한 정보로 인해 청소년 교육의 측면에서 비윤리적인 인간이 양성될 수 있다. 프랑스에서 초등학생에게 인터넷 교육을 금지시켰다는 사실은 우리에게 시사하는 바가 크다.

③ 인터넷은 기본적으로 개인 중심적인 정보 교환 체계다. 따라서 인터넷 중심의 의사소통 체계가 심화되면 될수록 문화적 공동체가 해체되고 사회적 연대성이 약화될 수 있다.

④ 인터넷을 통해 우리는 참여 민주주의를 실현할 수 있다. 이미 미국에선 광역 통신망을 통한 텔레크 러시라는 선거가 시행된 바 있다.

⑤ 실제로 현행 교육과정에도 영상 교육 시스템과 인터넷을 활용한 광역 교육이 시행되고 있다. 인터넷은 그 활용 방안에 따라서 교육에 긍정적인 효과를 가져 올 수 있다.

⑥ 인터넷의 정보 사용의 부작용을 입증할 만한 구체적인 증거도 있지만 이와 상반된 증거 역시 존재한다.

⑦ 인터넷이란 문자적 의미 그대로 컴퓨터 통신망을 그물처럼 연결해서 정보를 공유하는 것을 의미한다. 우리는 인터넷을 통해 지역과 시간에 상관없이 다양한 정보를 공유함으로써 진정한 의미의 지구촌을 건설할 수 있게 되었다.

☞ 논증적 글쓰기는 자신의 주장을 다른 사람에게 설득하기 위해 쓰는 글이다. 그러나 논증적 글쓰기의 더 근본적인 목적은 서로 상반되는 입장들 간의 상호 이해를 확장하고 합의를 모색하는 것이다. 따라서 논증적 글은 자신의 생각을 독백적으로 나열하는 것이 아니라, 마치 서로 다른 의견을 가진 사람들과 토론하는 것처럼 쓰는 것이 좋다. 좋은 논증적 글은 그것이 비록 합의를 이끌어 내지 못한다고 할지라도 논쟁에 참여한 참가자들의 인식 지평을 확장하는 데 기여할 수 있어야 한다. 이러한 맥락에서 필자는 논쟁이 되고 있는 주제에 대한 새로운 지식과 시각, 그리고 대안을 제시할 수 있는 글쓰기를 지향해야 한다.

절취선

소 속		학 번		성 명	
제출일		평 가			

[연습 6] 다음에 제시된 삽화는 비유적 방식으로 어떤 주장을 제기하고 있다. 삽화의 주장을 추론해 보고, 그 주장을 600자 내외의 논증적 글로 서술하시오.

www.cyworld.com/jungbotong

절 취 선

CHAPTER 제 9 장

통합적 글쓰기

- 통합적 글쓰기 과정
- 주장하는 글을 잘 쓰기 위한 요건

제9장

통합적 글쓰기

이 단원의 목표는 지금까지 다루었던 글쓰기와 관련된 여러 가지 요소들을 활용하여 통합적인 글쓰기를 연습하는 것이다. 먼저 정확한 읽기를 통해 주어진 예시문의 중심 의도를 파악해야 한다. 다음으로 예시문에 제시된 특정한 생각 또는 주장과 그 근거들을 식별해야 한다. 나아가 예시문이 담고 있는 핵심적인 논지에 대한 자신의 생각을 체계적으로 정돈하여 명료하게 기술해야 한다.

1. 통합적 글쓰기 과정

- 주어진 글을 정확하게 읽고 중심의도를 파악한다.
- 저자의 주장과 근거를 식별한다.
- 저자의 주장에 대한 자신의 생각을 정리한다.
- 자기 주장을 뒷받침하는 자료를 모은다.
- 자기 주장을 체계화하여, 설명하거나 논증하는 방식으로 명료하게 기술한다.
- 완성된 글을 전체적인 내용과 흐름(개요 · 주제 전개 · 단락 구성), 부분적인 세부사항(올바른 문장 · 정서법)으로 나누어 검토한다.

2. 주장하는 글을 잘 쓰기 위한 요건

- 균형 있는 시각을 유지해야 한다. 자신이 선택한 입장과 대립되는 견해에 대해 정서적 반감을 표현하거나, 그것의 약점만을 집중적으로 부각시켜서는 안 된다.
- 자신의 입장과 상대편의 입장 사이의 공통점과 차이를 명확하게 설명한다.
- 상대편의 견해가 갖는 장점과 함께, 자신의 관점이 갖는 한계도 명확하게 인식하고 있다는 것을 보여주어야 한다.
- 이러한 인식의 토대 위에서 자신의 관점이 갖는 상대적 강점을 제시해야 한다.

[문제 1] 아래 글은 남성지배문화의 폐해가 현대의 위기를 초래했다고 보고 이를 극복하고 새로운 문명으로 나아가기 위한 대안으로 생태여성주의를 소개하고 있다.

(1) 필자의 견해에 대해 조별로 토론해 보시오.

(2) 토론 내용을 바탕으로 '생태여성주의'에 대한 자신의 견해를 정리해서 개요를 작성한 후 1,200자 내외로 써보시오.

생태여성주의

남성 문화의 보편성

생태여성주의는 오늘날의 생태 위기가 남성 지배 문화에서 비롯되었다고 본다. 남성문화는 세상을 지배와 복종, 정복과 착취의 관계로 인식한다. 자연을 정복하고 타인과 여성을 지배하고 소유하는 것이 남성다운 삶의 모습이다. 이러한 삶의 지향성은 세상을 약육강식의 치열한 경쟁터로 왜곡시킨다.

정글에서 살아남기 위해서는 공격성과 무기를 갖추지 않으면 안된다. 마찬가지로 우리 사회의 남성은 사랑과 우정과 친절 그리고 삶의 의미보다는 생존과 외부적 성공을 중시하는 사회적 관습과 조건 속에 양육되고 길들여져서, 지배욕과 소유욕을 대단히 남성다운 미덕으로 여기는 풍조 속에 살게 되었다.

이러한 남성문화의 바탕에는 이분법적 인식 체계가 자리잡고 있다. 몸, 감정, 주관성, 사적인 생활과 자연이 한쪽에 있다면 다른 한쪽에는 마음, 이성, 객관성, 공적 생활과 문명이 있다. 앞의 것이 여성적이라면 뒤의 것은 남성적이다. 이러한 이분법적 사고에서 여성과 자연에 대한 억압은 동시에 일어난다. 몸과 자연과 여성은 하나의 연속선상에 위치하는 열등한 존재이므로 이성과 과학과 남성의 지배를 받아야 하는 차별적 존재로 인식되는 것이다.

이러한 남성문화 속에서 여성은 구체적으로 어떤 모습을 띠고 있는가? 남성에 의해 정의된 여성은 열등한 존재일 수밖에 없다. 남성은 여성을 경쟁에서 쉽게 포기하고 탈락하며, 소극적이고 감성적이고 비합리적이고 사소한 것에 연연해하고 변덕이 심해 예측하거나 통제하기 어려운 존재로 규정해 왔다.

남성 지배문화의 종식

남성 지배문화는 모든 존재를 서열의 사다리에 배치한다. 신의 형상을 지닌 남성은 자연을 지배하고 동시에 여성과 어린이를 지배한다. 이러한 서열적 가치의 사다리는 가부장제를 옹호하며 남성에 의한 여성 지배를 정당화하였다. 또한 인간이 모든 생태계의 중심에 있다는 인간중심주의를 정당화시켜 인간에 의한 자연파괴를 당연시하는 결과를 낳고 있다. 그래서 서구의 생태여성주의자들은 오늘날 지구적 위기 상황을 야기한 모든 문제가 '남성 신'의 발명에서 비롯한다고 본다.

남성 신을 정점으로 하는 가치의 피라미드는 인종차별주의나 제국주의의 논리로도 사용되었다. 백인, 남성, 서구인은 여성, 흑인, 비서구인에 비해 더 합리적이고 문명을 가지고 있으며 신의 보호를 받고 있다고 믿음으로써 자신들의 지배를 정당화시켰던 것이다.

그렇다면, 남성의 권력에 의해 왜곡되지 않은 여성문화의 진정한 모습은 어떠한가? 여성의 문화는 언제나 보살핌의 문화였다. 어린이, 노인, 병자, 자연과의 관계에서 여성은 언제나 상대방이 처한 개별적인 상황을 고려하는 섬세한 보살핌의 윤리를 실천해 왔다. 이와 같이 여성들의 체험은 관계성에 기초하고 있다.

여성문화는 이분법적이기보다는 다원적 사고원리에 기반하고 있으며, 정복보다는 포용, 상하수직적 관계보다는 좌우수평적인 연계의 원리를 지니고 있다. 여성들은 수용적이고 포용적이며 남들과 공유하기를 좋아하며, 무엇보다 폭력을 거부한다. 결론적으로 여성적 사고방식과 행위양식을 채택하는 것은 여성의 해방만이 아니라 인간과 인간 그리고 인간과 자연 사이의 건강한 관계를 수립하기 위함이다.

여성 세계와 남성 세계의 다름

손과 머리로 만드는 문명은 남성 세계를 상징하고, 자궁과 가슴으로 만드는 자연은 여성의 세계를 상징한다. 여성은 동물과 마찬가지로 생명을 낳고 양육하는 데 더 많이 관련되는 반면 남성은 과학과 상징을 통해 미래를 재구성하고 재창조하면서 생명을 초월하는 길을 자유롭게 모색해왔다는 식의 여성문화에 대한 평가는, 남성문화를 기준으로 판단했기 때문에 생겨난 것이다. 여성문화를 그 자체로 평가하지 않고 남성문화를 기준으로 평가하는 것 자체가 남성중심적인 사고의 표현인 것이다.

여성의 세계는 사람과 사람 사이의 관계, 사람과 다른 생명체, 자연, 신성과의 관계성으로 이루어진다. 남성문화와 여성문화의 질적인 차이는, 남성문화의 핵심이 경쟁과 지배의 관계에 있는 데 반해 여성문화의 핵심은 평화를 지향하는 공존의 관계에 있다는 점이다. 이러한 여성적 관계 맺음의 방식은, 원칙을 중심으로 움직이며 개별적인 상황을 고려하지 않는 남성문화와 구별된다. 여성들은 남성과는 다른 적극성과 강인함을 지니고 있으며 타자를 배척하기보다는 수용하는 특징을 지닌다.

여성의 문화는 경쟁보다 연대와 협력의 관계를 지향하며 목적의 달성 못지않게 과정을 중시하고, 일반적인 원칙과 더불어 구체적 상황의 요구에 민감하며, 모든 살아 있는 생명을 존중하는 문화이다. 그리고 여성은 남성에 비해 현실을 넘어 선 초월적인 세계에 더 쉽게 노출되고 더 많은 종교성을 가지고 있다.

여성 해방과 자연 해방은 하나

여성은 다른 억압받는 생명체와 마찬가지로 '침묵의 문화' 속에 살아 왔다. 그런데 이제 생태여성주의라는 이름으로 여성들이 침묵을 깨고 억압받는 생명을 대표하여 새로운 해방의 소리를 내고 있다. 생태여성주의자들은 남성들이 만들어놓은 사고와 제도의 틀 안에서 평등을 추구하기 보다는, 남성과 여성 사이의 '다름'에 초점을 맞추면서 그 동안 억압되었던 여성성의 가치를 긍정적으로 새롭게 평가하기 시작하였다.

생태여성주의는 남성적 지배문화와 서열적 이분법을 비판하면서 그 동안 억압의 대상이었던 여성과 자연의 숨겨진 가치를 드러낸다. 무엇이 진정한 가치 있는 특성이고 무엇이 진정 지구문명 전체를 위한 활동인가에 대한 재평가를 시도하면서 기존의 가치를 전복시킨다.

생태여성주의는 가부장제 문화에서 말하는 진보를 거부하고 그 동안 평가절하되었던 여성의 기르고 양육하는 특성의 가치를 복원시킨다. 여신 숭배, 가이아, 몸, 자연적 주기, 모든 것의 상호관련성 등을 강조하면서 영성을 추구한다. 이러한 여성적 가치가 살아날 때 여성의 해방과 동시에 자연의 해방이 이루어질 수 있다는 것이다.

생태여성주의는 생태 위기와 여성 억압의 상황을 동일한 맥락에서 이해한다. 별개로 보이는 상황의 본질이 서로 다르지 않다는 점을 밝게 알아보는 능력은 생태여성주의가 내포한 영성과 감수성에서 비롯된다. 이렇게 볼 때 자연 착취와 여성 착취는 밀접히 연관되어 있다. 자연을 파괴하는 문화는 곧 여성을 억압하는 문화이다. 그러므로 여성해방운동은 인간해방운동이면서 동시에 자연해방운동이 되어야 한다는 것이 생태여성주의자들의 주장이다.

생태여성주의의 전망

여성이 남성과 달리 스스로를 해방시킴과 동시에 자연 해방의 주역이 될 수 있는 조건은 무엇인가? 첫째로 여성이면 누구나 겪는 공동의 억압과 차별 체험이다. 대부분의 여성은 계급과 계층을 불문하고 매일매일 어느 현장에서나 억압의 체험을 공유한다. 억압의 체험은 여성으로 하여금 가부장제와 생태 파괴의 문제를 남성과는 다른 관점에서 보도록 한다. 따라서 여성은 남성들보다, 소수 민족이나 원주민 등의 처지를 쉽게 이해할 수 있게 된다. 즉 여성주의적 관점에서 연대한 사회적 약자들이 서열적 사회구조를 바꾸어 나가는 주체를 형성할 가능성이 있는 것이다.

둘째로 여성의 월경, 임신, 출산, 수유 등의 생명 체험은 여성 스스로의 삶을 자연의 과정으로 인식하도록 하고 여성 스스로를 자연과 더욱 쉽게 동일시하도록 만든다. 이와 같은 여성과 자연 사이의 밀접한 관련성은 여성들에게 자연해방을 위한 특별한 통찰력과 추진력을 제공한다. 여성의 일은 기본적으로 생명을 보살피고 인간관계를 평화롭게 유지시키는 데 관계하고 있으며, 보살핌과 나눔의 생활이 여성들을 새로운 해방의 주체로 나서게 하는 구조적 조건이 된다.

이렇듯 생태여성주의는 여성만의 해방에 그치지 않고 소수 민족, 원주민, 이민노동자, 전쟁난민, 어린이, 노인, 병자, 실업자, 수감자 등 모든 억압받는 사람과 멸종 위기의 동식물, 급격히 황폐해지는 대지와 열대 우림을 살릴 수 있는 생태 중심적이며 포괄적인 해방이론으로 전개되고 있다.

그러나 아직 대부분의 남성뿐 아니라 많은 여성도 여성문화가 내표하는 훌륭한 가치와 잠재적인 힘을 제대로 인식하지 못하고 있다. 남성에 의해 만들어진 이분법적 논리에 길들여진 스스로를 열등한 존재로 여기게 된 탓이다. 따라서 우선 여성들이 여성됨과 여성문화의 가치를 인식하게 될 때 여성들은 비로소 새로운 문화와 사회를 이끌어가는 행위 주체로 자리잡을 수 있다.

지배와 정복에 기초한 사회에서는 결코 여성해방이나 생태위기의 극복이 이루어질 수 없기 때문이다. 지배와 정복의 사회적 관계는 보살핌과 나눔의 관계로 전환되어야 한다. 생태여성주의는 여성운동과 생태운동의 흐름을 모두 끌어안아 자연 파괴적인 사회경제적 관계와 이를 지지하는 가치체계를 근본적으로 전환시켜야 할 엄청난 임무를 지니고 있다. 21세기 여성해방과 자연해방을 위해 생태여성주의는 단순한 이론적 관점이 아닌 총체적 해방의 주체를 형성하는 데 기여하는 실천적 사상이 되어야 할 것이다.

＊ 이 글은 정수복, 「지배와 정복에서 보살핌과 나눔」, 『깨어나는 여신-에코페미니즘과 생태문명의 비전』(정신세계사, 2000) 중에서 발췌한 것임.

소 속		학 번		성 명	
제출일		평 가			

〈개요 작성〉

절 취 선

절
취
선

100
200
300
400
500
600

[문제 2] 아래 글은 예술과 외설 그리고 권력의 복잡하고 현실적인 관계를 다루고 있다. 예술과 외설은 오랫동안 논란이 되어 온 개념으로, 단지 개념의 문제로 끝나지 않고 현실적인 여러 가지 문제를 일으킬 수 있다. 그래서 권력이 개입하는 경우가 많았다.

(1) 이 글을 읽고 예술과 외설 문제에 대해 권력이 개입하는 것이 정당한지를 생각해보고, 이에 대해 찬성과 반대의 입장으로 나누어 조별로 토론해보시오.

(2) 이 주제에 대한 자신의 견해를 정리해서 개요를 작성한 후 1,200자 이내로 써보시오.

예술이 외설이라는 이유로 권력의 탄압을 받은 때가 많다. 가장 높은 문화적 수준을 자랑하는 프랑스나 개인의 자유를 구가하는 미국에서도 그랬다. 18세기에 소설 「쥬스띤」과 「쥴리에뜨」의 저자 사드는 그 작품이 음탕하다는 죄로 투옥되었고, 19세기에 시집 『악의 꽃』의 저자 보들레르는 유사한 이유로 그 일부를 삭제 당했고 같은 시대에 플로베르의 소설 『보바리 부인』은 도덕적으로 불순하다는 구실로 오랫동안 판금되었다. 20세기에 들어와서도 조이스의 『율리시스』, 로렌스의 『채털리 부인의 사랑』, 헨리 밀러의 『북회귀선』 등의 소설이 오랫동안 판금됐다. 권력에 의한 예술의 통제와 탄압의 예는 문학 말고도 다른 예술의 경우에서도 쉽게 찾아볼 수 있다. 20여 년 전 「헤어」와 「오! 칼카타」가 상연되었을 때 그것의 외설성과 법적 대처 문제를 놓고 상반된 의견들이 열기를 띠었다.

이러한 사건들이 있을 때마다 사회적 문제가 제기되고 각계 각층에서 찬반논쟁이 벌어지곤 했다. 우리의 경우 같은 문제가 1993년 있었던 소설 『즐거운 사라』의 판금과 그 작가의 투옥, 그리고 연극 「미란다」의 상연 금지로 새삼 제기되고 예술계, 학계에서 논쟁과 찬반의 시비 대상이 되고 있다. 언뜻 보아 문제의 성격은 명백하다. 그것은 예술과 외설의 관계 문제인 듯하다. 그러나 좀 반성해 보면 문제의 성격은 훨씬 복잡하게 얽혀 있을지도 모른다는 점이다. 외설이라는 이유로 한 문학 작품의 판매 금지나 연극의 상연 금지의 문제가 현재 "예술이냐? 외설이냐?"라는 물음의 형태로 제기되고 있다. 이 같은 문제 제기에는 예술이 국가 권력의 통제 밖에 있다는 대전제를 깔고 있으며 그러한 대전제는 대충 다음과 같은 잘못된 소전제를 깐 빗나간 논증으로 뒷받침되고 있다.

첫째, 예술 작품과 외설물이 객관적으로 규정될 수 있다는 것이다. 그러나 예술과 외설은 명확히 규정할 수 없다. '예술'이라는 말이나 '외설'이라는 말은 분류적으로도 사용되고 평가적으로도 사용된다. 분류적으로 사용될 때는 그것의 좋고 나쁨을 떠나서 그것이 사물로서 소속하게 되는 사건의 객관적 속성 범주와 관련되는 데 반해서 평가적으로 사용될 때는 그 사물이나 사건에 대한 우리의 긍정적 혹은 부정적 태도를 표현한다. 분류적 뜻으로 예술이나 외설물을 결정하는 작업은 용이하지 않다. 예술 작품과 그렇지 않은 물건들을 결정하는 문제는 오늘날 예술철학에서 더 이상 숨길 수 없는 핵심으로 끊임없는 토론의 대상이 되어 있으며, 외설성과 그렇지 않은 것의 차이는 객관적으로 결정될 수 없고 개인, 사회 그리고 시대에 따라 그 속성이 항상 변하고 있다. 따라서 어떤 작품이 예술이냐 아니냐, 어떤 것이 외설이냐 아니냐가 객관적으로 영원 불변하게 결정될 수 있는 듯이 문제를 제기한다는 것은 처음부터 공허하다.

둘째, 예술 작품과 외설물은 서로 배타적인 두 개의 다른 범주에 속하므로 예술작품은 외설물일 수 없고 동시에 외설물은 예술 작품일 수 없다는 생각이다. 그러나 예술과 외설은 서로 배타적이 아니다. 어떤 작품이 예술의 범주에 속할 수 있는 동시에 외설물의 범주에 속할 수도 있다. 어떤 사람이 교수의 범주에 속하고 그와 동시에 아버지의 범주에 속할 수 있으며 어떤 사물이 나무의 범주에 속할 수 있는 동시에 아름다운 사물의 범주에 속할 수 있는 경우도 있다. 외설적이면서 예술작품일 수 있으며 예술 작품이 아닌 외설물도 허다하다.

셋째, 예술이 내재적 가치를 갖고 있는 데 반해 후자는 그 정반대라는 명제이다. 그러나 예술과 외설이라는 개념이 평가적으로 긍정적 가치가 있는 것과 부정적 가치가 있는 것으로 흔히 사용되지만 분류적인 뜻으로 예술작품은 가치를 자동적으로 의미하지 않고 분류적 의미로서 외설물은 자동적으로 반가치를 뜻하지도 않는다. 꽃이 식물의 범주에 속하면서도 아름다운 사물의 범주에 속할 수 있는 것이나 혹은 살인의 범주에 속한 사람이 위인의 범주에 동시에 속할 수 있는 것과 마찬가지다.

넷째, 내재적 가치가 있는 것은 국가 권력의 통제 대상이 될 수 없다는 전제이다. 그러나 이런 전제는 성립되지 않는다. 꽃이 그 자체로서 아무리 가치가 있다 하더라도 만약 그 꽃 때문에 의학적으로 인간이 해를 받고 사회적으로 혼란을 빚게 된다면 그 꽃의 재배, 유통 그리고 진열은 국가에 의해 마땅히 통제되어야 한다. 아편 꽃은 아름답지만 자유로운 아편 재배로 큰 사회적 문제가 생긴다면 국가에 의한 그 꽃의 재배 및 유통의 통제는 정당화된다.

다섯째, 결론적으로 어떤 작품이 외설의 범주에 속하지 않고 예술의 범주에 속한다는 것이 밝혀졌다면 예술 작품은 국가 권력의 간섭, 통제 및 처벌의 대상이 될 수 없다는 것이다. 문학 예술로 자칭한 텍스트 『채털리 부인의 사랑』이나 『즐거운 사라』나 무대 예술로 자칭한 쇼 「미란다」가 정말 소설의 범주에 속하고 연극의 범주에 속한다는 것이 결정된다면 국가권력에 의한 그것들의 출판이나 무대발표의 금지는 정당화될 수 없다는 것이다. 그러나 이러한 결론은 타당치 않은 논리에 뒷받침되어 있다. 앞서 봤듯이 예술작품과 외설물을 각기 어떻게 정의할 수 있는가는 아직도 해결되지 않는 철학적 문제이다. 이러한 사실을 무시하고 백 보를 양보해서 예술이 무엇이냐 혹은 외설이 무엇인가에 대한 확실한 대답이 나왔고 그에 따라 어떤 작품이 예술이다 혹은 외설이다는 결론이 섰다고 가정할 경우에도 권력에 의한 어떤 예술작품의 출판 혹은 상연, 전시의 금지나 그에 따른 처벌이 제기하는 문제는 풀리지 않는다.

국가 권력이 어떤 예술 작품을 판금하거나 그런 작품의 작가를 처벌할 때 제시하는 유일한 이유는 그 작품이 예술에 속하지 않는다고 해서가 아니라 도덕적으로 허용될 수 없다는 데 있다. 성 도덕으로 봐서 잘못이라는 의미로 '외설'적이고 따라서 사회적으로 해롭다고 전제하기 때문에 예술가나 예술 작품은 다른 시민이나 다른 것들과 마찬가지로 처벌과 통제의 대상이 된다는 것이다. 그러나 과연 국가가 국민들의 개별적인 판단을 초월한 그러한 탁월한 도덕적 판단을 할 수 있으며, 비록 할 수 있다고 가정해도 그런 판단에 따라 자신의 통치 하에 있는 국민들의 도덕적 판단과 행위를 강요할 정당성을 갖고 있는가?

도덕적 문제는 인간 생활의 다양한 측면과 관련되어 있다. 대인관계에 대한 도덕이 있고 정치, 경제, 전쟁, 의학, 교육 등등 무수한 삶의 측면에 관련된 도덕적 문제도 있다. 그 중에

성에 관한 문제는 가장 보편적이고 가장 뿌리 깊다. 성이 동물로서의 인간이 타고 난 가장 근본적 본능의 하나이기 때문이다. 그렇기 때문에 그러한 본능적 욕구는 어떠한 통제 하에서도 어떤 형태로든지 표현되기 마련이다.

성적 본능과 관심이 보편적 본질인 만큼 그것에 대한 도덕적 규범은 보편적이고, 또한 그런 성에 대한 도덕적 규범은 확실치 않고 유동적이다. 여러 면에 걸친 도덕적 규범들 가운데서 어떤 것을 시대와 장소를 통해 보편적이며 공통적인가 하면 다른 어떤 것들은 유동적이다. 무고한 살인이나 남에 대한 가해가 도덕적으로 '악'이며, 남을 위한 헌신적 봉사가 '선'하다는 것은 시간과 공간을 초월한 불변의 객관적 규범과 같다. 사회 정의 그리고 더 일반적으로 '정의' 그 자체에 대한 도덕적 평가 기준도 비교적 보편적이며 고정된 듯하다. 그런가 하면 가령 부모 자식 사제 간의 도덕적 규범이나 포로나 병자나 동물에 대한 도덕적 규범은 시대나 문화에 따라 크게 다양하고 유동적이다. 서양에서 생각하는 부모 자식 간의 올바른 도덕적 관계는 동양 특히 한국에서 생각하는 것과 아직도 사뭇 다르고, 같은 한국 사회에서도 사제 간의 올바른 도덕적 규범에 대한 생각은 어제와 오늘 크게 변했다. 동물에 대한 도덕적 관념은 서양에서나 동양에서나 다같이 관용한 방향으로 크게 변했다. 부모에 대한 효도의 덕목이 서양에 가면 동양보다 훨씬 약해지고 동물이나 병자에 대한 관심과 배려는 서양에서 훨씬 강해진다.

다양하고 유동적인 도덕 규범들 중에서도 가장 두드러지게 다양하고 유동적인 것은 성에 관계된 규범이다. 한국에서 우리는 어려서부터 '남녀칠세부동석'이란 성에 관한 규범을 익혀 왔다. 그러나 현재 바로 그러한 한국의 수도 한복판에서 20대, 30대의 성적으로 왕성한 남녀들이 팔짱을 끼고 입을 맞추며 대로를 활보한다. 한국에서는 미혼의 여자가 자식을 낳는 것은 성 도덕적으로 몹시 부끄러운 일이지만 미국의 10대 미혼 고등학교 여학생들 가운데는 아기를 안고 학교에 등교하는 경우가 적지 않은 실정이다.

이러한 성에 대한 감수성의 변화는 외설에 대한 규정의 변화를 말해 주고 외설에 대한 규정의 변화는 곧 성 도덕에 관한 인식의 다양성과 그것에 관한 개인적, 시대적, 문화적인 부단한 인식 변화를 반영한다. 그리고 이러한 사실은 예술 작품의 외설성 즉 도덕성이 확고부동한 객관적 기준을 갖고 있지 않음을 의미하고, 그것은 더 나아가 어떤 특정한 개인이나 집단이 자신의 기준을 다른 개인이나 집단에 강요할 수 없음을 말해준다. 국가도 하나의 집단이다. 물론 국가는 막강한 권력을 위탁받은 집단이다. 그러나 국가의 권력은 논리적으로 부당한 것이어서는 안 된다. 과거 여러 형태의 국가 조직이 자신의 권력을 종교적으로 혹은 전통에 호소하여 정당화했지만 현대 어느 민주 국가도 그와 같이 자신의 권력을 정당화할 수 없다. 어떤 것이 예술이며, 어떤 것이 외설이며, 어떤 것이 도덕적 혹은 비도덕적이냐 하는 문제는 그것이 국민 전체의 합의를 얻기도 전에 국가가 단독적으로 결정하고 해결할 문제가 아니다. 이러한 합의가 있기 전까지는 국가는 국민 개개인의 표현과 행동의 자유를 간섭하거나 억압할 권리나 권위는 가질 수 없다. 외설의 기준을 결정할 권한과 능력이 없는 한 '외설' 즉 '비도덕'이란 명목 하에 성에 대한 예술적 표현은 물론 모든 양식의 표현에 대한 통제와 억압은 부당하다.

그렇다고 국가는 어떤 경우에도 예술작품이나 그 작가를 통제하고 탄압할 수 없다는 것은 아니다. 국가 및 국민 전체의 큰 이익에 위배된다는 것이 확고하다면 예술가나 예술작품은 그 자체로서 다 같이 귀중한 가치가 있더라도 국가에 의한 그것의 통제나 처벌은 정당화될 수 있다. 그것은 아편의 꽃이 그 자체로서 아름답다 해도 그것의 자유로운 유통이나 재배 혹은 사용에 대해서는 국민의 건강과 사회적 안정을 위해 국가의 통제가 정당화될 수 있다는 것과 같다.

어떤 것이 예술이냐 외설이냐 또는 도덕적이냐 아니냐의 문제는 국가의 권한 밖에 있다. 그러한 물음에 대한 대답은 그때그때 국민의 합의에 의해서만 찾을 수 있다. 어떤 경우에도 결정적으로 중요한 것은 국민의 합의다. 국민의 합의만 있다면 국가는 예술 작품에 관한 것도 다른 것들에 관한 것과 꼭 마찬가지로 통제·규제할 권리를 행사할 수 있다. 그렇다면 『즐거운 사라』나 「미란다」의 경우 국가의 판금이나 공연 금지 조치는 정당한가? 시대적 그리고 세계적 추세만이 아니라 현재 우리가 경험하고 있는 외설관이나 도덕관으로 볼 때 위와 같은 작품들은 도덕적으로는 물론 그 밖에 다른 측면에서 국가·국민의 이익에 결정적 타격이나 위험이 되지 않는다. 그럼에도 불구하고 일부 계층의 도덕적 정서에 배치된다는 이유로 국가가 간섭한다면 그것은 국민의 자유 억압과 인권 유린이라는 대가를 과도하게 치러야 함을 의미한다. 가령 『즐거운 사라』나 「미란다」에 대한 통제는 사회적인 부정적 여론 및 평론가들이나 독자들의 부정적 반응에 의해서 자연스럽게 즉 비강권적으로 이루어질 수 있다. 특별한 이유를 댈 수 없는 한 가령 『즐거운 사라』나 「미란다」 같은 작품을 외설이라는 이유로 공권이 개입할 수 없다는 주장은 그러한 작품들이 예술적으로 가치가 있다는 것을 함의하지 않음은 물론 비록 그들이 그런 작품들을 '예술'이라고 한대서 그런 주장을 반드시 인정함을 의미하지도 않는다. 이러한 문제는 예술 작품에 대한 국가 권력의 통제가 갖는 정당성의 문제와 별개의 성질에 속한다. 자세히 들여다보면 그것들은 예술을 빙자한 상업 만능주의의 표현이거나 예술의 가면을 쓴 도덕적 타락의 예일 가능성이 많다. 상업 만능주의가 성행하는 오늘날이기에 이런 가능성은 더욱 크다.

예술은 예술과는 상관없는 어떤 정치적 혹은 경제적 목적을 위해 제작되고 판매되며 이용될 수 있다. 얼마 동안 우리나라에서는 다른 적지 않은 전체주의 국가에 있어서와 마찬가지로 예술 특히 문학예술이 의도적이든 아니든 정치적 이념을 전파하는 목적에 널리 이용되어 왔다. 그러나 최근에는 개방과 예술의 특권을 빙자한 예술 상업주의의 오염된 바람이 문학·예술·출판계에 휘몰아치고 있는 것 같다. 예술이 아닌 것들이 예술로 포장되어 값비싼 상품으로 팔리고 있다는 것이다. 그렇지 않다고 해도 오늘날 일반적으로 그러하듯이 예술도 날로 저속화하고 타락하고 있다는 생각이 든다.

* 이 글은 박이문, 「예술, 외설, 권력」, 『문명의 위기와 문화의 전환』(민음사, 1996) 중에서 발췌·윤문한 것임.

소 속		학 번		성 명	
제출일		평 가			

〈개요 작성〉

절 취 선

100

200

300

400

500

600

절취선

[문제 3] **제 2차 세계대전 말 원자폭탄이 인류에게 준 충격 이래 과학과 과학자의 윤리문제는 과학계의 커다란 이슈 중의 하나가 되었다. 그러나 과학과 과학자에게 윤리를 요구하는 것이 타당한 것인가 하는 문제는 오늘날까지도 여전히 논란이 되고 있다.**

(1) 다음 글을 읽고 과학자의 윤리에 대한 필자의 주장을 한 단락으로 요약하시오.

(2) 아래 글과 같은 제목으로 1,200자 내외의 글을 쓰되, 반드시 개요를 작성하시오.

과학기술과 윤리

삶의 '조건' 으로 다가온 과학

적어도 사상의 영역에서는 과학이 권위이며 영광이었던 시대가 지나간 듯하다. 핵무기, 환경오염, 생명의 기술 과학적 조작 등 현재 인류가 직면하고 있는 가장 두려운 위험들이 모두 과학의 탓으로 여겨지고 있으며, 과학이 대변했던 객관적 진리의 이념 역시 일종의 관념적 폭력일지 모른다는 철학적 의심 또한 대단한 호응을 얻고 있다. 그래서 어떤 이들은 과학의 세기가 끝났다고도 말한다. 그러나 나는 그 말을 액면 그대로 받아들일 수 없다. 왜 그런가? 과학은 이미 우리가 선택할 수 있는 그런 것을 넘어섰기 때문이다. 그것은 이미 우리 삶의 '조건' 이기 때문이다.

20세기 문명은 과학 없이는 존속되기 어렵다. 이것은 컴퓨터가 마비되면 모든 삶의 국면이 마비되어 극심한 혼란이 초래된다는 그런 정도의 이야기가 아니다. 과학 없이는, 끔찍한 사고 정도가 아니라, 현 단계의 지구 문명이 아예 유지될 수 없다는 뜻이다. 20세기 초 지구 인구는 16억 정도였다. 지금의 지구 인구는 16억을 넘어섰다. 더욱 놀라운 것은 지금의 60억이 금세기 초의 16억보다 '평균적으로 더 잘 먹고, 더 많이 누리고, 더 오래 산다는 사실이다. 어떻게 이것이 가능했는가? 단언하건대 그것은 과학, 그리고 기술의 힘 때문이다. 전기를 만들어내고, 농업 혁명을 이루며, 질병을 퇴치해낸 20세기 과학이 아니고서는 현재의 인류가 이런 수준의 삶을 누린다는 것은 가능할 수 없다.

과학은 분명 20세기의 지구 문명을 가능케 한 것이며 사실상 21세기 문명 또한 지배할 것이다. 21세기 문명을 의료 기술, 컴퓨터공학, 우주과학과 무관히 상상할 수 있을까? 그리하여 우리는 갑자기 혼란에 빠진다. 과학의 은혜를 거절하고는 더 이상 존속될 수 없는 문명 속에서 과학을 거부하고 두려워한다는 모순적인 태도를 만나게 된다. 바로 여기서 과학기술의 윤리라는 주제가 급박하게 다가선다. 뭔가 두려우면서도 그것의 긍정적인 힘과 혜택을 포기할 수 없다는 딜레마, 그 앞에서 우리는 과학, 그리고 과학자가 윤리적·정치적으로 각성하기를 희망한다. 그래서 과학과 기술이 보다 신뢰할 수 있는 도덕적 힘이 되기를 기대한다. 자못 건전한 소망처럼 들린다. 그러나 이것은 건전한 만큼 애매한 소망일 뿐이다. 도대체 과학, 그리고 과학자가 윤리적으로 각성된다는 것이 무슨 뜻인가? 혹 이런 말일까? "과학과 기술 자체는 맹목적인 힘이다. 그 자체로서는 어떤 가치에 대한 지향도 갖고 있지 않다. 그러므로 그것들은 과학기술의 외부에서 만들어지는 윤리적 · 정치적 고려에 의해 올바르게 훈육되고 통제 받아야 한다. 그럴 때 과학과 기술은 보다 인본주의적인 것, 안전하고 유익한 것으로 성장할 것이다." 만약 그렇다면 나는 문제가 참으로 피상적으로 다뤄지고 있다고 지적하고 싶다. 과학과 가치, 과학과 윤리의 관계는 그보다 훨씬 복잡한 것으로 이해되어야 한다.

과학이 가치와 만날 때

과학 자체는 어떤 가치론적 판단이나 지향과도 무관하다는 통념은 나름대로 일리 있는 것이다. 과학자에 대한 고전적 이미지는 그와 잘 들어맞는다. 뉴턴이 만들어낸 과학자의 이미지-드넓은 해변에서 조개를 찾아 뛰노는 아이-에 따르면 과학자는 세계의 법칙적 진실에 대한 순수한 탐구자일 뿐이다. 그에게는 어떤 가치론적 선입견도 작용하지 않을 것이다. 과학자의 이미지만이 아니다. 과학기술의 산물들이 여러 가지 용도로 사용될 수 있다는 우리의 일반적 경험 또한 과학의 가치중립성을 지지해 준다. 핵물리학의 성과는 암의 치료에 사용될 수도 있으며, 핵폭탄 제조에 사용될 수도 있다. 과학은 좋게도 나쁘게도 사용될 수 있는 '무엇'으로서, 그 자체로서는 가치에 대한 아무런 특별한 함축도 갖지 않은 듯 보인다.

이것이 이야기의 전부일까? 결코 그렇지 않다. 이와 관련하여 우리는 지금은 잊혀진 과학철학자 브로노프스키(Jacob Brmowski)로부터 다시 배울 필요가 있다. 브로노프스키에 따르면 과학은 가치와 무관하기는커녕 원래부터 '가치의 제도'이다. 과학은 여러 가지 점에서 특별하다. 수학이라는 과학의 언어가 그러하며, 모든 의견들은 엄격한 실험에 의해 검사된다는 경험주의의 정신 또한 유별나다. 그러나 무엇보다도 과학을 특별하게 만들어주는 것은 그것이 끊임없이 더 나은 것으로 변화한다는 사실이다.

지난 50년 동안 완전히 뒤바뀌지 않은 과학 분야란 존재하지 않는다. 그것은 계속해서 더 나은 것으로 전진해왔다. 어떻게 그럴 수 있을까? 바로 여기에 과학의 가장 중요한 비밀이 놓여 있다. 그러나 비밀은 의외로 단순하다. 그 비밀의 방법은 가장 좋은 의견을 구하려는 우리들의 상식적 방법과 전혀 다르지 않다. "누구에게나 의견을 자유롭게 개진할 수 있도록 허용하고 권장할 것, 개진된 의견들은 신중하고 체계적으로 엄격히 검사할 것, 그러한 검사로부터 승인된 의견은 그것이 아무리 우리를 불쾌하게 한다 해도 받아들일 것." 바로 이것이었다. 한 마디로 말해서 과학이란 새로운 생각에 대한 관용, 그리고 확인된 진실에 대해서는 어떠한 선입관에도 불구하고 옳다고 승인하는 용기 - 이것들로 승리해온 것이다. 이는 바로 민주적 방법과 진리를 가치로서, 규범으로서 수락하는 공동체 문화의 모습이 아닌가? 브로노프스키의 말을 직접 들어보자.

> 과학자들 사이에 완벽한 신뢰 관계가 수립되지 않고는 과학의 실천이란 있을 수 없다. 그것은 또한 진리 추구 이외의 목적이 존재하고, 그 목적이 권위에 의한 신념의 현혹이나 강요를 정당화할 경우에도 결코 불가능하다. 또한 그것을 실천하는 모든 자들에게 사상의 독립, 정신의 독립, 그리고 제도화된 견해에 대한 반대의 자유가 가치 있다는 확신을 심어 주지 못한다면 과학은 결코 이룩될 수가 없다. (······) 동시에 새로운 생각이나 낡은 관념들을 인내와 관심, 존중을 갖고 검증하고 토론하지 않는다면 과학은 실천될 수 없다. 이러한 가치들이 존재하지 않는다

면 과학은 새로운 사실의 발견에 앞서 그것들을 창조하지 않으면 안 될 것이다. 진리가 다른 무엇보다 숭상되지 않는 곳에서는 어떤 사실도 발견될 수 없고 깨달아질 수 없기 때문이다.

과학은 이런 식으로 가치와 만난다. 과학적 사실, 다시 말해서 이미 이루어진 발견들은 단지 일개 진실의 존재만을 말해 준다. 그것은 가치와 무관하다. 그러나 진실의 추구라는 사명은 그러한 공통의 목적에 포함되어 있는 사람들에게 도덕성을 강요하며, 그들이 어떠한 진실의 존재를 밝힐 수 있으려면 마땅히 무엇을 하지 않으면 안 되는가 하는 당위를 부과해 준다. 과학자 공동체란 이러한 당위를 수락하는 집단이며, 그럼으로써 진리가 진리로서 인준될 가능성을 최대화하는 집단을 뜻한다. 여기서 과학을 가능케 하는 가치가 곧 서구 근대의 휴머니즘이 성취해온 가치와 다르지 않음을 유념하자. 모든 사람에게 귀 기울이고 누구에게도 침묵을 강요하지 않는 것, 올바른 사람을 칭찬하고 격려하는 것-그것은 바로 휴머니티의 정신이 아닌가? 그래서 브로노프스키는 이렇게 말할 수 있는 것이다. "과학자가 이룩한 가장 뛰어난 발견은 과학 그 자체이다."

서구 근대는 과학과 민주주의를 동시에 시발시켰던 지점이다. 이러한 동시성은 우연일까? 이제 그렇지 않다고 말할 수 있다. 앞서 말했듯이 과학은 자유와 민주주의의 정신과 분리되어 존재할 수 없는 것이며, 오직 자유와 민주주의의 정신이 깃들어 있는 곳에서만 성장한다. 자유와 민주주의는 과학을 가능케 했던 가치인 동시에 과학에 의해 고무된 가치이기도 하다. 서구 근대가 과학의 시대인 동시에 자유와 민주주의의 시대라는 특별한 '우연'은 그처럼 이해되어야 할 것이다. 그렇다면 여기서 중요한 귀결을 이끌어낼 수 있다. '자유와 민주주의가 위축된다면 과학도 위축될 수밖에 없다. 역으로 과학이 위축되고 통제된다면 그것은 곧 자유와 민주주의가 손상되는 것이다.' 내가 과학과 과학자에게 윤리적으로 각성될 것을 요구하는 자못 건전한 요구에 대해 유보적일 수 없는 이유가 바로 이것이다. 윤리적 각성이 어떤 형태로든 자유와 민주주의의 대원칙을 손상시키는 것이라면, 거기서 우리가 만나게 되는 것은 인간화된 과학이라기보다는 저급한 과학이기 십상이라는 생각에서다.

과학은 언제 위험한 것이 되는가?

그렇지만 이러한 의견은 너무 순진해 보일 수 있다. 사악한 과학, 위험한 과학을 직접 경험하고 있는 20세기 후반, 과학 활동에 대한 어떠한 통제도 유해한 것이라고 선언하는 것은 시대착오가 아닐까? 그러한 생각들에 의해 오늘날 브로노프스키 같은 통찰력들은 거의 주목받지 못하고 있다. 자유로운 과학적 연구의 이념 같은 것을 말하기에는 과학의 현장이 너무 변했다는 것이다. 분명히 많은 것이 변했다. 오늘날 과학의 현장은 과학 자체라기보다는 기술이나 공학과 긴밀하게 연관되어 있는 기술과학(technoscience)이 주종을 이루고 있다. 기초과학이 공학적 연구의 긴요한 토대가 되는 것은 물론이요, 아예 공학적 · 기술적 관심으로부터 기초과학의 연구가 선별적으로 지원되고 있는 실정이다. 그런데 이렇듯 과학과 기술이 혼융되어 있다면, 순수 과학적 탐구의 이념은 아무런 의미를 갖지 못하는가? 전혀 그렇지 않다. 만일 브로노프스키가 찬양했던 순수과학의 이념이 보존되지 못한다면, 우리는 과학과 과학자에 대해 부당한 책임을 짐 지우기 쉽고, 그리하여 과학에 대해 부적절한 통제를 가하게 될 유혹으로부터 자유롭지 못하게 되기 때문이다. 어떻게 그런가? 그와 관련하여 이렇게 물어보는 것이 좋을 것이다. 과학은 언제 위험한 것이 되는가, 그리고 그 위험에 대해 과학자는 어떤 책임을 갖게 되는가?

구체적인 사례 한 가지를 살펴보자. 원자폭탄의 개발과 사용은 과학자의 윤리적 책임에 대한 논란을 폭발시켰던 사건이다. 원자폭탄의 개발 결정에는 과학자들의 의견이 중요한 역할을 하였다. 몇몇 과학자들이 원자폭탄의 이론적 가능성을 이해하게 되었고, 그리하여 1939년 8월 2일 아인슈타인은 동료 과학자들의 권유에 의해 원자폭탄의 개발을 촉구하는 서한을 루스벨트 대통령에게 전달했다. 그로부터 6년 후 히로시마와 나가사키에 원자폭탄이 투하되었다. 그 피해는 충격적이었다. 두 발의 폭탄 투하로 대략 20만 명이 사망하였다고 한다. 원자폭탄의 개발에 참여한 과학자들이 심각한 도덕적 고민에 빠졌으리라는 것은 짐작할 만하다. 그러나 그들은 이 사태에 대해 어떤 책임을 갖게 되는가?

여기서 우리가 무엇보다도 유의해야 할 것은 과학적 지식과 공학적 응용 사이에 존재하는 간격이다. 원자폭탄의 이론적 가능성에 대한 이해, 즉 핵물리학의 지식이 곧바로 원자폭탄을 만들 수 있게 하는 것은 아니다. 과학자들이 알게 된 것은 원자 에너지와 관련된 한 가지 이론적 가능성일 뿐이며, 그것을 실제로 사용될 수 있는 폭탄으로 변모시키는 것은 전혀 다른 성격의 작업을 덧붙여서만 가능하다. 거기에는 그러한 연구 개발을 지원하겠다는 정치적 결정과 그 개발에 필요한 방대한 공학적 연구가 결합되어야 한다. 실제로 2차 세계 대전 당시 미국의 원자폭탄 개발 계획에는 20억 달러 이상의 자금과 40여 개에 이르는 공장, 3만 명 이상의 인력이 투입되었다고 한다. 다시 말해서 원자 에너지에 대한 과학적 아이디어 자체와 그것을 폭탄이라는 구체적 인공물로 구현시키는 일 자체에는 커다란 간격이 있는 것이다. 이러한 간격이 존재한다면, 과학자가 원자폭탄이라는 최종적 사태에 대해서 부담해야 할 책임은 절대 직접적인 것이 아닐 것이다.

이 사태와 관련하여 과학자들이 원자폭탄의 개발로 연결될 수 있는 지식을 아예 연구하지 말았어야 한다든지, 또는 그런 지식을 알았더라도 대통령에게 개발을 촉구했던 것은 잘못된 행위였다는 주장들이 제기될 수도 있다. 그러나 이런 주장들 역시 별로 타당하지 않다. 아예 연구하지 않았어야 한다는 주장은 따져볼 필요도 없는 엉터리 소리다. 그것은 새로 얻어지는 과학적 지식이 어떤 식으로 응용될 수 있는지를 미리 알 수 있으며, 알고 있으라는 전혀 비현실적인 요구를 함축하기 때문이다.

한편 그런 지식들은 너무 위험한 것이니 과학자들이 감춰 뒀어야 했을까? 이와 관련하여 생각해 봐야 할 문제는 두 가지다. 그것을 숨겼다면 원자폭탄은 안 만들어졌을까? 그리고 자신들의 주관적 판단에 의해 그것을 숨길 권리가 과학자들에게 있는가? 영국과 미국의 몇몇 과학자들이 관련 지식을 감추고 은폐했다면 원자폭탄의 개발은 일정 기간 늦추어졌을지 모른다. 그러나 그것이 영원히 지연될 수는 없다. 과학적 창의성이란 예술적 창의성과는 달리 몰개성적인 성격을 갖기 때문이다. 반 고흐의 그림은 모방을 통해서가 아니라면 다시는 반복될 수 없는 것이지만, 과학에서는 이 사람이 발견한 그것을 저 사람도 발견할 수 있다. 그럴진대 은폐한다는 행위의 의미는 참으로 애매하다. 은폐해둔 진실이 상대편 국가에서 실현되었다면 그 책임은 누가 질 것인가? 여기서 본질적인 문제는 도대체 과학자가 그런 결정을 할 권한이 있는가이다. 공동체의 일개 성원으로서 과학자가 공동체 전체의 안위에 영향을 미칠 결정을 독단적으로 행한다는 것은 정당화될 수 없다. 과학자는 그럴 권한이 없으며, 더 중요하게는 그럴 능력 또한 없다. 그것은 고도의 정치적·윤리적 판단을 필요로 하는 것이며, 결코 과학자의 전문 능력에 해당하는 것이 아니기 때문이다.

사태가 이러하다면 원자폭탄과 관련하여 과학자의 책임은 전혀 없다는 말인가? 그렇지는 않다. 그에게는 아마도 특별한 지식 전문가로서의 의무가 있을 것이다. 과학자는 전체 공동체의 운명에 커다란 의미를 가질 수 있는 지식에 대해 미리, 그리고 정확히 알려야 한다는 의무를 갖는다고 보인다. 그리고 그 의무는 과학자의, 과학자로서의 특별한 의무라기보다는 공동체의 건전한 성원이라면 누구나 준수해야 할 일반적 의무라고도 보인다. 그런 의미에서 아인슈타인이 루스벨트 대통령에게 원자폭탄의 가능성을 주지시킨 것은 올바른 행위였다. 실제로 원자폭탄을 개발할지의 여부는 우리 공동체의 대변자인 정치 기구에서 이뤄지는 것이 원칙적으로 옳기 때문이다. 여기서 우리는 과학과 기술의 영역 구분이 갖는 의미를 볼 수 있다. 목적 지향적인 기술적 개발은 오늘날 정치적 결정과 무관하지 않다. 그러한 기술적 개발에는 분명 과학의 이론과 아이디어들이 활용될 것이다. 그러나 과학적 아이디어를 어떻게 사용할 것인가에 대한 결정은 언제나 공동체 전체의 것이며, 정치적 결정의 대상이다. 과학자의 임무가 아니며 책임도 아니다.

과학이 우리에게 주는 의미

이러한 논의를 따르면 과학의 윤리, 과학자의 책임은 대단히 한정적이다. 그래서 어떻다는 것인가? 나는 여기서 '과학으로부터의' 모든 후유증에 대해서 과학자들에게 면죄부를 만들어주려고 하는 것일까? 그렇지 않다. 이 논변의 진정한 의도는 과학의 '공학적 효과'에 근거하여 과학자에게 책임을 묻고 과학을 통제해야겠다는 발상법의 어색함, 유치함을 지적하려는 것이다. 오늘날 우리에게는 그런 통제의 유혹이 거세다. 그리고 분명 통제가 필요한 부분도 적지 않다. 그러나 언제나 명심해야 할 것은 과학에 대한 외부적 통제는, 그것이 윤리적이든 정치적이든, 과학의 가장 소중한 동력을 소실시킬 위험을 갖는다는 점이다. 자유롭게 의견을 개진하고 탐구해갈 수 있는 권리를 제약함으로써 우리는 무엇을 얻게 되며, 무엇을 잃게 될 것인가? 그에 대해서 진지하게 생각해 보자는 것이다.

여기서 우리는 가장 핵심적인 물음에 이르게 된다. 도대체 과학이 우리에게 갖는 의의는 무엇인가? 만일 과학을 그 공학적 응용의 폐해로부터 단절시킨다면, 과학을 공학적 응용의 이익에 의해 옹호하는 것도 불가능하기 때문이다. 공학적 이익이나 해악이 모두 과학과는 일정 정도 구분되어야 하는 것이라면 우리에게 과학이란 어떤 의미로서 존재하는가? 그것의 추상적인 아이디어들은 왜 보호되어야 하는가? 여기서 우리는 과학의 진정한 의의를 찾아내야만 한다. 내 생각에 과학은 세계에 대한 가장 올바른 이해임으로 해서 절대적인 선(善)이라는 점에서 지고한 중요성을 갖는다고 보인다. 이는 거짓보다 진리가 더욱 소중하다는 낭만적 통념을 반복하는 것이 아니다. 이제 진리와 사실이 하나의 가치로서 등재되어야 한다는 특별한 주장을 하고자 한다.

사랑은 비할 바 없이 소중한 가치이다. 그런데 누가 진정 타인을 사랑하는 사람일까? 그의 애정과 배려가 그것을 받는 타인에게 무엇으로 나타날지를 고려하지 않은 채, 그들을 무작정 사랑하는 것이 과연 올바른 것일까? 그런 사랑만큼 폭력적인 것이 없을 것이다. 그 사람을 올바르게 이해하지 않고서는 그 사람을 제대로 사랑할 수 없다는 사실로부터 우리는 참된 지식과 윤리적 판단 사이의 불가결한 관계를 이해할 수 있다. 사태에 대한 올바른 이해 없이는 어떤 윤리적 판단도 기만적이다.

이런 관점에서 오늘날 우리가 봉착하고 있는 문제들을 다시 돌이켜보자. 의약품 남용・다이옥신 중독・핵발전소 등의 문제에 맞닥뜨렸을 때 우리의 올바른 행위는 어떤 것일까? 무엇에 의해 우리의 행위는 올바른 것이 될 것인가? 그저 자연을 사랑하면 되는가? 그저 모든 기술적 개발에 반대하면 충분한가? 그렇지 않을 것이다. 완전하지는 못할지라도 사태에 대한 충분하고도 올바른 이해 없이는 어떤 윤리적 판단도 공허할 뿐이다. "나는 오직 좋은 의도에서 그랬는데……."라는 말이 갑자기 부도덕하게 들리는 시대에 우리는 살고 있다. 잔인함, 이기심만큼이나 무지와 몰이해가 윤리의 장애물이 되는 시대가 우리 앞에 펼쳐져 있다. 그것이 바로 과학기술 시대의 의미이며, 과학기술 시대가 요청하는 윤리적 각성의 메시지다. 전혀 수긍하고 싶지 않은 진실을 수락한 채, 우리의 습관과 전통이 낯설어하는 윤리적 결정으로 나아가는 것, 그것 이상의 위엄 있는 행위가 어디 있겠는가?

이제 이야기를 마무리하자. 나는 여기서 과학과 가치, 과학과 윤리가 연관되는 여러 가지 차원, 특히 오늘날 잊혀지고 있는 차원을 굳이 강조하였다. 그 차원은 결코 잊혀져서는 안 된다고 감히 주장하고 싶다. 거기서 과학과 가치는 새로운 관계로 드러난다: 과학은 그 자체 특정한 가치를 전제하고 있는 것이며 동시에 모든 윤리적 판단의 조건이 되는 '사실이라는 선(善)'을 산출하는 장소이다. 진실을 겸허하게 탐구하는 일, 그리고 그 진실에 입각하여 최선의 윤리적 판단을 의욕하는 것, 과학시대의 윤리란 그런 것이리라고 제안해 보았다. 그렇다면 이제 사실은 다른 여타의 가치들만큼 중요한 가치로 다시 자리매김되어야 할 것이다. 과학을 새로이 가치 유형으로 받아들이자는 이 제안, 이에 대해 브로노프스키는 이렇게 말하고 있다.

> 20세기에 우리가 당면한 중대한 도덕적 과제는 바로 종교나 문학에서 오랫동안 찬양해 왔던 가치들처럼 과학의 가치관들을 우리 삶의 한 부분으로 만드는 것이다. 우리는 인간의 잠재의식 속에서 더 이상 사랑과 진리가 대립하지 않는, 완전한 도덕성을 확립하지 않으면 안 된다. (……) 우리의 치명적인 취약점은 바로 사랑과 선이 진리에 의해 위협받으며, 진리보다는 거짓이 더욱 친절하고 위안을 주는 것이라고 생각한다는 점이다.

* 이봉재, 「과학기술과 윤리」, 최재천 엮음, 『과학 종교 윤리의 대화』(궁리, 2001) 중에서 발췌한 것임.

절 취 선

소 속		학 번		성 명	
제출일		평 가			

〈개요 작성〉

100

200

300

400

500

600

절 취 선

																				100
																				200
																				300
																				400
																				500
																				600

CHAPTER 제 10 장

실용적 글쓰기

- 이력서
- 자기소개서
- 발표문

글쓰기

제10장

실용적 글쓰기

1. 이력서

- 이력서 작성 방법
- 이력서 작성할 때 유의할 사항

가... 이력서 작성 방법

이력서는 지원자의 용모, 인적 사항, 학력, 경력, 특기 및 상벌 사항을 담고 있다.

❶ 사진

인사담당자의 시선이 제일 먼저 머무는 곳이다. 최근 3개월 이내에 촬영한 것으로 정장 차림에 단정하고 밝은 인상을 주는 컬러 사진이 좋다.

❷ 인적 사항

인적 사항을 작성하면서 가장 많이 틀리는 곳이 '호주와의 관계'다. 이는 호주 쪽에서 볼 때 자신이 어떤 관계인지를 말하는 것이다. 아버지가 호주이면 자(子) 또는 장남, 차녀 등으로 기록한다.

❸ 학력 사항

특별한 경우가 아니면 고등학교 때부터 입학과 졸업 순으로 기재한다. 외국에서 초·중학교를 다녔다거나, 특별히 밝힐 필요가 있을 때는 초등학교부터 쓴다.

❹ 경력 사항

신입사원은 지원하는 업무와 관련된 아르바이트나 동아리 활동을 경력으로 활용한다. 경력사원은 연대순으로 이전 직장의 이름, 직위, 담당 업무, 근무 연수 등을 상세하게 기록한다.

⑤ 자격 사항

국가가 공인하는 자격증과 면허증 취득 사항을 취득일과 발령처와 함께 기재한다. 자격증은 취득한 순서대로 적는데, 많을 때에는 지원 분야와 관련된 것을 우선적으로 적는다.

⑥ 수상 경력 및 특기 사항

지원하는 분야와 관계되는 수상 경력은 사소한 것이라도 모두 기재한다. 특기 사항에는 배낭 여행, 해외연수, 봉사활동 등을 적는다.

⑦ 마무리

이력서의 마지막 부분에는 '위의 기재 사항이 사실임을 확인함'이라는 문구를 쓰고, 그 아래에 이력서 작성날짜와 이름을 쓴 뒤 도장을 찍는다. 인터넷 접수일 경우는 생략한다.

나... 이력서 작성할 때 유의할 사항

① 간단・명료하되 구체적으로 작성한다. 인적 사항, 학력, 경력, 자격증, 수상 경력, 대내외 활동 등을 한눈에 파악할 수 있도록 기록하여야 한다.

② 과장하지 않고 솔직하게 쓴다. 만일 어떤 사항을 허위로 기재하여 취직이 되었더라도, 나중에 그 사실이 밝혀지면 합격이 취소될 뿐만 아니라 위법으로 처벌될 수도 있다.

③ 사소한 실수에 주의해야 한다. 오자나 탈자가 있는 경우는 중요한 이력서를 점검도 해보지 않고 보내는 불성실한 사람으로 비춰지며, 사무 능력까지 의심 받을 수 있다.

④ 자필을 요구할 경우 글씨는 깨끗하고 단정하게 정자(正字)로 쓴다. 글씨체를 통해 그 사람의 성격을 파악하기도 한다. 잘못 썼을 때에는 반드시 새로운 종이에 다시 써야 한다.

⑤ 이력서의 복사본을 준비해 둔다. 받는 사람의 입장에서는 파일이 열리지 않거나 파일이 깨지는 경우가 있을 수 있다. 이럴 경우를 대비해야 한다.

⑥ 지원한 곳으로부터 연락받을 수 있는 전화번호나 이메일 주소를 표기해둔다. 정해진 '인사서식'에는 기입난이 따로 없는 경우도 있기 때문이다. 간혹 전화번호를 기입하지 않아서 합격 기회를 놓치는 경우도 있다.

⑦ 일반 문서로 컴퓨터로 작성한 이력서는 이후에도 계속 사용할 가능성이 많기 때문에, 학력이나 경력의 변화가 생길 때마다 추가하여 입력해 두면 편리 하다.

[예시] 인사서식 제1호

<table>
<tr><td rowspan="6">사진</td><td colspan="2" rowspan="3"># 이 력 서</td><td>희망부서</td><td></td></tr>
<tr><td>희망직급</td><td></td></tr>
<tr><td>희망연봉</td><td></td></tr>
<tr><td rowspan="2">성 명</td><td rowspan="2">(인)</td><td colspan="2">주민등록번호</td></tr>
<tr><td colspan="2"></td></tr>
<tr><td colspan="4">생년월일 서기 년 월 일생 (만 세)</td></tr>
</table>

<table>
<tr><td>주 소</td><td colspan="2"></td><td>전화번호</td><td></td></tr>
<tr><td>E-mail</td><td colspan="2"></td><td>개인통신</td><td></td></tr>
<tr><td>호적관계</td><td>호주와의관계</td><td></td><td>호주성명</td><td></td></tr>
</table>

년월일			학 력 및 경 력 사 항	발 령 청

이 력 서

사진			희망부서	
			희망직급	
			희망연봉	
	성 명	(인)	주민등록번호	
	생년월일 서기 년 월 일생 (만 세)			
주 소			전화번호	
E-mail			개인통신	
호적관계	호주와의관계		호주성명	

년월일			학 력 및 경 력 사 항	발 령 청

소 속		학 번		성 명	
제출일		평 가			

[연습 1] 이력서 양식에는 여러 종류가 있다. 여러 이력서 양식(예를 들면, 문구점에서 파는 '인사서식 제1호' 이력서나 특정 기업의 이력서 규격 양식, 또는 컴퓨터 상의 이력서 양식 등)을 찾아, 졸업 후의 자신의 모습을 그리면서 이력서를 작성해 보시오.

절취선

2. 자기소개서

- 자기소개서 작성 과정
- 자기소개서 양식
- 자기소개서에 들어가야 할 내용
- 자기소개서 작성할 때 유의할 사항
- 인상적인 자기소개서

자기소개서란 일반적으로 입사나 구직을 목적으로 자기 자신을 소개하는 글이다. 자신을 소개한다는 것은 타인을 대상으로, 어떤 특별한 의도를 가지고 자신의 언어로 자신을 드러내는 것이다. 따라서 자기소개서는 목적성이 강한 글이다.

주로 취업과 관련된 자기소개서는 이력서나 성적증명서와 더불어 서류 전형 때 구비해야 할 서류 중의 하나다. 이력서가 한 개인을 개괄적으로 이해할 수 있는 자료가 되는 반면, 자기소개서는 이력서에 객관적으로 명시된 개인의 신상명세로는 파악할 수 없는, 실제 기업에서 궁금해 하는 대인관계, 조직에 대한 적응력, 경력, 성격 등 개인에 대한 구체적인 정보와 성장 과정이 드러난다. 그렇기 때문에 자기소개서는 면접과 더불어 입사의 당락에 큰 영향을 미치는 변수로 등장하고 있으며, 면접의 기초 자료가 될 뿐 아니라 선발의 결정적인 자료이기도 하다.

작성자는 자기소개서를 통해, 입사를 희망하는 집단의 특성에 대해 충분히 이해하고 있고, 그 집단에 소속하는 것이 개인적인 차원과 사회적인 차원에서 자신의 삶을 긍정적으로 실현해가는 데 꼭 필요하다는 점을 드러내야 한다. 또한 자기소개서에서 자신의 능력과 장점을 최대한 부각시켜 자신이 그 분야의 적임자라는 것을 보여주는 것이 중요하다. 그러므로 지원자는 자기소개서를 작성할 때 자신이 지원하는 분야의 업무에 얼마나 잘 부합하는가에 중점을 두어야 한다.

가... 자기소개서 작성 과정

자기소개서 양식 확인 → 지원기관에 대한 정보 수집 → 주제 정하기 →
내용 구상과 정리 → 초고 작성과 다듬기

(1) 지원하고자 하는 기관의 자기소개서 양식을 확인한다.

자기소개서는 크게 두 가지 양식이 있다. 하나는 회사나 기관이 정한 자기소개서 양식이 있는 경우다. 이때 지원자는 제시된 틀에 따라 내용을 작성하면 된다. 또 하나는 특별한 형식 없이 지원자가 자유롭게 작성하게 하는 방식이 있다. 이 경우에는 일반적으로 성장 과정, 성격(장단점), 교내외 활동 및 주요 경력, 지원 동기 및 희망 업무, 장래 포부 등을 쓰면 된다.

(2) 지원할 기관의 이념과 특성과 업무를 파악한다.

자기소개서를 쓰기 전에 지원자는 입사를 희망하는 기업에 대한 정보를 수집한다. 그 집단의 경영 이념, 기업의 연혁, 기업을 대표하는 기술이나 최근 개발한 신기술 등을 홈페이지 또는 그 기업에 다니거나 잘 아는 선배 등 다양한 경로를 통해 정보를 얻는다. 그리고 기관이나 부서의 업무를 수행하기 위해 필요한 능력이 무엇인지 파악하고, 관련 업계의 흐름과 전망에 대해서도 파악해둔다.

(3) 기관에서 필요로 하는 능력에 초점을 두어 하나의 주제를 정한다.

자기소개서는 지원자가 기관이나 특정 업무에서 필요로 하는 능력을 갖춘 인재임을 설득력 있게 쓴 글이다. 지원자는 입사를 희망하는 집단의 특성을 충분히 이해하고, 그 특성에 맞추어 자신의 삶을 재구성한다. 자기소개서를 작성하는 것은 일종의 홍보 행위이므로, 기업의 속성에 맞게 자신을 표현해야 한다. 따라서 지원자는 이를 염두에 두고 자신이 적합한 인재임을 드러낼 수 있는 내용을 하나의 주제로 정한다. 이 주제를 통해 스스로를 참신하게 표현할 수 있는 강렬하면서도 단순한 이미지를 만든다.

(4) 정해둔 주제를 중심으로 자기소개서에 쓸 내용을 구상하여 정리한다.

이 주제를 중심으로 자기소개서에 들어가야 할 일반적 내용인 성장 과정, 성격과 가치관, 학창생활 및 경력 사항, 지원 동기 및 포부 등을 작성한다. 자기소개서는 한 가지의 주제에 초점을 맞춰 기술함으로써 자기 자신의 독특한 이미지를 부각시키는 것이 중요하다.

(5) 초고를 작성한 후 여러 번 다듬는다.

시간적 여유를 갖지 않고 급하게 작성한 자기소개서는 아무래도 그 내용이 부실해질 가능성이 크다. 짧은 자기소개서에도 그 사람의 성격과 태도가 드러나기 때문에 시간적 여유를 가지고 미리 작성해 두는 자기 관리의 지혜가 필요하다. 작성된 자기소개서는 컴퓨터에 잘 저장해 두었다가 향후 경력과 신상에 변화가 생길 때마다 수정·보완해 간다.

나... 자기소개서 양식

유형 1.

1. 희망부서에 지원한 동기와 그 업무를 본인이 잘 수행할 수 있다고 생각하는 이유를 구체적으로 기술해 주십시오.

2. 학교생활 동안 특별한 경험과 거기서 얻은 성취감이 있다면 기술하여 주시고(신입), 자신의 전 직장 경험 중에서 가장 성취감을 느꼈던 사항을 상세히 기술하여 주시기 바랍니다(경력).

3. 지원하신 회사, 직무, 근무지와 관련하여 특별히 희망하는 점이 있으면 알려 주시고, 회사에서 이루고 싶은 자신의 포부를 밝혀 주십시오.

유형 2.

[자기소개서] _ 각 항목을 500자 이내로 적어주십시오.	
성장 과정	
성격의 장단점 및 생활신조	
특기 사항 (해외연수 / 봉사활동 / 주요 경력)	
입사 후 포부	
난관의 대처 방식	

다... 자기소개서에 들어가야 할 내용

> 성장 과정, 성격과 가치관, 학창 생활 및 경력 사항, 지원 동기 및 포부

(1) 성장 과정

'저는~', 혹은 '나는~'이라는 어구로 시작하여 처음부터 지리멸렬한 인상을 심어주어서는 안 된다. 자신을 핵심적이고 뚜렷하게 부각시킬 수 있는 유년기의 에피소드나 가족 관계에 얽힌 이야기, 혹은 자신의 성격이나 가치관 형성 배경을 인상적으로 드러내야 한다. 나아가 어렸을 때 가졌던 호기심이나 문제의식 등을 전공이나 현재의 관심 분야에 연결시켜 언급하는 것도 읽는 사람에게 깊은 인상을 줄 수 있다. 또한 성장 과정에서 어려움이 있었다면 자신이 이 어려움을 극복한 과정이나 그것이 자신의 인생관에 미친 긍정적인 영향 등을 소개하는 것도 읽는 사람에게 호감과 신뢰를 줄 수 있다.

(2) 성격 및 가치관

> ♣ **성장 과정 :** 죽은 토끼에게서 생명의 소중함을 배우다
>
> 외동딸인 저는 어릴 때부터 집에서 여러 가지 동물을 키우면서 자랐습니다. 열 살이 되던 생일에 아버지께서 선물로 토끼를 사다 주셨습니다. 어느 날 저녁 부모님께서 모임에 참석하시느라 늦게 오셨는데, 하필이면 그날 토끼가 많이 아팠습니다. 덜컥 겁이 난 저는 약상자에서 토끼털과 비슷한 색깔의 약을 꺼내 토끼에게 먹였습니다. 그런데 그 토끼가 약을 먹은 다음날 죽고 말았습니다. 그 일로 인해 저는 자책감에 시달렸습니다. 그런 저에게 어머니께서는 '아무 약이나 먹는다고 병이 낫는 것은 아니다', '생명을 다루는 일은 중요한 일이니 함부로 약을 먹어서는 안 된다'는 말씀을 해주셨습니다. 그런 일이 있은 지 한참 후에도 토끼를 생각하면서 혼자 울었던 기억이 납니다. 그 토끼로부터 제 삶에서 중요한 가치가 된 '생명의 소중함'을 깨닫게 되었습니다.

성격을 기술할 때 장단점을 단정적으로 기술하기보다는 교우 관계나 가족 관계 등에서 자신의 성격을 보여줄 만한 사례를 구체적으로 제시하는 것이 좋다. 자신의 장점을 언급할 때에는 업무

수행상 도움이 될 수 있는 내용을 자신의 체험과 함께 기술하는 것이 좋다. 단점은 무조건 안 쓰는 것보다 이를 극복한 과정이나 개선의 의지를 함께 표현하면 오히려 솔직하고 발전적인 이미지를 줄 수 있다.

가치관에 대해서도 상투적인 표현을 피하고 자신의 현재 모습을 성찰하되 앞으로 새롭게 발전하기 위해 노력하고 있다는 것을 부각시키는 것이 효과적이다. 생활 태도나 가치관을 서술하는 데 있어서도 상투적이거나 과장된 표현보다는 깊은 감동을 주었던 체험이나 독서, 존경하는 인물 등을 예로 들어 자신의 인생관을 구체적으로 밝히는 것이 바람직하다.

♣ **성격과 가치관 :** 세상의 슬픔과 함께하는 따뜻한 사람이 되고 싶다

외동딸이어서 혼자 있는 시간이 많은 저는 혼자만의 시간을 활용하는 여러 방법을 터득했고, 뭔가를 할 때는 집중력이 굉장히 좋다는 말을 많이 듣습니다. 고등학교 때는 독서를 많이 했습니다. 그 중에서 조병준의 『제 친구들과 인사하실래요?』라는 책은 저에게 많은 영향을 주었습니다. 이 책의 영향으로 대학 2학년 때 캘커타에 가서 "이 세상의 슬픔에 많이 동참하면 할수록 더 따뜻한 사람이 된다."는 것을 배우게 되었고, 이것은 제 인생의 중요한 좌표가 되었습니다.

(3) 학력과 경력 사항

기업 입장에서는 자기소개서에서 가장 중요하게 여기는 부분이다. 시간순서로 작성하기보다는 가급적 지원기관에서 요구하는 능력과 직결되는 사항을 중심으로 쓰는 것이 바람직하다. 지원자의 전공이나 평소 관심사를 해당 기관의 업무와 연관 지어 기술하는 것이 좋다. 대부분의 기관에서 업무에 대한 적합성을 가장 중요하게 여기기 때문이다.

학창 생활은 주로 대학 생활을 중심으로 간략하게 표현하는 것이 좋다. 자신의 전공이나 활동했던 분야를 지원하는 직종과 연관시켜 구체적으로 서술한다. 자신이 어떤 분야에 쏟았던 열정을 구체적이고 패기 있게 표현하거나, 과외 활동이나 봉사 활동, 해외 연수 등 학교 생활 이외의 경험에 대해서 소개하는 것도 효과적이다. 특기 사항을 언급할 때는 구체적으로 밝힌다. 특히 기능 분야나 외국어 능력, 지도력 또는 업무 수행에 도움이 될 수 있는 사항들은 자신의 체험과 함께 자세히 소개하는 것이 좋다. 또한 은사나 친구 등을 언급함으로써 원만한 인간관계나 사회성을 강조하는 것도 좋다.

> ♣ **학창 생활 및 경력 사항 :** 캘커타 '마더 테레사의 집'에서 6개월을 보내다
>
> 제 대학생활은 캘커타의 '마더 테레사의 집'에 다녀온 경험으로 각인되어 있습니다. 그곳에서 세계 각지에서 온 젊은이들과 같이 지내며 별다른 약도 써보지 못하고 죽어가는 사람들을 돌보았습니다. 그곳에서 6개월간 보냈던 경험이 삶에서 중요한 것이 무엇인지를 고민하고 열심히 노력할 수 있는 계기를 만들어 주었습니다. 또한 아직 인류가 극복하지 못한 병들을 치료할 수 있는 약을 개발하는 데 제 힘을 쏟아야겠다는 생각을 하게 되었습니다. 캘커타에 다녀온 이후에 본격적으로 전공 공부에 매진했습니다. 교수님 연구실에서 아르바이트를 하면서 연구하는 자세를 배웠고, 대학원에 진학해서 한방을 과학화하는 연구 프로젝트에 참여하기도 하였습니다.

(4) 지원 동기 및 포부

해당 기업에 대한 정보를 바탕으로 그 기업의 업종이나 특성과 자신의 전공 또는 희망 등을 연관시켜 지원 동기를 구체적으로 밝힌다. 장래의 희망 또는 포부를 밝힐 때에도 '뽑아만 주시면 열심히 하겠다' '최선을 다하겠다'는 식의 막연한 표현보다는 입사한 후 목표와 자기 개발을 위해 어떤 계획이나 각오로 임할 것인지를 구체적이고 자신감 있게 기술한다. 마지막으로 지금까지 기술해 왔던 내용을 인상적으로 마무리한다. 여기에는 적극성과 강한 의지가 담겨 있어야 한다.

> ♣ **지원 동기 및 포부 :** 생명이 목적인 회사에서 일하고 싶다
>
> 00제약주식회사는 인류에게 아직 숙제로 남아 있는 질병을 치료하기 위해 신약개발에 중점을 두고 있는 회사로 유명합니다. 더욱이 어려운 이웃을 위해 무료 약을 지원하고 무료 검진을 실시하는 등 기업 이윤의 사회 환원을 위해 노력하고 있는 모범 기업이기도 합니다. 의약 개발은 돈이 목적이 아니라 생명이 목적이라는 것을 실천하고 있다는 점에서 귀사는 저의 가치관을 실현할 수 있는 최상의 터전이라고 생각합니다.
>
> 저는 이 회사에 입사하여 에이즈와 같은 난치병을 치료할 수 있는 신약을 개발하는 데 앞장서고자 합니다. 또한 귀사에서 실시하고 있는 무의촌 의료 봉사 활동에 적극적으로 참여하고, 나아가 제3세계 국가에서 약도 없이 죽어 가고 있는 많은 사람들을 위해 신약을 보급하는 데에도 힘쓰겠습니다. 귀사에 입사하여 생명이 목적이라는 저의 신념을 실천하고 싶습니다.

라... 자기소개서 작성할 때 유의할 사항

(1) 내용

❶ 지원 분야와 관련시켜 쓴다.

한정된 지면에 모든 이야기를 다 쓸 수는 없으므로 지원분야와 관련시켜 자신의 능력과 잠재력을 부각시키는 것이 중요하다. 모든 내용을 되도록 지원 분야와 관련시켜 쓰고, 자신이 그 분야에 대해 얼마나 열정을 가졌는지, 얼마만큼 준비가 되었는지를 구체적으로 기술한다.

❷ 일관성과 타당성을 갖도록 한다.

내용이 사항별로 일관성이 있어야 한다. 또한 이야기하고자 하는 내용의 근거나 이유가 논리적으로 타당해야 설득력을 갖는다.

❸ 참신하고 독창적인 내용을 기술한다.

자신만이 쓸 수 있는 사항을 구체적 사례와 함께 제시함으로써 읽는 사람에게 강한 인상을 주도록 한다. 특히 창의성을 강조하는 분야에서는 자신의 개성과 독창성을 부각시킨다.

(2) 표현

❶ 간결하고 명확하게 쓴다.

추상적이거나 상투적인 표현, 통신 용어, 지나친 수식어 등을 피하고 구체적이면서도 간결한 표현을 사용한다. 자기소개서에 자주 등장하는 상투적인 표현을 피해야 한다. 예를 들면 "학생 때는 공부를 열심히 했습니다.", "군대시절 군복무에 충실했습니다.", "친구들과 의리 있게 지냈으며, 우정이 돈독합니다.", "부모님께 효도하며 자랐습니다.", "입사하면 열심히 하겠습니다." 등은 피해야 한다.

❷ 어조나 문체, 호칭 등이 일관성이 있어야 한다.

자기소개서에서는 자신을 '저' 또는 '나'라고 표현할 수 있다. 또한 서술형 어미도 '-습니다'나 '-이다'로 쓸 수 있다. 이때 중요한 점은 표현에 일관성을 유지해야 한다는 것이다.

❸ 제시된 분량을 잘 지켜서 쓴다.

자기소개서의 분량은 특별한 경우를 제외하면 2,000자 이내로 정해져 있는 경우가 대부분이다. 그러나 분량이 정해져 있지 않은 경우 대략 A4용지 1장 내지 2장 정도가 적당하다.

(3) 마무리 : 세심하게 퇴고한다.

자기소개서가 아무리 참신하고 개성적이라고 할지라도 오자나 탈자가 있고 단어의 선택이 부적절하거나 문장의 주술관계가 어그러지면 신뢰감을 떨어뜨린다. 어떠한 경우에도 일을 그르치지 않을 것이라는 믿음을 주는 것이 중요하다. 자기소개서 내용을 평소에 미리 작성해 두고 상황에 따라 보완해서 사용하는 것도 좋은 방법이다.

마... 인상적인 자기소개서

[예문 1]

소리와 전자와 만남을 좋아하는 ㅇㅇㅇ 소개

귀사의 영업부서에 지원하게 됨을 기쁘게 생각합니다. 저는 어려서부터 음악과 악기를 좋아했고 직접 연주도 해보았습니다. 대학시절 밴드생활을 통해 악기 다루는 사람의 마음을 누구보다 잘 알고 있습니다. 또한 전기와 전자공학을 전공하여 이 분야에 대한 기초지식을 가지고 있습니다. 거기에다 사람 만나는 것을 즐기고 이야기하는 것을 좋아하는 저로서는 이번보다 좋은 기회가 없다고 생각합니다.

대학 밴드부에서 자작곡을 연주

남달리 음악을 좋아하셨던 아버지의 영향을 받아 어릴 때부터 집안 가득 음악이 넘쳐흘렀습니다. 이런 환경이 저에게 소리와 음악에 대하여 친근감을 심어주었습니다. 중, 고등학교에 다니면서도 여러 장르의 음악을 접하고 음악 잡지도 보았습니다. 대학에 진학해서는 좋아하는 소리를 직접 만들고 싶어 아르바이트를 해서 전자기타를 샀습니다. 혼자서 하기에는 심심하기도 하고 한계를 느껴 친구들과 함께 밴드를 만들어 꽉 찬 사운드의 추구에 열을 올렸습니다. 다른 사람의 곡을 연주하기보다는 자작곡을 만드는 일에 주력했고, 미디 프로그램을 이용해 작업을 해보기도 했습니다. 직접 기타를 연주해보고 앰

프를 만져보면서 자신이 내고 싶은 음을 만들어 보려고 무진 애를 썼습니다. 이런 몇 년간의 밴드 생활은 음악과 소리에 대한 애정과 그것을 만드는 사람들에 대한 이해에 많은 도움을 주었습니다.

전자 소리에 조예

음악은 창조적인 작업이라 이를 표현하는 악기는 머리보다는 가슴과 관련이 더 많다고 할 수 있습니다. 그들이 내고자 하는 소리는 어쩌면 가슴 속에서만 존재하는 것일지도 모릅니다. 그런 소리를 낼 수 있도록 제가 그들을 도와주려면 음악과 악기에 대한 지식 외에도 전자분야에 대한 지식도 필요하다고 생각합니다. 음악인에게 악기는 생명과도 같고, 그들의 목소리이며 그들의 얼굴인 것입니다. 그들은 악기로 말하고, 악기를 통한 소리로 모든 것을 보여주려 합니다. 그런 악기를 쉽게 선택하는 일은 없습니다. 기계라는 것이 다 비슷하다 하겠지만 브랜드마다 추구하는 방향이 있고 각자의 특성은 제각기 다르다고 생각합니다. 그런 특성에 대한 이해가 있어야 가려운 곳을 긁어주는 영업이 될 것이라고 생각합니다.

예의바르고 성실

정직하고 성실한 어머니와 예의바르신 할머니의 영향을 많이 받았습니다. 또한 어려서부터 사람 만나는 것을 좋아해 처음 보는 사람도 친해지는 데 아무런 거리낌을 느끼지 못합니다. 사람 만나기를 즐기고, 새로운 일에 도전하는 것을 좋아하는 성격은 영업이라는 일에 적합하다고 생각합니다.

창조적 음악에 좋은 악기를 소개해 주고 싶어

창조적 음악활동을 사랑하는 이들에게 좋은 악기를 소개해 주고 싶다는 것이 저의 꿈입니다. 음악을 사랑하고, 소리를 사랑하며, 그 소리를 만들고자 하는 사람들의 마음을 사랑하는 제가 귀사에서 꼭 일하고 싶습니다.

＊ 이 예문은 임재춘, 『한국의 이공계는 글쓰기가 두렵다』(도서출판 마이넌, 2004) 중에서 발췌한 것임.

[예문 2]

자기소개서	
생활신조	♣ 보다 더 높은 곳으로 고등학교 시절 지금은 고인이 된 정주영 현대그룹 전 명예회장님의 자서전을 읽고 제 방 벽에 붙여놓은 문구입니다. 이 표어처럼 항상 현재의 위치에 만족하지 않고 보다 더 높은 곳을 지양하고 그것을 달성하기 위해 부단한 노력을 합니다.
성격	♣ 끈기와 실천력 스스로에게 목표를 부여하고, 그것을 완수하기 위해 꾸준히 노력합니다. 작년 여름방학 2달 동안 10Kg의 체중을 감량해야겠다고 목표를 정하고, 하루도 빠짐없이 조깅과 속보, 식이요법 등의 방법으로 제가 원하는 결과를 이루었습니다. 그때 느꼈던 성취감으로 그 후 어떤 난관에도 긍정적인 자세를 갖게 되었습니다.
	♣ 독립심과 책임감 학부 시절에 프로그래밍 과제를 작성하면서, 단 한 번도 다른 학우의 것을 모방하지 않았습니다. 이 과제는 많은 학우들이 어려움을 느끼고 짜깁기의 유혹을 느끼는 것이 사실입니다. 저 또한 그런 생각이 들었지만 제 스스로 하려고 노력했고 또한 그렇게 하였습니다.
	♣ 우리 오늘 만난 거 맞아? 저를 처음 보는 사람들이 저에게 종종 던지는 말입니다. 필리핀 어학연수 시절, 어학원에서 주최한 '외국인 불러 모으기' 이벤트에서 1시간 동안 총 18명의 외국인을 불러 모아 1등을 차지했습니다. 이는 낯선 곳에서도 쉽게 적응을 하고 사람들과 빨리 친해지는 적극적이고 의욕적인 저의 성격을 나타내줍니다.
	♣ 대인관계의 기본은? 상대방을 있는 그대로 인정합니다. 있는 그대로 받아들일 줄 알고 이해할 줄 압니다. 저의 이러한 대인관계 방법은 조직생활 등을 통해 업무를 수행하는데 있어서 효율적인 장점으로 작용될 수 있을 것입니다.
학교생활	♣ 전공 선택 - 배움은 초등학교 때부터 초등학교 4학년 때 BASIC이라는 컴퓨터 언어를 처음 접하였고, 6학년 때 광주시 컴퓨터 경진대회에 나가서 은상을 수상하였습니다. 물론 그때 프로그래머라는 직종이 무엇을 하는 직업인지 확실히 알고 있었던 것은 아니지만 막연히 컴퓨터 관련 업종에서 일을 하고 싶다는 꿈은 초등학교 때부터 자라왔던 것 같습니다. 중·고등학교에 진학한 후에도 꾸준히 컴퓨터를 배워 BASIC을 이용한 간단한 게임 등을 직접 제작하여 보기도 하였고, 워크래프트와 같은 전략 시뮬레이션 게임 또는 이를 위한 뛰어난 네트워크 인프라를 구축하여 보겠다는 부를 갖고 컴퓨터공학 전공을 선택하였습니다.

학교생활	♣ 동아리 활동 - 전공 공부와 봉사활동을 동시에- 4-1학기까지 '○○○'라는 컴퓨터 관련 동아리 학우들과 함께 불우청소년들을 대상으로 홈페이지 제작 등 무료 컴퓨터 교육활동을 하였고, '○○○'라는 영어발표 동아리에서 각종 사회적 이슈에 대한 심도 있는 발표 및 토론 활동을 통해 논리적 사고 능력, 말하기 능력 등을 기를 수 있었습니다.
	♣ 연수 경험 - 뜻 깊었던 시간 "필리핀에서 배울 것은 영어 이외에는 아무것도 없다"라는 말이 무색할 만큼의 멋진 경험들을 하고 왔습니다. 중요한 것은 시간당 2,000원의 저렴한 1:1 교육시스템이 아닌 사람을 대하는 태도, 열린 마음과 자세를 가지고 상대를 있는 그대로 수용해주고 존중해줄줄 아는 솔직함과 개방스러움 앞에서 두려움이 전혀 없는 그들의 모습이었습니다. 글로벌 사회에서 그 무엇보다도 요구되는 중요한 덕목을 확실하게 배울 수 있었던 타지에서의 생활은 조직 활동을 할 때 도움이 될 수 있을 거라 확신합니다.
특기	♣ 편견을 뒤엎는 특기 흔히 공대인에 대한 그릇된 편견 중 하나가, "공대인은 말을 잘 못하고 글도 잘 못 쓴다."는 것입니다. 직장 생활하는 데 있어서 가장 중요한 요소 중 하나가 자신의 의견을 상대방에게 효과적으로 표현하는 것이라고 생각합니다. 군대 시절을 제외한 4년의 대학생활 동안 거의 하루도 빠지지 않고 하루에 4가지 이상의 신문을 인터넷을 통하여 읽었고, 모 인터넷 언론 매체의 광주지부 사외 학생 기자로도 활동했습니다. 이러한 저의 이력은 단순히 컴퓨터 앞에 앉아 컴퓨터를 조작하는 것 이외에도 귀사의 영업이나 홍보, 기획 등 기타업무에 있어서 훌륭한 성과를 낼 수 있을 것이라고 확신합니다.
경력사항	♣ 전공 관련 2달간의 방학생활 동안, IT관련 벤처기업을 운영하시는 사촌형님의 배려로 조직 문화를 체험할 수 있는 소중한 기회를 가질 수 있었습니다. 비록 제가 했던 일은 문서 작성, 홈페이지 관리 등 고난도의 기술을 요하는 일은 아니었지만, 군대조직에서 배운 것들과는 또 다른 사기업 문화를 배울 수 있었기에 보람 있는 시간이었습니다.
	♣ 전공 무관의 다양한 아르바이트 전단지 배포, 막일, 과외, 서빙 등 용돈과 학비를 벌기 위해 다양한 아르바이트를 하였습니다. 서빙을 통해 사람들을 원만하게 대하는 방식을 습득할 수 있었습니다. 아르바이트 경험 중 가장 기억에 남는 것을 꼽으라고 하면, 어학연수를 가기 위해 했던 막일과 과외입니다. 아침 5시에 기상하여 인력소로 향했고, 일을 마무리 짓고 귀가하면 시계는 어느덧 7시를 가리키고 있었습니다. 그리고 오후 8시부터 10시까지 학생을 가르치기 위하여 또 다른 일터로 향해야 했습니다. 힘든 하루 하루였지만, 스스로에게 부과한 목표를 달성하기 위해 정말로 꾸준히 하였고, 땀내음이 깃든 돈의 가치를 알았기에 필리핀으로 어학연수를 간 후에도 시간을 헛되이 보낼 수 없었습니다.

지원동기와 포부

♣ ㅇㅇcns 필리핀 법인에서 일을 하고 싶습니다.

ㅇㅇcns가 국내 대법원 등기부 전산화 사업 경험을 밑바탕으로 필리핀 부동산 등기부 전산시스템의 개발 및 분석, 설계, 감리, 컨설팅 부분에 있어서 업무를 추진하고 있고, 해외 단기매출 보다는 고객 만족을 통해 세계적인 회사로 발돋움하려는 중장기적인 목표를 가지고 있는 것으로 알고 있습니다.

당연한 말이겠지만, 고객 만족이라는 것은 단순히 IT기술뿐이 아닌, 서비스 제공자의 정성과 서비스에 대한 확실한 사후처리가 보장될 때 얻어지는 것이라고 생각합니다. 그리고 서비스 부문 역시, 서비스 받는 사람에 대한 진정한 인간적인 이해가 있을 때 그 효과가 증대될 수 있다고 생각합니다.

필리핀에서 반년 이상 생활하면서 그 누구보다도 그들과 원만하고, 깊숙한 호흡을 할 수 있었던 제가 바로 그 역할의 적임자라고 감히 자부합니다. 저는 대한민국의 그 누구보다도 그들을 잘 알고 있습니다. 필리핀이라는 나라는 아직 경제적으로 낙후되어 있고, 우리나라와는 달리 많은 부분이 전산화되지 못한 곳입니다.

그곳의 자동차 산업은 현대차와 도요타를 비롯한 여타 외국 회사들이 지배하고 있고, 쇼핑몰, 백화점 관련 사업은 중국계 기업들이 장악하고 있습니다. 하지만 필리핀 정부전산망 등 전산시스템과 관련된 부분만큼은 한국기업, 그 중에서도 ㅇㅇcns가 주도적인 역할을 하였으면 하고, 그 선봉장에 제가 서고 싶습니다.

반드시 그렇게 하고 싶고, 또한 그렇게 할 수 있습니다.

ㅇㅇcns의 발전에 저의 열정과 패기, 경험이 분명히 보탬이 될 수 있을 거라 확신합니다!

* 이 글은 최웅 외 4인, 『이공계 글쓰기』(북스힐, 2005)에서 발췌 · 윤문한 것임.

소 속		학 번		성 명	
제출일		평 가			

[문제 1] **아래 자기소개서를 인사담당자의 입장에서 읽고 장단점을 찾아 평가해보시오. 또한 항목별로 어떤 점들이 문제인가를 밝혀보고, 이를 좀 더 나은 자기소개서가 되도록 고쳐보시오.**

[예문 1]

자기소개서

안녕하십니까?

제 고향은 전남 해남군이며, 부모님께서는 농사를 지으셨고, 3남 중 막내로 태어났습니다.

제가 초등학교 6학년 때 광주광역시로 이사를 왔으며, 초등학교 중학교 고등학교를 모두 광주광역시에서 마쳤습니다.

아버지는 직장을 다니시다가 다시 농사일을 조금 시작하셨고, 형님과 누님 모두에게 물심양면으로 많은 도움을 받고 자랐습니다.

성격은 내성적인 면이 많아 조금씩 고치려고 노력 중입니다. 앞장서서 일을 하기도 하고. 2학년 2학기 때에는 총학생회장에 뽑혔고, 동아리에서 회장도 맡았습니다. 학생회장을 하면서 책임감의 중요성을 많이 배웠습니다.

저에게 맡겨진 일은 이제껏 초중고 개근상을 받아서 어떤 일이라도 성실히 최선을 다해야 한다는 것을 배웠습니다.

귀사는 세계 최대의 종합유통기업으로 진입하기 위한 경영 이념과 능력 위주의 인사, 복리후생제도, 고임금, 쾌적한 근무 조건 등, 이러한 점들이 제가 최대한 능력을 발휘할 수 있을 것이라는 믿음 때문에 지원하게 되었습니다.

입사 후에는 매장에서 근무하고 싶습니다. 또한 매장에서의 모든 업무를 충실히 수행하기 위해 경험을 쌓은 뒤, 기술과 경험을 이용하여 관리직에서 일하고 싶습니다.

그리고 외국어를 잘하며 컴퓨터도 잘 다룹니다.

위의 내용은 틀림없는 사실입니다.

200 년 월 일

홍 길 동 (인)

[예문 2]

경찰로서의 나

저는 2004년 전남대학교에 입학하여 임학을 전공하였습니다. 산림학을 전공한 저로서는 임업직 공무원이 되고자 했었지만 어릴 적부터 꼭 되고 싶었던 꿈은 국가를 위해 봉사할 수 있는 공무원이었습니다. 그래서 고등학교 때 군인이 되기 위해 해군사관학교에 지원하기도 했었고, 대학교에 와서는 ROTC가 되려고 했지만 주위의 반대로 이루지 못했습니다.

그래서 저는 국정원을 가기로 결심하고 열심히 노력하여 전 학기 총 평점 B^+와 영어 그리고 외국 문화를 공부했습니다. 거기에 컴퓨터 관련 자격증 2개와 스쿠버 자격증, 스카이다이빙 자격증 등을 가지고 있습니다.

2006년에는 제 자신을 시험하는 계기로 해병대에 지원, 입대했고 그 중에서도 수색대에 지원하여 나름대로 보람 있는 군 생활을 마쳤습니다. 그리고 부대 대표 태권도 선수 생활도 약 5개월을 할 정도로 운동 신경에 있어서는 자신 있습니다.

학교생활에 있어서는 소모임 대표와 동기들의 친목 모임 회장을 맡아 대인 관계도 좋은 편입니다. 겉모습은 냉정하고 딱딱해 보이지만 저를 아는 사람들은 저에게 많은 정과 신뢰감을 느낀다고 합니다. 이러한 저의 원활한 성격은 어느 사회 집단에서나 잘 적응할 수 있게 해줍니다.

이러한 경험들로 아직까지 경험하지 못한 것들에 대한 막연한 환상은 금물이란 것도 잘 알고 있습니다. 국정원이 어떤 일을 하고 정보 요원으로서 가져야 할 자세가 무엇인지 관련 글들과 카페 활동 그리고 지인에 의해 충분히 알고 있습니다. "정보는 국력이다."라는 국정원의 대표 표어에 걸맞은 정보 엘리트 요원이 되고 싶습니다. 저에게 국가를 위해 봉사하고 싶다는 꿈을 이룰 수 있는 기회를 주시기 바랍니다.

소 속		학 번		성 명	
제출일		평 가			

[문제 2] **자신이 일하고 싶은 기관이나 회사의 자기소개서 양식을 찾아서, 자신을 가장 잘 드러낼 수 있는 주제를 정하고, 각 항목별로 쓸 내용의 개요를 작성한 다음 자기소개서를 작성해 보시오.**

절
취
선

3. 발표문

- 발표의 중요성
- 발표문 작성 순서
- 발표문 작성할 때 유의할 사항
- 발표할 때 유의 사항

가... 발표의 중요성

현대는 자기표현의 시대라고 한다. 학교에서 자신의 연구, 실험, 실습, 조사 등에 다른 결과를 발표해야 할 경우가 많아졌으며, 사회에서도 업무에 따른 제안서 제출 과정에서 발표가 거의 필수적이다. 이때 다른 사람에게 효과적으로 전달하는 것이 매우 중요한데, 이를 위한 가장 필수적이고 효과적인 수단의 하나가 구두 발표이다. 최근에는 학술회의나 연구 결과 보고회 등에서 직접 발표할 기회가 많아지면서 발표문의 중요성이 강조되고 있다.

나... 발표문 작성 순서

발표문을 작성하기 위해서는 철저한 계획과 치밀한 자료 준비가 필요하다. 발표는 제한된 시간 내에, 알리고자 하는 내용의 핵심만을 효과적으로 전달해야 하기 때문이다.

1. 발표 계획과 준비
2. 발표문 작성
3. 슬라이드(화면) 제작

(1) 발표 계획과 준비 : 발표 목적 · 청중 · 장소 · 매체 파악

우선 무슨 목적으로 발표를 하는지, 어떤 내용을 누구에게 발표할 것이지, 어디에서 발표할 것인지 등을 분명하게 파악해야 한다. 또한 발표 장소에서 사용할 수 있는 적절한 매체를 알아두는 것이 좋다. 발표 매체로는 OHP나 빔 프로젝터(Beam Projector) 등을 사용하며 최근에는 파워포인트(Powerpoint)와 같은 소프트웨어를 많이 이용한다.

(2) 발표문 작성

주제와 제목 정하기 → 개요 작성하기 → 본문 작성하기

① 주제와 제목 정하기

② 개요 작성하기

③ 발표문 작성하기

(3) 발표문 작성하기

♣ 발표문의 구성

제목과 발표자 소개 → 차례 → 본문 → 마무리

❶ 제목과 발표자 소개

첫 장면에서는 발표 제목과 발표자에 대한 소개가 이루어진다. 첫 장의 위쪽 중앙에 제목을 적고, 제목 아래에 발표자의 이름과 소속을 적는다.

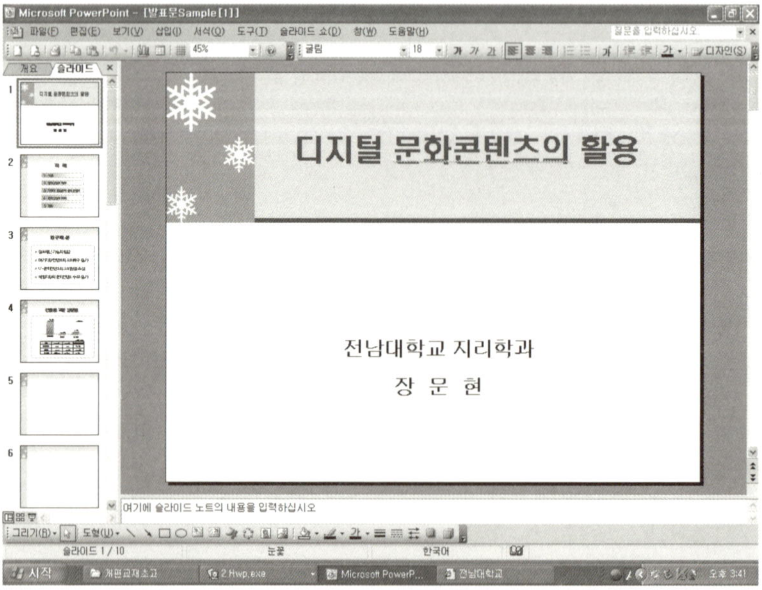

❷ 차례

발표문의 순서를 명료하고 간략하게 적는다.

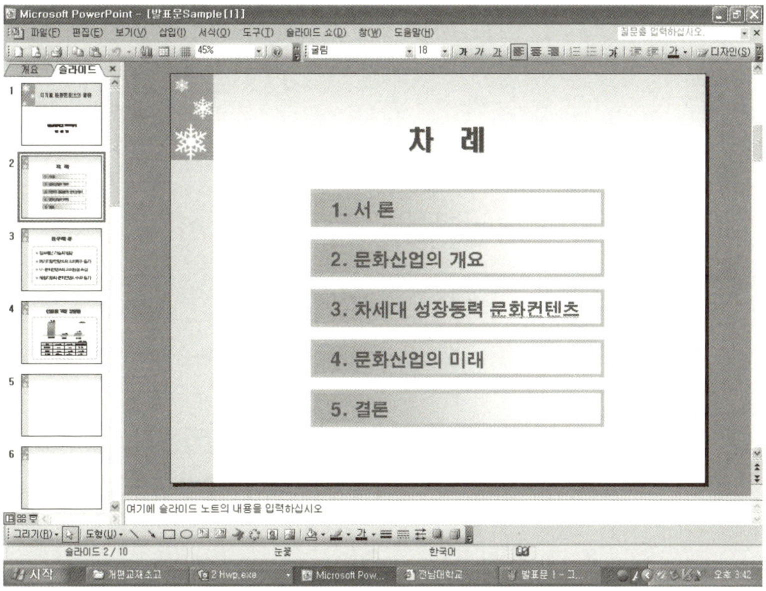

❸ 본문

- 본문은 핵심 단어를 사용해 요점만 간결하게 적는다. 불필요하거나 중요하지 않은 부분이 길어지면 듣는 사람이 지루해 하고 시간 배분도 어려워진다.
- 본문의 배경이나 글자색 등을 단순하게 처리한다. 배경은 단순하고 깨끗한 이미지를 주는 것으로 선택하고, 글자색 또한 배경을 고려하되 가급적 단순한 것으로 선택한다.
- 글자 크기와 글자체는 눈에 쉽게 들어오도록 한다. 글자가 너무 작거나 글자체가 너무 화려해도 전달효과가 떨어진다.
- 표나 그림은 알기 쉽게 표현한다. 표나 그림이 들어갈 경우 쉽게 이해될 수 있도록 단순하게 표현한다.
- 여유 있는 발표를 위해 장면 수가 너무 많지 않도록 한다. 장면 수가 너무 많으면 산만하기 쉽고, 시간에 쫓길 가능성이 많다. 10장 내외가 적당하다.

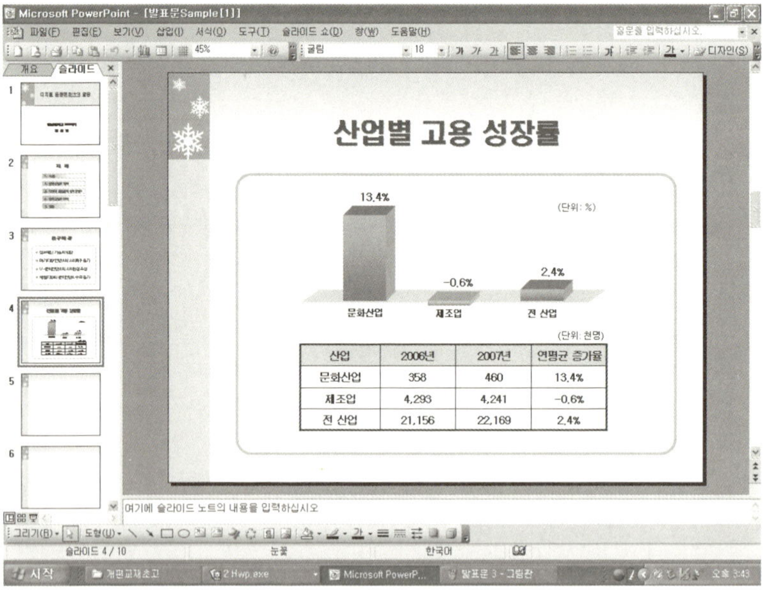

④ 마무리

지금까지 발표한 내용을 핵심적으로 요약하거나, 연구 결과의 기대 효과 등을 간략하게 제시한다.

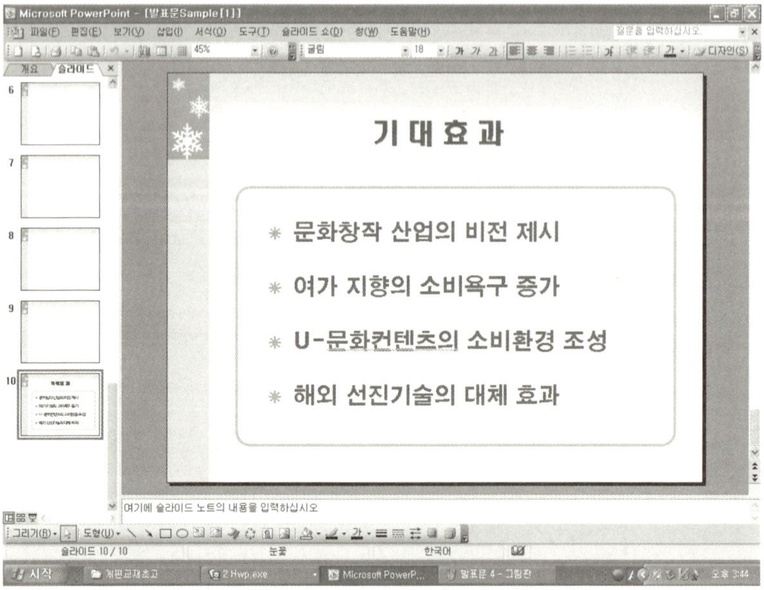

다... 발표문 작성할 때 유의할 사항

성공적인 발표는 철저한 자료 준비에서 시작된다. 특히 파워포인트를 이용할 경우 거기에 맞는 자료를 적절히 준비해야 효과적인 발표를 할 수 있다. 발표문에서 가장 중요한 것은 내용이고, 기타 사항들은 내용을 잘 전달하는 데 도움을 주어야 한다. 파워포인트로 발표문을 작성할 때 주의할 사항은 다음과 같다.

(1) 발표할 핵심 내용을 정한다.

모든 내용을 다 설명할 수 없기 때문에 연구의 중요성이나 기존 연구와의 차이점, 결과, 기대효과 등을 중심으로 핵심 내용을 선별한다.

(2) 핵심 단어를 사용해 요점만 적는다.

말로 발표할 내용을 그대로 쓰지 말고 압축해서 적는다. 완전한 문장보다는 표제 형태로 간결하게 표현한다.

(3) 한 장면에 너무 많은 내용이 들어가지 않도록 한다.

한 장면에 가능한 한 하나의 주제만을 다뤄야 집중력이 강해진다. 분량은 한 장면에 7줄 내외가 적당하다.

(4) 시각 자료를 효율적으로 이용한다.

보는 사람을 고려하여 배경색이나 글씨체, 글자 크기 등을 고려한다. 배경색에서 중요한 것은 색상의 대비로, 빨강, 초록, 갈색 조합은 읽기가 힘들다. 색은 3가지 이상 사용하지 않으며, 색의 조합이 너무 화려한 것도 좋지 않다. 글자 크기는 제목을 비롯하여 최대 36포인트, 최소 18포인트 정도 사이에서 사용하되, 기본적인 크기로는 24포인트 정도가 무난하다. 글자체는 단순한 고딕체가 효과적이다. 필요한 경우에는 표나 도표를 이용해 이해를 돕도록 한다.

라... 발표할 때 유의 사항

작성된 발표문을 구두로 발표하는 것도 중요하다. 발표문을 글로 쓰는 것과 그것을 구두로 발표하는 것은 많은 차이가 있으므로 좋은 발표를 위해서는 여러 가지 준비가 더 필요하다. 발표할 때 주의해야 할 몇 가지 사항은 다음과 같다.

(1) 발표의 방향과 순서를 분명하게 제시한다.

목차를 이용해 듣는 사람이 발표의 방향과 순서를 분명히 알 수 있게 한다.

(2) 발표는 간결하고 명쾌해야 한다.

일반적으로 발표 시간은 20분 정도이므로 한 장면 당 1-2분을 넘지 않도록 한다. 주장과 결론이 분명해야 하고, 전체적인 구성이 간단하면서도 논리 정연해야 한다. 또한 명확한 표현과 알기 쉬운 용어를 사용해야 한다.

(3) 발표는 신뢰감을 주어야 한다.

발표 내용은 물론 발표하는 태도에서도 진지하고 성실한 자세로 임해야 한다.

(4) 발표는 듣는 사람을 고려해야 한다.

듣는 사람의 수준과 관심 사항을 사전에 조사해서 듣는 사람이 지루하지 않도록 배려해야 한다.

(5) 중요한 사항은 여러 수단을 통해 강조한다.

밑줄, 글자크기, 글자체, 색이나 특수 효과를 효과적으로 사용하면 내용 전달이 수월해진다. 그러나 이런 기능들로 인해 내용 자체보다 다른 것에 주의를 빼앗기지 않도록 유의하여 활용한다.

(6) 가상 발표를 통해 점검한다.

좋은 발표를 위해 연습은 필수적이다. 연습을 할 때는 먼저 원고 초안을 소리 내어 읽어보는 것이 필요하다. 다음으로 시각 자료를 활용하고 표현 방법과 시간에 신경 쓰면서 실제와 유사하게 연습한다. 이러한 가상 발표를 여러 차례 하면서 발표할 자료의 양과 시간, 발표 태도, 예상 질문과 답변 등 발표에 대비한 여러 상황을 점검하고 보완해야 한다.

소 속		학 번		성 명	
제출일		평 가			

[문제 1]

1) 자기가 소속된 동아리나 자신을 소개하는 글을 발표문으로 작성하시오.

2) 자신이 이번 학기에 제출해야 할 리포트(연구보고서, 실험보고서, 조사보고서, 제안서 등)의 내용에 대한 개요를 작성하고, 발표문으로 만드시오.

절 취 선

CHAPTER 제 11 장

학술적 글쓰기 1

- 연구보고서(인문 · 사회과학)
- 연구보고서(자연과학)
- 실험보고서
- 조사보고서

제11장

학술적 글쓰기 1

1. 연구보고서(인문 · 사회과학)

- 보고서 작성 순서
- 보고서의 구성
- 우수보고서 사례
- 보고서 작성할 때 유의해야 할 기술적 사항들

보고서는 일정한 주제에 관하여 조사, 연구, 실험 관찰을 하여 그 사실을 보고하는 글이다. 대학에서 요구하는 보고서는 그 성격상 크게 실험보고서, 조사보고서 그리고 요약정리 보고서와 연구보고서로 나누어질 수 있다. 연구보고서는 이공계 분야인가 인문사회계 분야인가에 따라 약간의 차이가 있다. 여기에서는 인문사회 분야의 연구보고서 작성과 관련된 기본적 사항을 제시할 것이다.

연구보고서는 학술적 논문이 축소된 내용과 형태를 갖추는 것이 바람직하다. 대부분의 논문은 전문적 주제에 관해 특정한 이론이나 견해를 담고 있으며, 기술 방식에서 보편적 설득력을 가져야 하기 때문에 논증적 글쓰기 방식을 선택한다. 마찬가지로 연구보고서는 보고자의 결론적 주장을 가장 선명하게 제시할 수 있는 방식으로 작성해야 한다.

학생들의 연구보고서는 대부분 기존 이론이나 견해들의 핵심적 논점을 정리하는 수준에서 작성된다. 그러나 연구보고서가 단순한 요약 수준의 글을 넘어서기 위해서는 그 이론들의 장점과 단점을 대비적으로 제시하고, 그에 대한 자신의 입장을 밝히는 정도의 노력은 반드시 필요하다.

가... 보고서 작성 순서

주제 선택 → 제목 정하기 → 관련 자료의 수집 및 정리 → 개요 작성 → 초고 작성 → 검토 · 수정

(1) 주제 선택

특정하게 지정된 주제를 다루는 경우가 아니라면 연구보고서의 주제는 보고자 자신의 지적 훈련의 정도, 자료 수집 가능성, 작성의 수월성 등을 고려해서 결정해야 한다. 특히 포괄적인 주제가 제시되었을 경우에는 보고자의 관심사나 성향에 따라 논의의 소재와 폭을 적절하게 결정하는 일이 중요하다.

(2) 제목 정하기

• 보고서의 제목이 지나치게 광범위한 것은 좋지 않다.

「70년대 한국 학생운동의 정치적 특성에 관한 고찰」
→ 「70년대 한국 학생운동의 급진주의적 성향」

「괴테의 〈파우스트〉에 대한 연구」
→ 「괴테의 〈파우스트〉에 나타난 인간의 구원 문제」

「조선 중기의 신분제도」
→ 「조선 중기 양반의 사회적 지위 변동」

(3) 관련 자료 수집 및 정리

•보고서와 관련된 참고 자료를 수집하여 통독한다.
•관련 부분을 상세히 읽고, 필요한 부분은 기록하여 정리해둔다.

(4) 개요 작성

•정리한 자료를 내용별로 분류한다.
•분류한 자료를 토대로 보고서의 개요를 작성한다.

(5) 초고 작성

•작성한 개요에 따라 필요한 자료를 제시하여 보고서의 초고를 쓴다.
•자신의 견해를 밝혀 가며 논지를 체계적으로 전개한다.

(6) 검토 및 수정

•전체적인 글의 구성과 내용을 검토한다.
•단락, 문장, 단어 차원에서 글을 다듬는다.

나... 보고서의 구성

표지 - 차례 - 본문(서론 · 본론 · 결론) - 참고문헌

(1) 표지

표지에는 보고서 제목, 과목명, 담당교수명, 제출자 소속 학과, 학번, 성명, 제출일 등을 기입한다. 표지에는 불필요한 문양, 장식 등을 피하고 관련 사항만 기입하는 것이 좋다.

[예시]

〈연구보고서〉

한국 문화 이중성의 사회·문화적 구조와 그 극복

과 목 명: 논리와 비판적 사고
담당교수: ○○○
학　　과: ○○대학 ○○학과
학　　번: 200○○○○
성　　명: ○○○
제 출 일: 200 년 월 일

(2) 차례

차례는 전체 보고서의 내용을 한눈에 알아볼 수 있도록 체계적 표시를 하는 부분이다. 차례는 전체의 내용 전개를 알려줄 뿐만 아니라 보고서 내용을 전체적으로 파악하는 데 도움이 된다.

연구보고서의 형식적 구조는 대부분 서론, 본론, 결론의 구조를 유지하며, 본론을 세부 절로 나누어 내용을 나타낼 수도 있다. 다음과 같은 차례로 「한국문화 이중성의 사회·문화적 구조와 그 극복」이라는 제목의 보고서를 작성한다고 가정할 때, 여기에서 1절이 '서론'에 해당되며, 2~4절이 '본론'을 이루고, 5절이 '결론'에 해당된다.

[예시]

〈연구보고서〉

차 례

(3) 서론

서론은 보고서의 구조와 내용에 대한 간략한 요약이다. 서론에서는 ① 연구 주제와 목적, ② 내용과 방법, ③ 예상되는 결론이 포함되어야 하며, 이를 통해서 보고서의 전체적인 윤곽이 선명히 드러나야 한다. A4용지 4~5매 내외 분량의 보고서를 쓴다고 가정할 때 서론은 3~4 단락 정도면 충분할 것이다.

(4) 본론

본론에서는 모든 논의를 단일한 주제에 초점을 두고 집중시켜야 한다. 3-4개의 절로 구성된 본론에서는 결론적 주장을 뒷받침하기 위한 논거들을 제시한다. 여기에는 결론적 주장을 뒷받침하기 위한 다양한 사실들과 그것들을 근거로 한 주장들이 제시된다. 결론적 주장을 뒷받침하는 데 도움이 되지 못하는 사실들을 제시하는 것은 글의 전체적 흐름을 가로막거나 분산시키는 결과를 낳게 된다. (이 부분은 앞서 다루었던 제7장 「설명적 글쓰기」와 제8장 「논증적 글쓰기」의 내용을 참조.)

(5) 결론

결론에서는 본론에서 논의한 내용을 요약하고, 이를 바탕으로 도출된 주장을 제시한다. 이 때 본론의 내용이 함축하지 않은 비약된 주장이 제시되지 않도록 유의해야 한다. 그리고 이 결론에 의거하여 해당 연구의 주요 결과나 미해결의 문제를 제시하거나, 앞으로의 연구에 대한 제언이나 전망 및 시사점을 언급할 수도 있다.

[참고문헌]

일반적으로 저자명, 제목, 출판지, 출판사, 연도를 기입한다. 참고문헌 형식은 이 책의 제12장 「학술적 글쓰기 2」의 '참고문헌' 편에서 자세히 다루어진다.

다... 우수보고서 사례

다음에 제시한 두 개의 사례는 우수한 평가를 받았던 보고서의 차례와 머리말 부분이다. 학생들에게 제시된 주제는 「한국인(문화)의 이중성에 관하여」였다. 지면 관계상 본문은 여기에서 제시하지 않으며, 차례와 서론에 대한 평가를 통해서 보고서의 구조에 관해서만 언급한다.

[사례 1]

차 례

1. 머리말
2. 한국인의 이중성
   1) 두 얼굴을 가진 성
   2) 외국인에 대한 이중성
   3) 일상생활에 나타난 한국인의 이중성
3. 한국인의 이중성 극복 방법
   1) 도덕주의의 극복
   2) 사회 참여
   3) 개인을 존중하는 사회
4. 결론

한국인의 이중성

1. 머리말

한국 식당에서 아이가 식탁 위에 올라가고 뛰어다니는 것은 쉽게 볼 수 있는 장면이다. 누가 지적이라도 하면 아이 부모는 아이 기죽인다고 상관하지 말라고 한다. 또한 길거리에서 담배꽁초나 침을 아무데나 뱉지만 집에 가면 쓰레기통에 잘 싸서 버린다. 낮에는 성현처럼 혼전 동거한 여자를 비난하지만, 밤에는 모텔, 유흥업소를 찾아간다. 일본에게 위안부 사건에 대해 보상하라고 악을 쓰지만 베트남에서 한국인에게 희생당한 베트남인은 돌아보지도 않는다. 지난 과거에 한국인이 독일에 가서 일한 것을 자랑스럽게 말하지만 한국의 외국 노동자는 쓰레기처럼 쳐다본다.

한국 사회의 이중성은 일상생활에서부터 사회경제면까지 곳곳에 뿌리박혀 있다. 사적인 영역과 공적인 영역에서 하는 말과 행동이 다른 한국인이 일관되게 사회를 산다는 것은 어렵게 보인다. 이러한 이중성은 어디에서 오는 것일까? 이 보고서에서는 한국인의 이중성 모습과 그 원인을 생각해보고 이에 대한 대안을 살펴보겠다.

사례 1의 평가

[좋은 점]

- 제시된 '머리말'은 두 개의 문단을 사용해서 자신의 보고서의 전체적 윤곽을 간략하게 잘 제시하고 있다.
- 공적 영역/사적 영역 구분이라는 일반적 논제를 통해서 문제의 원천을 적절히 드러내고 있다.
- 글의 첫머리에 익숙한 현상들을 구체적으로 제시함으로써 독자의 관심을 이끌어내고 있다.
- 전체적으로 우수한 보고서의 한 사례다.

[개선할 점]

- 과제로 제시되었던 포괄적 주제를 그대로 보고서의 제목으로 사용하고 있다. 보고서의 실질적 기술 내용에 부합하는 좀더 구체적인 제목을 정했더라면 더 좋았을 것이다.
- 첫머리에 너무나 잡다한 일상적 사례들을 제시하는 데 불필요하게 많은 지면을 할애하고 있어서 논의의 방향을 분산시키고 있다는 단점이 있다. 첫 번째 제시된 아이의 사례가 이중성이라는 주제와의 관련성이 약하다.
- 2절에서 단일한 주제로 통합되기 어려운 작은 항목들을 열거하고 있다. 이것은 실질적인 논의의 폭을 구체적으로 설정하지 못하고 있다는 것을 말해 준다. 이것은 학생들의 보고서에서 가장 흔히 발견되는 문제점이다.
- 끝 부분의 "~을 살펴보겠다"라는 표현 대신에 그 연구 결과가 보여 주는 구체적 내용을 한 문장 정도로 요약해 제시하는 것이 좋을 것이다. 예를 들면 "그 원인이 대부분 우리의 역사적 조건들에 있다는 것을 알 수 있었으며, 그것을 극복하기 위해서는 사회적 노력과 함께 제도적 노력이 필요하다는 것을 밝혔다." 등과 같은 구체적 내용을 제시하는 것이 좋다.

[사례 2]

한국사회의 이중성을 파헤침

차 례

---

1. 머리말

한국사회에 살면서 막연하게나마 우리 사회에 이중적인 부분이 존재한다는 생각은 했으나 막상 '한국사회의 이중성'이라는 논제를 접하고 막연함 때문에 많은 고민을 했다. 이중성은 우리 사회의 각 분야에 걸쳐 다양한 형태로 산재해 있을 뿐만 아니라 그 이중성의 원인이 실타래처럼 얽혀 있어서 그것을 구체화하기도 어려웠기 때문이다.

어느 사회에서나 이중성은 있다. 그리고 그것이 인간 보편의 것인가 아니면 한국 사회에서 유독 강하게 나타나는 것인가를 구별할 필요가 있다. 이에 이 글에서는 한국사회에 강하게 나타나는 몇 가지 문화적 코드를 통해 그 이중성을 살펴보되 다음과 같은 개념의 대비 — 도덕주의와 실리주의, 대가족주의와 민주주의, 사대주의와 민족주의, 형식주의와 자유주의 — 를 통해 한국사회의 이중성을 부각시켜 보겠고, 기타 입신출세 경향, 그리고 우리의 언어 습관을 중심으로 나타나는 이중성도 살펴보았다.

❙ 사례 2의 평가 ❙

[좋은 점]

- ❑ 대립적인 개념들을 적절하게 대비시킴으로써 이중성이라는 문제의 특성을 효과적으로 부각시키고 있다.
- ❑ 문제를 나름대로 재해석함으로써 쟁점을 이끌어 내는 능력이 있다.
  → "어느 사회에서나 이중성은 있다. 그리고 그것이 인간 보편의 것인가 아니면 한국 사회에서 유독 강하게 나타나는 것인가를 구별할 필요가 있다."
- ❑ 전체적으로 집중적인 자료 조사가 돋보이는 보고서다.

[개선할 점]

- ❑ 전체적인 서술은 서론의 목적에 부합하지만 첫 문장에서처럼 1인칭 시점을 사용하는 것은 보고서에 다소 부적절한 표현 방식이다.
- ❑ 학생들의 보고서에서 가능한 한 많은 것을 열거하려는 태도를 흔히 볼 수 있다. 이 보고서도 그 한 경우다. 「차례」에서 볼 수 있는 것처럼 제시된 주제와 관련된 여러 가지 현상들이 병렬적으로 제시되고 있다. 이 경우라도 만약 다양한 사례들을 한데 묶을 수 있는 논제를 나름대로 설정할 수 있다면 매우 좋은 보고서가 될 수 있을 것이다.
- ❑ 여러 항목들이 하나의 주제로 통합되기 어렵다는 점에서 자료 조사에 소요되는 많은 노력에 비해 오히려 감점 요인이 되고 있다. 지나치게 많은 것을 다루려고 시도하기보다는 주제를 드러낼 수 있는 대표적인 문제에 집중함으로써 보고서의 질적 밀도를 유지할 수 있을 뿐만 아니라 보고서의 성격을 훨씬 더 명확하게 만들 수 있다.

라... 보고서 작성할 때 유의해야 할 기술적 사항들

□ 보고서 작성을 위해 참고 자료를 충분히 확보해야 한다. 적은 자료를 가지고 작성한 보고서는 그만큼 부실하다. 관련 자료를 통독하고 이해하여, 서로 대립되는 주장들을 검토하면서 자신만의 관점을 정립해야 한다. 다만 자료가 너무 많아 관련 자료를 늘어놓거나 베끼기만 하고 자신의 관점을 드러내지 못하면 안 된다.

□ 보고서는 전체적으로 우리말로 작성한다. 외국어로 된 인명, 전문 용어 등은 필요한 경우에 괄호 안에 원문을 제시하며, 처음 나타날 때 한 번만 제시한다.

□ 논증적 글쓰기에서 가장 중시되는 미덕은 '명료성'이다. 논증적 글쓰기는 그 내용이 독자에게 가장 명료하게 전달될 수 있는 방식으로 써야 한다. 보고서의 경우 독자가 자신의 동료들이라는 정도로 눈높이를 정하는 것이 좋다.

□ 보고서는 기본적으로 제출자의 글이다. 바꾸어 말하면 특별한 언급이 없는 한 그 글 전체는 필자의 것으로 간주된다. 따라서 전문적인 내용을 담고 있는 주장, 학설, 이론 등을 인용할 때에는 반드시 전거를 표시해서 자신의 주장과 구별해야 한다. (전거 제시 방법은 이 책의 제12장 「학술적 글쓰기 2」의 '인용'과 '각주' 편 참조.)

□ 전문적인 용어를 지나치게 사용하지 않도록 유의한다. 필요한 경우에만 전문적 용어를 사용하고 전체적인 기술은 독자의 입장에서 읽기 쉬운 글이 되도록 써 가는 것이 바람직하다.

□ 원고 마무리 단계에서 다른 사람들에게 자신의 글을 읽게 함으로써 가능한 한 다양한 측면에서 수정하는 것이 도움이 된다.

2. 연구보고서(자연과학)

- 연구보고서의 구성
- 연구보고서 작성할 때 유의할 점

자연과학 분야의 연구보고서는 자신의 연구 성과나 실험 결과 등을 다른 사람에게 알리는 글이다. 연구보고서는 경우에 따라서 후속 연구나 업무 처리, 제품 생산 등의 지침이 될 수도 있기 때문에 연구 결과를 명확하고 효율적으로 전달해야 한다.

가... 연구보고서의 구성

연구보고서는 일반 논문의 체제를 따르는데, 일반적으로 표지, 차례, 요약문, 본문, 참고문헌 순으로 구성된다. 그러나 학문 분야 또는 학회에 따라 약간의 차이는 있을 수 있다.

(1) 표지

표지에는 위쪽 중앙에 보고서 제목을 쓰고, 아래쪽에 과제명, 작성일, 작성자 인적 사항 등을 차례로 기입한다. 제목은 보고서의 내용을 압축해서 보여줄 수 있는 핵심적인 용어로 간결하게 제시한다. 제목은 피상적이거나 포괄적이기보다는 내용을 명료하고 정확히 드러낼 수 있어야 한다. 또한 "~에 관한 연구," "~에 관한 조사" 같은 진부한 표현은 가능한 한 사용하지 않는 것이 바람직하다.

(2) 요약문

요약문은 보고서의 전반적 내용을 간략하게 요약 제시한다. 특히 연구의 목적 및 중요성, 연구 방법, 연구 결과, 기대 효과 등을 압축해서 기술한다. 요약문은 독자들이 우선적으로 읽을 뿐만 아니라 이 부분만으로도 논문의 가치를 평가할 수 있기 때문에 핵심적인 부분을 명확하게 표현해야 한다. 요약문 아래에 '주제어(Key word)'를 적어 넣기도 한다.

[예시]

요약

CDMA 시스템은 이동통신 환경에서 매우 적합한 방식으로 증명이 되었지만 다중경로간섭에 취약하여 주파수 선택적 페이딩 환경에서 고속데이터 전송을 하기 어려운 단점을 가지고 있다. 이 논문에서는 차세대 이동통신 시스템에서 사용할 수 있는 하향링크 전송방법을 소개한다. 제안된 전송방법용 3세대 이동용신 시스템과 호환성을 유지하면서 수신기에서 주파수 영역 등화의 사용을 가능하게 한다.

주제어 : 주파수 영역 등화, CDMA, OFDM, EVDV. HSDPA.

(3) 차례

차례는 내용을 일목요연하게 보여준다는 점에서 중요하다. 보고서의 분량이 많다면 별도의 페이지에 차례를 제시하고, 분량이 그리 많지 않다면 본문 앞에 제시한다.

[예시]

차 례

I. 서론
II. 기존 시스템의 모델
  1. CDMA 시스템 모델
  2. OFDM 및 SC-FDF 시스템 모델
III. 제안시스템 모델
  1. 게이팅의 개념
  2. Gated-CDMA 시스템 모델
IV. 모의 실험
V. 결론
참고문헌

(4) 본문

보고서의 본문은 서론, 본론(실험), 결론(결과)로 구성되지만, 상황에 따라서 얼마든지 다양한 형식을 취할 수 있다. 본문을 작성할 때에는 내용을 장과 절로 적절하게 배분하여 논의의 균형을 맞추어야 한다.

〈서론〉

서론에서는 연구의 목적과 타당성을 제시하고, 연구 대상의 성격과 범위, 연구사, 연구 방법 등을 밝힌다. 일반적으로 서론에서 주로 다루는 문제는 다음과 같다.

- ❑ 무엇이 문제인가?
  대상 문제 기술, 관련 연구에 대한 요약을 통해 독자의 이해를 도모한다.
- ❑ 그것이 왜 중요한가?
  관련 연구들에 대한 검토를 통하여 연구의 의의, 이론적 근거 등을 제시한다.
- ❑ 제안하는 해결 방법은 무엇인가?
  연구 방법(전반적인 실험 계획이나 방법)에 대해 간략하게 기술하고, 다른 방법들과의 비교를 통해, 연구 방법의 타당성을 제시한다.

〈본론〉

여기서는 조사나 연구 등을 통해 얻은 사실이나 결과를 객관적으로 기술하면서 자신의 의견이나 주장을 담는다. 문제를 어떻게 접근하여 해결했는지, 그 과정에서 무엇을 사용했는지(사용 재료들, 설비, 소프트웨어 등), 어떤 단계를 거쳐, 어떻게 진행했는지(진행 절차를 시간 순으로 정리, 제시)에 대해 충분히 상세하게 서술하며, 연구 결과와 절차들을 명확하게 구별하여 기술한다.

〈결론〉

앞의 글을 요약하면서 문제에 대해 고찰한 결과나 의의, 또는 앞으로의 전망 등을 기술한다. 연구보고서의 결론 부분에서는 기본적으로 무엇이 관찰되었는지를 기술한다. 즉, 실험 내용과 결과 데이터들에 의해 입증된 주요 결과들을 제시한다. 이때 가능한 일반적인 표본을 선정, 재현 가능한 결과를 제시하고, 가장 전형적인 사례 또는 예외의 경우를 따로 설명하는 것이 필요하다.

(5) 참고문헌

참고문헌은 보고서를 작성하는 과정에서 도움을 받았던 자료들의 서지 사항을 밝혀 주는 부분이다. 이는 자신의 연구에 대한 전거를 입증해 줄 뿐만 아니라 관심 있는 독자가 관련 내용을 찾아볼 수 있는 안내 역할도 한다. 참고문헌 양식은 각 학술 분야마다 다소 차이가 있지만, 일반적으로 저자명, 제목, 출판지, 출판사, 연도를 기입한다. 참고문헌, 각주 그리고 인용에 대한 자세한 내용은 이 책의 제12장 「학술적 글쓰기 2」에서 자세히 다루고 있다.

나... 연구보고서 작성할 때 유의할 점

(1) 연구보고서는 독창적이어야 한다.

자연과학 분야에서의 독창성이란 내용의 독창성뿐만 아니라 이용 자료, 연구 방법 등도 독창적임을 의미한다.

(2) 연구보고서는 정확해야 한다.

내용은 물론 인용된 인명이나 수치, 참고 자료 등을 정확하게 기술해야 한다. 사소한 표기상의 실수도 논문의 신뢰성을 떨어뜨릴 수 있다.

(3) 연구보고서는 객관적이어야 한다.

객관적인 자료와 사실을 바탕으로 정확하고 적절한 논거를 제시하고, 자료의 출처를 명확히 밝힌다.

(4) 연구보고서는 재현될 수 있어야 한다.

자연과학 분야의 보고서는 다른 사람의 반복 실험이나 관찰을 통해 재현될 수 있어야 하기 때문에 내용을 명확하게 기술해야 한다.

(5) 연구보고서는 평이해야 한다.

독자를 고려해서 쉽고 간결한 문장을 사용해 주제를 효과적으로 전달한다. 가능하면 어려운 한자어나 불필요한 외국어 사용을 자제하고 능동문으로 표현한다.

3. 실험보고서

- 실험노트
- 실험보고서

실험보고서는 실험 결과를 보고하는 글이다. 자연과학 분야에서 실험보고서는 일반 논문이나 연구보고서의 바탕이 된다는 점에서 중요한 의미를 갖는다. 실험 보고서는 언제든지 반복 실험을 통해 재현될 수 있기 때문에 누구나 쉽게 알 수 있도록 일정한 형식에 따라 사실대로 명확하게 기록해야 한다.

가... 실험노트

실험보고서는 실험노트를 근거로 작성한다. 실험노트는 실험 현장에서 관찰했던 사실에 대한 기록이다. 여기에 실험 제목, 실험 일시, 실험 방법 등은 물론 실험실에서 행하는 모든 작업의 내용을 현장에서 즉시, 그리고 상세히 기재한다. 의심나거나 예상치 못한 결과 등에 대해서도 빠짐없이 기록한다. 이런 자료들은 실험보고서를 작성하거나 실험 결과를 토의할 때, 나아가 다음 연구를 위해서도 중요한 자료가 된다.

(1) 실험노트에 기록할 주요 사항

- 실험 제목
- 실험 날짜와 시간
- 실험 장소
- 실험자 또는 공동 실험자(관측자, 기입자, 측정 분담 책임자 등)
- 기상 조건(기후, 기온, 습도, 기압 등)
- 실험 원리의 개요
- 실험 방법과 장치의 설명 및 그림
- 실험 과정

- 실험 결과
- 실험 오차, 계산 과정, 소감 등

(2) 실험노트 작성할 때 유의할 사항

- 실험노트는 실험 중에 기록한 중요한 내용을 분실하지 않도록 낱장이 아니라 단단히 묶여 있는 것을 사용해야 한다.
- 실험 과정 및 결과는 실험이 끝나는 즉시, 있는 그대로 자세히 기록해야 한다.
- 실험 과정과 결과를 잘못 기록했을 때는 지우지 말고, 고쳐 쓴 것을 알아 보기 쉽게 표시해둔다. 똑같은 실수를 방지하거나 해결하는 데 도움이 되기 때문이다.
- 실험자의 이름과 실험 날짜를 기록해야 한다.
- 실험 목적을 기록해야 한다.
- 실험 결과를 계산하고 그 결과를 그림이나 표로 작성한다.
- 실험에 관한 의문점이나 문제점을 기록한다.

나... 실험보고서

실험보고서는 실험한 사실을 근거로 하여 작성하기 때문에 정해진 형식이 있는 것은 아니다. 하지만 일반적으로 표지, 실험 목적, 실험 내용, 실험 관련 이론, 실험 장치 및 방법, 실험 결과 및 고찰, 결론, 참고문헌 순으로 작성한다.

(1) 표지

표지에는 실험 제목, 과목 명, 담당교수, 실험 일자, 실험 장소, 실험 조, 작성자 인적 사항, 제출 일자 등을 기입한다.

[예시]

〈실험보고서〉

실험 제목 : 부체 진동 실험

과 목 명: 유체역학실험
담당교수: ○○○
실 험 일 : 200 . .
실 험 조 :
학 과 : ○○학과
학 번 : 200○○○○
성 명 : ○○○
제출일자: 200 . .

(2) 실험 목적

왜 실험이 필요하고 어떤 결과를 얻고자 하는지를 간단명료하게 설명한다.

[예시 1]

실험 목적 : 부력과 중력의 불균형에 따른 부체의 진동 현상에 대해 조사한다.

[예시 2]

실험 목적 : 면적을 가진 도선(여기서는 코일)이 자기장 다발의 변화를 갖도록 움직일 때 기전력이 유도된다. 이를 퍼러데이의 전자기 이끎 법칙이라고 한다. 이 실험에서 사용하는 전동기 속에는 코일이 감겨져 있는데, 이를 이용해 전자기 이끎 법칙을 확인해 본다.

(3) 실험 내용

주요 실험 내용을 항목별로 정리하여 기록한다.

(4) 실험 관련 이론

여러 참고 자료를 찾아 충분히 읽고, 실험에 관련된 이론적 배경이나 원리에 대해 설명한다. 예를 들어 「부체 진동 실험」의 경우 '정지된 부체에 대한 힘의 균형', '뉴턴의 제2법칙', '상하 진동 부체에 대한 지배 방정식' 등에 대해 설명한다.

(5) 실험 장치 및 방법

우선 실험에 필요한 실험 장치나 데이터를 얻는 데 사용할 계측 장비 등에 대해 기록한다. 간단한 그림이나 사진을 첨부할 수도 있다. 실험 방법에서는 실험 장치나 계측 장비의 조작, 데이터 분석 방법 등에 대해 설명하고, 실험의 전 과정을 체계적으로 상세히 설명한다.

[예시]

「부체 진동 실험」의 경우

사용 기기 및 재료: 수조(개요도 참조), 아크릴 봉, 쇠구슬, 줄자, 스톱워치 각 1개

실험 방법:
① 아크릴 봉의 길이만큼 수조에 물을 채운다.
② 아크릴 봉에 쇠구슬을 넣고 잠긴 깊이를 줄자로 잰다.
③ 아크릴 봉이 잠기지 않을 정도로 아래로 민 후 Stop Watch의 작동과 동시에 놓으면 아크릴 봉이 상하 반복 운동을 한다.
④ 반복 운동이 충분히 인식될 때까지 시간을 잰 후 반복 횟수로 나누어 평균 주기를 계산하고 이론치와 비교한다.
⑤ 쇠구슬을 좀 더 넣거나 빼서 잠긴 깊이를 달리하며 실험을 한다.

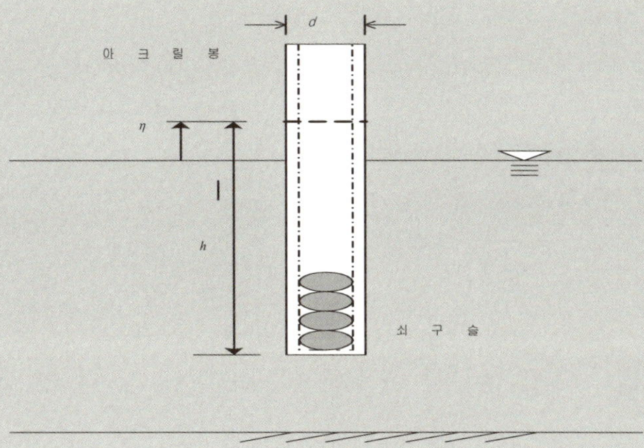

〈실험 장치 개요도〉

(6) 실험 결과 및 고찰

실험 결과를 가감 없이 있는 그대로 기록한다. 실험을 통해 얻어진 자료는 한눈에 알아볼 수 있도록 체계적으로 정리한다. 내용을 효과적으로 전달하기 위해 그림이나 표, 그래프 등을 사용할 수도 있다. 측정 결과를 나타낼 때에는 평균값과 함께 오차 범위를 표시하고, 여러 측정값으로부터 어떤 양을 환산할 때에는 오차의 전달에도 유의한다. 또한 실험 결과를 토대로 실험이 이론과 일치하는지 여부에 대해 기술하고, 일치하지 않을 경우 그 원인에 대해 분석 고찰한 내용을 기술한다.

(7) 결론

실험 내용에 대해 압축해서 설명하고, 실험 결과에서 알아낸 중요한 사실을 제시한다. 많은 사람들이 실험 제목과 결론 부분을 가장 먼저 읽는 경향이 있으므로 결론 부분만 읽어도 보고서의 중요한 내용을 모두 알 수 있도록 세심하게 작성한다. 경우에 따라서는 보고서 작성을 위해 도움을 받은 사람을 밝히고 감사를 표하기도 한다.

(8) 참고문헌

실험보고서를 작성하면서 참고한 문헌을 기록한다. 참고문헌 표기는 일반 논문의 양식을 따른다.

> ☞ **실험 데이터를 수정하거나 조작해서는 안 되는 이유**
>
> 보고서의 작성 과정에서 예상했던 결과가 나오지 않을 경우 데이터를 수정하거나 조작해서는 안 된다. 과학은 단지 정답을 찾는 것이 아니며, 실험에서 원하는 답을 얻을 수 없다 할지라도 다른 실험에 사용될 수 있는 아이디어를 찾을 수도 있기 때문이다. 중요한 것은 실험 결과를 사실대로 기록하고, 결과를 얻은 이유에 대해 물리적으로 합당하게 설명 할 수 있도록 노력하면 된다. 또한 같은 조건과 동일한 방법으로 실험을 수행했을 경우에 동일한 실험 결과를 얻는 것이 매우 중요하다.

♣ **참고** : 담당교수나 과목에 따라서는 다음과 같이 '실험 결과 보고서' 양식이 미리 제시되기도 한다.

[예시]

<table>
<tr><td colspan="2" rowspan="2">실 험 명</td><td colspan="3" rowspan="2">부체 진동 실험</td><td>실험 번호</td><td></td></tr>
<tr><td>실험 일시</td><td></td></tr>
<tr><td>실험조</td><td></td><td rowspan="2">역할</td><td colspan="4" rowspan="2"></td></tr>
<tr><td>참여자</td><td></td></tr>
<tr><td colspan="2" rowspan="5">관 측</td><td colspan="2">쇠구슬 수</td><td></td><td></td><td></td></tr>
<tr><td colspan="2">잠긴 깊이</td><td></td><td></td><td></td></tr>
<tr><td colspan="2">진동 시간</td><td></td><td></td><td></td></tr>
<tr><td colspan="2">진동 횟수</td><td></td><td></td><td></td></tr>
<tr><td colspan="2">평균 주기
(진동시간
/진동횟수)</td><td></td><td></td><td></td></tr>
<tr><td colspan="2" rowspan="2">계 산</td><td colspan="2">각주파수
(식 3.8)</td><td></td><td></td><td></td></tr>
<tr><td colspan="2">진동 주기
(식 3.9)</td><td></td><td></td><td></td></tr>
<tr><td colspan="2">결 론</td><td colspan="5"></td></tr>
</table>

* 이상의 실험보고서 관련 자료는 서울대학교 물리학부 실험실의 '실험보고서 작성 요령'과 성균관대 토목환경공학과 '유체역학 실험보고서'를 참조함.

4. 조사보고서

- 작성 과정
- 조사보고서 작성할 때 유의할 사항
- 조사보고서의 구성
- 조사보고서의 예문

조사보고서는 특정한 목적에 따라 일정한 주제에 대하여 조사하고, 그 결과를 보고하는 글이다. 조사보고서의 주목적은 실태나 사실을 정확하게 전달하는 데 있다. 효율적인 조사를 수행하기 위해서는 조사에 앞서 조사의 목적을 명확하게 설정하고 이에 필요한 자료를 충분히 검토한 다음 구체적인 조사 대상과 방법을 결정해야 한다. 이때 전체적인 조사 과정의 개요를 작성해보는 것이 바람직하다. 그러므로 조사보고서를 서술할 때는 사실을 객관적으로 전달하고 가급적 주관적인 요소를 배제해야 하며, 누구나 쉽게 이해할 수 있도록 간결하면서도 명확하게 써야 한다.

가... 작성 과정

① **조사 문제 정립 :** 조사에서 취급하고자 하는 주제, 조사 목적, 조사의 필요성 및 중요성과 이론적 의의 등을 이론적으로 정립한다.

② **가설 구성 :** 자료 분석이 가능한 가설을 구성한다. 선정된 문제가 일반적이거나 추상적이면 조사하기가 어렵다.

③ **자료 수집 설계 :** 자료 수집 방법, 가설 평가를 위한 구조, 계획 및 전략, 자료 분석 방법, 조사 대상 선정 등에 대한 계획을 세운다.

④ **자료 수집 :** 관찰, 면접, 설문조사 등의 방법을 사용한다.

⑤ **자료 분석 :** 자료의 편집, 코팅, 표 만들기 방법을 사용하여 분석한다.

⑥ **보고서 작성 :** 조사 결과를 일정한 형식에 따라 기술한다.

나... 조사보고서 작성할 때 유의할 사항

- 주제를 정확하게 파악하도록 한다.
- 대상에 대한 철저한 사전 조사를 통하여 보고서 작성에 대해 미리 충분히 구상한다.
- 내용의 요점이 명확하게 드러나도록 작성한다.
- 정확하고 분명한 문장을 사용한다.
- 간결한 문장과 직설적 표현을 사용한다.
- 육하원칙에 따라 작성하고, 조사 목적, 기간, 대상, 방법 등 중요한 사항이 빠지지 않도록 한다.
- 주제와 관련된 참고 자료를 충분히 찾아보고, 주제에 대한 다양한 견해를 비교하여 제시한다.
- 문제점을 지적하고 적극적으로 제안한다.
- 도표, 사진, 삽화 등 다양한 참고 자료를 첨부하여 보고서에 생동감을 준다.
- 기한 내에 제출한다.

다... 조사보고서의 구성

조사보고서는 조사한 사실을 근거로 작성하기 때문에 정해진 형식이 있는 것은 아니다. 그러나 일반적인 조사보고서는 표지, 조사 배경 및 목적, 조사 대상, 조사 방법, 조사 내용, 조사 결과, 결론의 순으로 구성된다. 조사에 활용된 설문지, 조사 내용을 도표화한 결과표, 참고 자료 등은 조사 내용을 설명하는 데 필요한 경우를 제외하고는 별첨하는 것이 바람직하다. 일반적으로 조사 배경과 목적 그리고 조사 대상과 방법에 대한 서술이 서론에 해당된다면 조사 내용과 결과는 본론에 해당된다.

(1) 표지

표지에는 조사 명, 과목 명, 담당교수, 조사 일자, 작성자 인적 사항, 제출일 등을 쓴다.

[예시]

〈조사보고서〉

인터넷 이용 형태 조사

과 목 명: 매스컴과 현대사회
담당교수: ○○○
조사일자: 200 년 월 일
학 과: ○○대학 ○○학과
학 번: 200○○○○
성 명: ○○○
제 출 일: 200 년 월 일

(2) 조사 배경 및 목적

보고서 작성자는 보고서를 읽는 사람이 보고서의 의도와 목적을 정확하게 파악할 수 있도록 써야 한다. 이를 위해 조사를 하게 된 배경과 조사의 필요성을 기술하고 어떤 결과를 얻고자 하는지를 간단하고 명료하게 설명하는 것이 좋다. 조사 주제와 관련된 상식적인 내용을 장황하게 설명하는 것은 피해야 한다.

[예시]

이 조사의 목적은 인터넷 사용이 급증하고 있는 사회 현상을 정확히 파악하기 위해 인터넷 이용 형태의 특성을 알아보는 것이다. 인터넷 이용 형태 조사는 인터넷 사용 환경의 개선 및 인터넷 인프라 확산의 귀중한 자료가 될 뿐만 아니라, 정치, 경제, 사회, 문화 전반에 걸친 인터넷에 관한 기초 자료로서의 의미가 크다.

(3) 조사 대상 및 방법

조사 대상과 방법을 구체적으로 기록하는 것은 내용을 정확하게 전달하는 데 중요한 역할을 한다. 먼저 사람들을 대상으로 조사보고서를 작성할 경우는 직업, 성별, 나이 등 조사 대상자의 특성을 자세하게 서술해야 하고, 일정 지역을 조사 대상으로 조사보고서를 작성할 경우는 자연·인문 지리적 환경과 정보를 알기 쉽게 정리하는 것이 좋다. 다음으로 데이터를 얻는 데 사용한 방법이나 자료 수집 방법에 대해서도 구체적으로 기록해야 한다. 조사 방법은 전화조사, 설문조사, 참여관찰 조사, 현지답사, 면담 조사, 문헌 조사 이외에도 다양한 방법이 있다.

[예시]

- 조사 대상 : 가구 내 상주하고 있는 만 6세 이상 가구원
- 응답자수 : 300명
- 조사 대상자 특성 :
  - 전체 응답자 300명 중에서 남자는 200명, 여자는 100명
  - 전체 응답자 중에서 15세 미만은 26명, 15~20세는 71명, 21~25세는 80명, 26~30 세는 73명, 31~35세 25명, 36~40세 13명, 41~45세 6명, 46~50세 5명, 50세 이상 1명.
- 조사 방법 : 전화 조사 및 면접 조사

(4) 조사 내용

조사한 주요 내용을 항목별로 정리하여 기록한다.

[예시]

- 인터넷을 사용하는 목적 : 정보자료 검색, 메일 사용, 쇼핑 예약, 채팅, 게임/오락, 금융 조회/거래, 학습, 인터넷 폰, 기타
- 주로 사용하는 웹 브라우저 : Netscape Navigator, Internet Explorer, 기타
- 이용업체 및 기관 : ISP업체 계정 서비스, PC통신 ID부가 서비스, 회사 혹은 학교 계정서비스
- 사용 환경(사용속도) : 모뎀, 전용선(co-lan포함), T1, T3
- 사용 기간 : 6개월 미만, 6개월~1년, 1~2년, 2~3년, 3년 이상
- 이용 빈도 : 하루에 5시간 이상, 1~5시간, 하루에 조금, 일주일에 한번, 한 달에 한 번
- 사용하는 장소 : 회사, 가정, 학교, 기타
- 사용하는 시간대 : 오전, 오후, 야간, 심야

(5) 조사 결과

내용의 항목에 따라 조사에서 밝혀진 중요한 사실들을 제시한다. 그런 다음 조사를 통해 파악된 특이성을 구체적으로 언급한다. 이 때 응답자의 특성(예를 들어 성별, 연령별, 학력별, 소득별)에 따라 조사 결과가 어떻게 다른 지도 기술해야 한다. 답사 보고의 경우는 지역별·시대별 차이와 관련된 사항을 기술할 필요가 있다. 보고서의 성격에 따라 조사 결과를 한눈에 알아볼 수 있도록 그래프나 도표로 작성하여 제시하는 것이 바람직하다.

[예시]

① 인터넷을 이용하는 주목적은 '자료 정보 검색'이 49.0%로 가장 많았으며, 다음으로 '게임/오락'(25.7%), '메일 사용'(13.5%)의 순인 것으로 나타났다.

② 〈2001. 6〉 대비 단순 자료 정보 검색의 비중은 감소한 반면, '게임/오락'의 비중이 증가했는데, 이는 최근 초등학생의 인터넷 이용이 급증했기 때문인 것으로 보인다.

〈도표 1〉 인터넷 주 이용 목적

(%, 인터넷 이용자)

내용 / 년월	정보 자료 검색	메일 사용	쇼핑 /예약	채팅	게임 /오락	금융조회 /거래	학습	인터넷폰	기타
2001. 6	62.9	13.5	1.6	1.8	15.2	1.4	3.4	0.0	2.4
2001. 6	49.0	13.5	2.3	1.8	25.7	1.4	2.7	0.0	3.5

(6) 결론

보고서의 첫 부분에서 명시한 조사 목적에 부합하게 조사 결과를 서술한다. 보고서의 목적에 따라 문제점이나 개선점 혹은 향후 방향을 제시하거나 조사의 의의 또는 조사 후 소감을 기술할 수도 있다.

[예시]

인터넷 이용 형태에 대한 본 조사의 결과에 따르면, 인터넷은 이용자들에게 TV 매체에서 느끼는 오락성과 친밀감을 제공한다. 인터넷은 여기에 정보전달 매체로서의 역할까지 추가함으로써 일반적인 매체로 자리매김할 전망이다.

라... ▌조사보고서의 예문 ▌

여성할당제 대한 대학생의 의식 조사

❶ 조사 배경 및 목적

최근 우리 사회 각 부문에 여성할당제 도입이 활발하게 이루어지고 있다. 한국사회의 성 분리 및 성 차별은 과거부터 사회 곳곳에 뿌리깊이 박혀 있는 구조적 현상으로, 시장 기능만을 통해서는 해결되기 어렵다는 인식이 확산되고 있기 때문이다. 그럼에도 불구하고 남성에 대한 '역차별'이라는 비판 때문에 각 조직마다 할당제를 도입하는 데 적지 않은 진통을 겪어왔다. 이 보고서의 목적은 실제적으로 취업을 앞두고 있는 대학생들을 대상으로 여성할당제에 대한 의식을 조사하는 데 있다. …후략…

❷ 조사 대상 및 방법

- **대상 :** 4학년에 재학 중인 대학생 500명을 대상으로 설문지를 배포하였고, 최종적으로 425부를 수거하였다. 성별 비율을 보면 남성이 42.1%, 여성이 57.9%를 차지하고 있다. 학과별 분포는 인문대 18%, 사회과학대 22%, 자연대 16%, 공과대 21%, 예술대 17%, 기타 9%이다.
- **방법 :** 취업을 고려하고 있는 대상자를 선정, 각 학과에 설문지를 배포한 후 자기기입식 질문지법에 의해 조사를 실시하였다.
- **분석 :** 수집된 자료는 분석은 각 문항에 대한 백분율을 계산한 다음, 각 문항에 대해 변수별로 분석을 하여 제표를 만들었다.
- **조사 일정**

2005년 3월 중순 : 계획서 및 설문지 작성

2005년 3월 26일 : 조원들 회의, 설문지 검토

2005년 3월 말 : 설문지 수정, 인쇄

2005년 4월 1일~4월 3일 : 설문조사 실시, 설문지 수거

2005년 4월 4일~4월 10일 : 설문 분석

2005년 4월 11일~4월 20일 : 보고서 작성

❸ 조사 내용

여성할당제 도입 시기 및 구체적 방안을 제시하기 위한 기초 자료로 활용하기 위한 본 조사에서는 조사 방향의 정립을 위하여 선행연구에서 논의된 이론 및 연구 결과를 다각도로 검토, 다음과 같은 조사 내용을 설정하였다.

- ❑ 여성할당제 도입에 대한 의견
- ❑ 여성할당제 도입 시기
- ❑ 여성할당제 비율
- ❑ 여성할당제 우선 실시 부문에 대한 의견

❹ 조사 결과

❑ 여성할당제에 대한 인지도

여성할당제란 여성에 대한 차별을 없애기 위한 법적·정치적 수단으로서 여성참여의 몫이 일정한 비율에 이를 때까지 임용이나 배치에 있어 여성을 우선적으로 고려, 할당하는 조치를 뜻한다. 이에 대한 응답자의 인식 정도를 살펴보기 위해 "이 설문지를 접하기 이전에 여성할당제에 대해 알고 있었는지" 질문한 결과, '있다는 정도만 들었다'가 51.6%, '잘 알고 있었다' 24.0%, '모르고 있었다'가 23.9%로 나타나 여성할당제에 관해 깊이 이해하고 있는 정도는 낮은 것으로 조사됐다.…중략…

❑ 여성할당제 실시에 대한 의견

여성들의 지위 향상과 권익 신장을 위해 여성할당제를 실시하는 데 대해서는 전체 응답자의 87.1%가 찬성한다고 답해 여성할당제 실시에 대해 긍정적인 의견을 갖고 있는 비율이 압도적으로 높았다. 찬성 비율을 성별로 보면 여성이 93.4%로 남성의 78.5%보다 높았다.

〈그림 2〉 여성할당제에 대한 의견

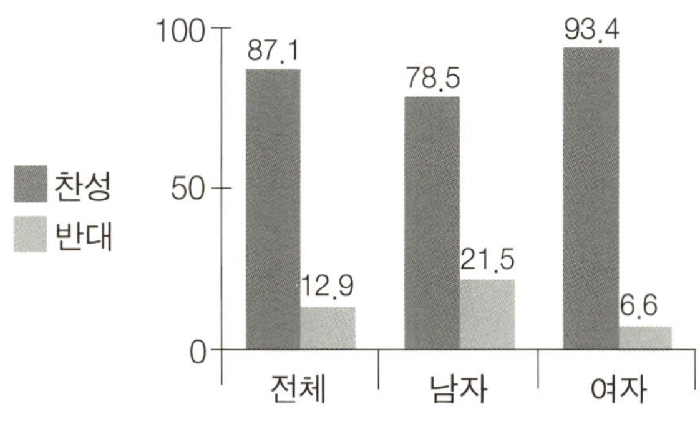

…중략…

❺ 결론

이 조사에서 나타난 바와 같이 취업을 앞둔 대학생들의 87% 이상의 응답자가 여성할당제 실시를 찬성하고 있다는 사실은 할당제의 시행에 매우 긍정적인 시사점을 던져준다. …후략…

* 한국노총, 『여성간부 현황 및 여성할당제 의식조사보고서』(2003)에서 발췌한 것임.

CHAPTER 제 12 장

학술적 글쓰기 2

- 인문 · 사회과학 분야
- 자연과학 분야

제12장 학술적 글쓰기 2

학술적 글쓰기에는 각종 보고서, 전문적인 학술 논문, 학위 논문 등 여러 가지 종류가 포함된다. 형식과 내용은 조금씩 다르더라도 이들 모두가 일반적으로 갖춰야 할 기본 요소들이 있다. 인용과 각주, 참고문헌의 표기법들이 여기에 해당한다. 이들을 표기하는 방법은 각기 다르지만 공통적인 원칙은 '정확한 전거(典據) 제시' 및 '일관성 있는 형식 유지'라는 조건을 충족시키는 것이다. 이 장에서는 크게 인문·사회과학 분야와 자연과학 분야로 나누어 이들 표기법의 일반적 원칙을 소개한다.

1. 인문·사회과학 분야

인문·사회과학 분야의 일반적인 인용, 각주, 참고문헌 표기법은 학문의 분과나 전통에 따라 차이가 있다. 아래에서 제시하는 예들은 영어권의 인문학 분야에서 가장 흔히 사용하는 『시카고 편람』(*The Chicago Manual of Style*)을 기준으로 삼아 빈번하게 사용되는 사항들을 선별한 것이며, 국내 자료의 표기 방식 또한 이 기준과 유사한 방식으로 재정리한 것이다.

가... ❙ 인용 ❙

학술적인 글에서는 자신의 주장을 옹호하거나 혹은 다른 사람의 주장을 비판하기 위해 다른 사람의 주장을 빌어다 쓰는 경우가 많다. 이때 '인용'(citation)의 기법이 사용된다. 인용은 필자의 논지를 세우거나 보완할 목적으로 다른 사람의 주장을 부분적, 전체적으로 빌려오는 것이다. 여기에는 크게 직접 인용과 간접 인용, 그리고 재인용이 있다. 세 가지 종류의 인용에 상관없이 가장 중요한 것은 어떤 경우든 전거를 명확하게 표시함으로써 필자의 주장과 타인의 주장을 명확하게 구별해야 한다는 것이다. 지나치게 많은 인용은 필자의 주장을 약화시키며, 부적절한 인용은 필자의 주장을 흐리게 하기 때문에 피해야 한다. 특히 직접 인용의 경우는 원저자의 주장을 필자가 더 이상 적절하게 재정리하거나 표현할 수 없다고 판단할 때에 한정해서 사용하는 것이 바람직하다.

(1) 직접 인용

본문 중에 삽입되는 직접 인용의 기본 원칙은 두 가지이다. 첫째, 큰따옴표(" ")를 사용한다. 둘째, 별도의 인용 단락을 사용한다. 직접 인용의 경우 예외적인 필요가 아니면 반드시 원문을 그대로 옮겨 써야 한다. 원문이 오자, 탈자, 맞춤법, 문법 등 명백한 오류를 포함하고 있거나 현재의 필자의 문맥에 맞게 변경 또는 수정할 필요가 있을 때는 필자가 수정 또는 변경한 부분을 [ ]로 묶어 표시한다. 이 때 그에 따른 부가적 설명이 필요할 경우에는 각주를 달아 표시해야 한다.

짧은 직접 인용의 예시

함무라비 법전의 '눈에는 눈, 이에는 이'라는 원칙은 도덕적 회계의 관점에서 "(도덕적 피해를) 주는 만큼 갚는다"는 정의의 일반적 원칙을 표방한다. 공자가 부모의 3년상을 1년상으로 단축하자는 재아(宰我)의 주장에 대해 "자식이 태어나서 3년이 지난 뒤에야 부모의 품을 벗어나게 된다. 3년상은 온천하의 공통된 상(喪)이니, 재여(宰予)는 3년의 사랑이 그 부모(父母)에게 있었는가?"라고 비판했을 때에도 동일한 관점을 표방하고 있다.[1] 즉 갓난아이 시절 받았던 3년의 양육은 부모의 죽음 이후에 자녀가 치르는 3년상과 정확하게 대응을 이룬다. 함무라비 법전과 공자의 태도 사이에 있는 차이는 전자는 부정형이고 후자는 긍정형이라는 차이일 뿐 기본적인 사유 패턴은 동일하다.

1) "子曰…子生三年然後 免於父母之懷 夫三年之喪 天下之通喪也 予也有三年之愛於 其父母乎" 주희, 성백효 역주, 『논어집주』(서울: 전통문화연구회, 1991), 357쪽.

☞ 긴 인용(대체로 3~4 문장 이상)의 경우에는 본문과 분리된 인용 단락을 사용하는 것이 좋다. 이 때 인용 부분은 1) 본문과 위, 아래 각각 한 줄씩 여백을 두고, 2) 본문의 활자보다 작은 활자(대개 각주와 같은 크기)를 사용하고, 3) 단락 전체도 왼쪽에 2칸 정도의 여백을 주는 것이 보통이다. 이때는 따옴표가 필요 없다.

☞ 인용 중의 일부를 생략하는 경우는 "……"(말줄임표)으로 표시한다.

긴 직접 인용의 예시

…… 그러한 물음들을 제시함으로써 보여 주었다. 『논고』에서 경계선은 발견되는 것이지만 『탐구』에서 경계선은 그어지는 것이다.

그러나 그것들은 또한 게임의 일부일 수 있으며 선수들이 경계선[형이상학적 게임?]을 점프해서 넘는 것이라고 가정할 수도 있다. …… 혹은 그것은 어떤 사람의 소유지가 끝나고 다른 사람의 소유지가 시작되는 곳 [이를테면 과학, 형이상학, 종교의 경계선] 따위임을 보여 주는 것일 수도 있다.[43)]

중요하기도 하고 또 자주 오해되기도 하는 이 문구는 비트겐슈타인의 후기 철학을 해명하는 데 도움을 준다.
비트겐슈타인의 이러한 주장은 언어의 의미가 우리의 목적에 맞게 결정되고 또 사용된다는 그의 실용주의적 언어관을 드러낸다. 그래서 그는 "새로운 언어 놀이라고 말할 수 있는 것이 생기고 다른 것들은 낡은 것이 되어 잊혀진다"(『탐구』 : 23)고 말한다.

---

43) Ludwig Wittgenstein, *Philosophical Investigations*, trans. G. E. M. Anscombe, 2nd ed. (Oxford: Basil Blackwell, 1958), § 499. 이하 이 책은 『탐구』로 약(略)하며 인용 쪽수를 본문에 표시함.

☞ 위의 예는 K. T. 판, 『비트겐슈타인의 철학이란 무엇인가?』, 황경식 · 이운형 역 (서울: 서광사, 1989)의 일부인데, 인용문의 [ ] 표시는 비트겐슈타인의 『탐구』의 인용 부분의 일부를 임의로 수정한 것이라는 것을 알 수 있다.

(2) 간접 인용

간접 인용은 원문을 직접 인용하지 않고 그 내용을 요약 또는 변경해서 인용하는 것이다. 이 경우 인용에 해당되는 부분의 끝에 각주를 달아 전거를 밝혀야 한다.

간접 인용의 예시

로티는 듀이나 제임스에 의해 전개된 실용주의가 분석철학의 쇄도로 중도에 좌절된 것으로 보고, 이를 재건함으로써 자신의 철학적 기조로 삼고자 한다. 이러한 맥락에서 로티는 논리 경험주의를 넘어서려는 일련의 철학적 시도들을 '실용주의에의 복귀'로 간주한다.[1)] 그러나 듀이적 실용주의의 적극적 계승이라는 자신의 언명에도 불구하고 로티가 보이는 모호한 철학적 태도는 과연 그가 실제로 듀이의 실용주의를 받아들이는가 하는 강한 의문을 불러일으킨다.

1) Richard Rorty, *Consequences of Pragmatism: Essays 1972-1980* (Minneapolis: University of Minnesota Press, 1982), pp. xvii-xx1 참조.

(3) 재인용

원전에서 직접 인용하지 않고 다른 글에서 재인용할 경우에는 반드시 읽는 사람이 재인용이라는 것을 알 수 있도록 각주에 '재인용'이라고 표기해야 한다. 또 원전을 직접 확인할 수 없는 예외적인 경우가 아니라면 재인용은 하지 않는 것이 좋다. 학술적 글쓰기를 하는 사람이 직접 원전을 참조하지 않고 다른 연구자의 인용에만 의존한다는 것은 학문적 불성실성을 의미할 수도 있기 때문이다. 모든 인용은 저자 자신이 직접 원전을 확인하고 인용하는 것을 원칙으로 삼는 것이 좋다.

재인용의 예시

27) G. E. M. Anscombe, *An Introduction to Wittgenstein's Tractatus* (London: Hutchinson, 1959), p. 34. 엄정식 편역, 『비트겐슈타인과 분석철학』 (서울: 서광사, 1983), 76쪽 재인용.
28) Justus Hartnack, *Wittgenstein and Modern Philosophy*, p. 49. 엄정식, 『비트겐슈타인과 분석철학』, 49쪽 재인용.

나… | 각주 |

각주는 인용된 부분의 전거를 표시하는 '참조주'와 본문에 쓰기에 적절하지 않은 부가적 내용이나 설명을 위해 사용하는 '내용주'가 있다. 참조주는 주로 서지사항과 관련된 내용을 정확하게 기록해야 한다. 서지사항에는 일반적으로 저자, 인용 문헌, 출판지, 출판사, 출판연도, 그리고 인용한 구체적인 쪽수 등이 포함된다. 내용주는 서지사항을 쓰지 않고, 본문이 결여하고 있는 내용을 추가로 설명하는 경우에 흔히 사용한다.

본문 해당 쪽의 하단에 배치하는 것을 '각주'(脚註, footnote), 본문의 끝 부분에 한데 모아 배치하는 것을 '미주'(尾註, endnote)라고 부른다. 각주나 미주는 대개 본문의 활자보다 작은 활자를 사용하여 제시한다. 이 경우 인용한 문헌이 단행본 저술인가 논문인가 번역본인가에 따라 약간씩 차이가 있다.

인문·사회과학 분야의 학술적 글에서는 참조주와 각주를 주로 사용한다. 물론 학문 영역에 따라 내용주를 사용하는 분야나 미주를 사용하는 경우가 없는 것도 아니다.

(1) 참조주의 표기

(가) 단행본에서의 인용

1) 윤사순, 『퇴계철학의 연구』 (서울: 고려대 출판부, 1993), 68쪽.
2) 이종열, 『비유와 인지』 (서울: 한국문화사, 2003), 107-108쪽 참조.
3) 기정진, 「猥筆」, 『蘆沙先生文集』 권12, 한국역대문집총간 vol. 286 (서울: 경인문화사, 1988), 322쪽.

(나) 논문에서의 인용

1) 이명현, 「언어, 사유와 존재」, 한국분석철학회 편, 『관념론과 실재론』 (서울: 철학과 현실사, 1993), 394쪽 참조.
2) 정대현, 「그런 사실은 없다: 사실 문장의 의미 규칙 규범성을 위한 모색」, 『철학적 분석』, 제10호 (2004 겨울), 21쪽.
3) 정경길, 「비트겐슈타인의 그림 의미론에 관한 연구」 (전북대학교 대학원 석사학위 논문, 1992), 23-25쪽.
4) 이명현, 「언어, 사유와 존재」, 395쪽.

(다) 번역서에서의 인용

1) L. 비트겐슈타인, 『논리 철학 논고』, 이영철 역 (서울:천지, 1991), 서문.
2) 솔 크립키, 『이름과 필연』, 정대현・김영주 역 (서울:서광사, 1986), p. 3.

☞ 한편 인용한 문헌의 저자가 여러 명일 경우가 있다. 이 경우에는 일반적으로 다음과 같은 표기법을 따른다.

1) George Lakoff and Mark Johnson, *Metaphors We Live By* (Chicago: University of Chicago Press, 1980), pp. 25-26.

2) Herbert Feigl and May Brodbeck, eds., *Readings in the Philosophy of Science* (New York: Appleton, Century, Croft, 1953), p. 145.

3) Herbert Feigl, et al., eds., *Minnesota Studies in the Philosophy of Science*, vol. 2 (Minneapolis: University of Minnesota Press, 1958), pp. 41-48.

4) 한정선 · 안드레아스 호이어, 『현대와 후기 현대의 철학적 논쟁』 (서울: 서광사, 1991), 47쪽.

5) 이정우, 「탈근대라는 맥락에서의 형이상학의 부활」, 김호기 외, 『지식의 최전선』 (서울: 한길사, 2002), 479쪽. (* 이 책은 52명의 공동 집필로 이루어진 책이다. 저자가 3인 이상인 경우 대표 저자를 표시한다.)

6) 한국철학사상연구회 편, 『문화와 철학』 (서울: 동녘, 1999), 32쪽. (* 저자가 3인 이상이지만 대표 저자가 없는 경우에는 편자를 표시한다.)

(2) 내용주의 표기

내용주는 본문에서 저자가 나올 경우 저자의 이름 옆에 (　　)를 치고 그 속에 저술의 출판연도와 인용한 쪽수를 기입하는 표기법과 병행한다. 이 경우 인용한 문헌의 서지사항은 각주에 표기하지 않고, 참고문헌에 표기하는 경우가 대부분이다. 이 때문에 '내용주'는 인용문헌의 종류에 상관없이 동일하다.

내용주의 예시

첫째, 순수 정신으로부터 도출되는 순수 추상적 개념들은 존재하지 않는다.[1] 그렇다면 우리가 일반적으로 추상적인 개념이라고 간주하는 이성, 정신, 사랑, 정의, 도덕 등의 개념들의 기원은 어디에 있는가? 레이코프와 존슨(2002:13)은 이 개념들의 기원이 몸을 중심으로 하는 신체화된 경험에 기반을 둔다고 가정한다.

1) 이런 입장은 조광제(2003: 114)의 다음과 같은 주장을 통해서도 나타난다. "순수 정신은 순수 몸에 비해 근원적인 존재가 아닙니다. 순수 몸이 더 근원적인 존재입니다. 순수 정신은 결국 있을 수 없습니다. 왜냐하면 근원적인 존재가 아니기에 그 자체로 순수하게 또는 자기가 아닌 다른 것을 요구하지 않는 절대적인 존재일 수 없기 때문입니다. 몸이야 말로 근원적인 존재입니다."

☞ 각주를 표기할 때 유의할 점

각주 표기를 하다보면 같은 문헌에서 인용을 하는 경우가 종종 발생한다. 이 경우 각주 표기

방식은 약간씩 차이를 보인다. 아래에서는 영문 표기, 한자식 표기, 그리고 최근에 사용하는 우리말 표기의 사례를 들었다. 앞에서도 말했지만 정확한 전거와 일관성만 유지된다면 어떤 표기를 사용하든지 학술적으로 문제는 없다.

- 영문 표기의 경우 Ibid.(라틴어 ibidem의 약어로서 '같은 자리에서'라는 뜻)라고 표기한다. 다만, 인용하는 쪽수가 다를 경우 쪽수를 'p. 27'라고 표기한다.
  예) Ibid. / Ibid, p. 27.
- 상게서(上揭書: '바로 위에서 거론한 책'이라는 뜻이다)라고 표기한다. 역시 인용하는 쪽수가 다를 경우 쪽수를 '면'으로 표기한다.
  예) 상게서. / 상게서, 39면.
- 원칙적으로는 같은 책이라고 표기한다. 다만, 같은 쪽에서 인용할 경우에는 '같은 곳'이라고만 표기하고, 인용하는 쪽이 다를 경우에는 '같은 책, 00쪽.'이라고 표기한다.
  예) 같은 곳. / 같은 책, 49쪽.

다... 참고문헌

참고문헌의 표기 방법 역시 각 학문 영역에 따라 조금씩 차이가 있다. 그러나 대부분의 학문 영역에 걸쳐 공통된 원칙은 다음과 같다.

- 참고문헌의 항목 표기는 〈참고문헌〉이라고 표기하는 것이 일반적이다.
- 참고문헌 목록은 논문의 끝(미주를 사용할 경우는 미주 다음)에 배치한다.
- 참고문헌 목록에는 본문에 인용되었거나 언급된 자료만을 수록한다.
- 국내서, 동양서, 서양서의 순서로 구분하여 배치한다. (예시 참조)
- 동양어일 경우 단행본은 겹낫표(『 』)로 표시하고, 논문은 외낫표(「 」)로 표시한다.
- 서양어일 경우 단행본은 이탤릭체(예: *The Linguistic Turn*)를 사용하며, 논문은 큰따옴표(" ")로 표시한다. 영문의 경우 책 제목과 논문 제목의 첫 글자 및 주요 단어는 대문자로 표기한다.
- 우리말은 가나다순으로 배치하고 서양어는 알파벳순으로 배치한다. 이 때 일련 번호 등은 필요하지 않다. 영문일 경우 각주에서와는 달리 저자명의 성(姓)을 먼저 쓰고 쉼표를 찍은 다음 이름을 배치한다. (예: Kim, Jaegwon / Rorty, Richard)
- 동일한 저자의 책이 여러 권일 때에는 연대순으로 배열하고, 두 번째부터는 저자명 대신 밑줄을 사용한다.
- 저자명, 제목, 출판지, 출판사, 연도 등 기입 항목은 각주와 동일하지만 참고문헌 목록에서는 각 사항

다음에 쉼표 대신 마침표를 찍는다. (예시 참조)

- 전거 표시를 위해 출판 자료를 확인할 때는 '1판'(1st edition), '2판', '수정판'(revised edition) 등을 표시하고 발행연도도 그 판에 따라 표시한다. '1쇄'(1st impression 또는 2nd printing), '2쇄' 등의 구별은 무시한다.
- 한 항목이 두 줄 이상이 될 때에는 두 번째 줄부터는 들여 쓴다.

참고문헌의 예시

〈참고문헌〉

레이코프, G. · M. 존슨. 『삶으로서의 은유』. 노양진 · 나익주 역. 서울: 서광사, 1995.

비트겐슈타인, L. 『논리 철학 논고』. 이영철 역. 수정판. 서울: 천지, 1994.

비트겐슈타인, L. 『철학적 탐구』. 이영철 역. 서울: 서광사, 1994.

이명현. 「언어, 사유와 존재」. 한국분석철학회 편. 『관념론과 실재론』. 서울: 철학과 현실사, 1993.

정대현. 『심성내용의 신체성 : 언어 신체성으로 마음도 보인다』. 서울: 아카넷, 2001.

판, K. T. 『비트겐슈타인의 철학이란 무엇인가?』. 황경식 · 이운형 역. 서울: 서광사, 1989.

Bernstein, Richard. *Beyond Objectivism and Relativism: Science, Hermeneutics, and Praxis.* Philadelphia: University of Pennsylvania Press, 1983.

Johnson, Mark. *The Body in the Mind: The Bodily Basis of Meaning, Imagination, and Reason.* Chicago: University of Chicago Press, 1987.

Lakoff, George. *Women, Fire, and Dangerous Things: What Categories Reveal about the Mind.* Chicago: University of Chicago Press, 1987.

Winter, Steven. "Transcendental Nonsense, Metaphoric Reasoning and the Cognitive Stakes for Law." *University of Pennsylvania Law Review*, vol. 137, no. 4 (1989): 1105- 1237.

☞ 인용과 각주에 관한 상세한 사항은 임인재, 『논문 작성법 : 인문 · 사회편』 (서울: 서울대학교 출판부, 1993) 참조.

자연과학 분야의 논문에서 인용은 각주의 형태로 표시되는데, '내각주(內脚註)'와 '외각주(外脚註)'로 구분된다. 내각주는 본문 내용 안에서 인용문헌의 출처를 직접 밝히는 방식으로, 각주란이 따로 필요 없고 간편하기 때문에 최근 들어 많이 사용되고 있다. 외각주는 본문의 인용 부분에는 주번호만 달고 본문 밑에 별도로 각주를 다는 방식이다. 자연과학 분야 논문에서는 이 두 가지가 모두 사용된다. 여기서도 역시 일관성이 중요하다.

가... 인용

(1) 인용번호만 표기하는 경우

자연과학 분야의 논문에서는 주로 간접 인용을 하고, 인용한 부분에 [1], [2] 등과 같이 인용 순서에 따라 일련번호를 붙인다. 그리고 인용 문헌에 대한 자세한 정보는 각주에 적는 것이 아니라 참고문헌 목록에서 인용한 순서대로 적는 것이 일반적이다. 본문 중의 인용 번호는 대괄호(또는 괄호)를 그대로 사용하거나 인용 내용 우측 상단에 '위첨자([ ])'로 표기한다. 문헌의 인용 내용을 저자명과 함께 표기하는 경우가 많은데, 저자명은 한국인이든 외국인이든 원문에 쓰인 그대로 '성(姓)'만 표기한다.

참고문헌은 본문에서 인용한 문헌을 인용 번호 순서대로 일련번호를 붙이고 해당 문헌의 서지사항을 기재한다. 물론 중복해서 나올 때는 한번만 쓴다. 이때 언어에 따른 배열이나 가나다순 및 알파벳순도 무시된다. 저자명은 동양인의 경우 저서에 기록된 대로 적는 반면, 서양인의 경우 이름은 첫 자만 기록하고 성은 그대로 다 적는다. 일반적으로 서양어 단행본이나 학술지명은 이텔릭체로 적는다. 학술지명은 흔히 축약형으로 표기한다. 예를 들어 *Physical Review*는 Phys. Rev.라 쓰며, *Chemical Review*는 Chem. Rev.와 같이 쓰는 것이 관용화되어 있다.

참고문헌의 항목은 문헌의 종류에 따라 다르다.

(가) 일반 논문일 경우

인용 번호, 저자명, 논문 제목, 학술지명, 권호수, 인용한 쪽, 출판연도.

(1) 이길동, 김동길, "전자통신 발전에 관한 연구", 한국정보과학회논문지 제 35권 D편, 제3호, 56-62쪽, 1998년 3월. (2) 박길동, 최전남, "전기통신 발전에 관한 연구", 한국정보과학회논문지, 24(6), June, 1997. (3) A. John, R. Peter, "Electric Communication Development", Communications of the ACM, 40, pp. 71-79, May 1997.

(나) 학술회의 발표 논문일 경우

인용 번호, 저자명, 논문 제목, 학술지명, 인용한 쪽, 개최 장소, 국가, 연월.

(5) W. G. Jeon and Y. S. Cho, "An equalization technique for OFDM and MC-CDMA in a multipath fading channels", in Proc. of IEEE Conf. on Acoustics, Speech and Signal Processing, pp. 2529-2532, Munich, Germany, May, 1997.

(다) 단행본일 경우

인용 번호, 저자명, 도서명, 편자나 역자명, 판차, 출판사명, 인용한 쪽, 출판연도.

(6) 홍길동, 광통신 발전에 관한 연구, 한국출판사, pp. 11-21, 2004. (7) D. Kortenkamp, R. Bonasso and R. Murphy, *Artificial Intelligence and Mobile Robots*, The MIT Press, 1998.

(라) 인터넷 문헌을 참고할 경우

사이트 주소, 접속 날짜.(가능하면 맨 앞에 사이트 명을 적는 것이 좋다)

(8) 윌리엄 디토스 교수 실험실 홈페이지,
http://physics.gatech.edu/chaos/main.html(2004-12-20).
(9) 버지니아 대학 컴퓨터공학과 홈페이지,
http://www.cs.virginia.edu/oracle/index.html(2005-01-17).

위에서 살펴본 예는 일반적인 경우에 해당된다. 인용과 참고문헌 양식은 각 학술지마다 다소 차이가 있다. 다음은 몇몇 학회지의 예를 들어 실제 사용 예를 제시한 것이다.

예시: 전자공학회지

3세대 이동통신 표준인 EVDV(Evolution Data and Voice)[1]와 HSDPA(High-Speed Downlink Packet Access)[2]는 CDMA(Code Division Multiple Access)를 기반으로 고속 데이터 전송을 하기 위한 것이다.

(……)

다중경로간섭이 존재하는 환경에서 고속의 데이터를 전송하기 위한 방법으로는 무선통신에서 많이 사용되고 있는 OFDM(Orthogonal Frequency Division Multiplexing)[3]과 SC-FDE(Single-Carrier with Frequency Domain Equalization)[4] 등이 있다.

---

(1) A.C.K Soong, S.J. Oh. A.D. Damnjanovic, "Forward High-Speed Wireless Packet Data Service in IS-20001xEV-DV," IEEE communication Magazine, pp. 170-1777, August, 2003.
(2) T.E. Koldinig, F. Frederiksen, P.E. Mogensen, "Performance Aspects of WCDMA Systems with High Speed Downlink Packet Access (HSDPA)," VTC Fall, pp. 477-481, September, 2002.
(3) Z. Wang, G. B. Giannakis. "Wireless MulticarrierCommunication," IEEE Signal Processing Magazine, Vol.17, No.3, pp. 29-48, May, 2000.
(4) IEEE Std 802.11a: Wireless LAN Medium Access Control (MAC) and Physical Layer (PHY) specifications: High-speed Physical Layer in the 5 GHZ Band, September, 1999.

☞ 『전자공학회지』의 경우 참고문헌의 저자명은 '이름+성' 순으로 적고, 이름은 간략히 적는다. 연도는 마지막에 적는다.

예시: 대한기계학회지

특히 Paidoussis[(1)]는 유체를 수송하는 다양한 관에 대한 광범위한 연구를 그의 저서에 수록하였다. 반면, 진동 특성이 더욱 복잡한 유체를 수송하는 곡선관에 대한 연구는 상대적으로 미흡한 실정이다. Svetlitskii[(2)]는 유연한 호스를 굽힘 강성이 없는 현으로 가정하여 면외(out-of-plane) 진동을 연구하였고, Chen[(3,4)]은 파이프의 중심선은 인장 불가능(inextensible)하다는 가정을 사용하여 내부 유체의 유동 속도가 임계값을 초과하면 불안정 현상이 발생함을 예측하였다.

(……)

---

(1) Paidoussis, M.P., 1998, *Fluid-Structure Interactions*, Volume 1: Slender Structure and Axial Flow, Academic Press.
(2) Svetlisky, V.A., 1977, "Vibration of Tubes Conveying Fluid," *Journal of Acoustical Society of America*, Vol. 62, pp. 595-600.
(3) Chen, S.S., 1972, "Vibration and Stability of a Uniformly Curved Tube Conveying Fluid," *Journal of Acoustical Society of America*, Vol. 51, pp. 223-232.
(4) Chen, S.S., 1973, "Out-of-Plane Vibration and Stability of Curved Tube Conveying Fluid," *Journal of Applied Mechanics*, Vol. 40, pp. 362-368.
(5) Hill, J.L. and Davis, C.G., 1974, "The Effect of Initial Forces on the Hydrostatic Vibration and Stability of Planar Curved tubes," *Journal of Applied Mechanics*, Vol. 41, pp. 355-359.

☞ 『대한기계학회지』의 경우 참고문헌의 저자명은 '성+이름' 순으로 적는다. 연도는 저자명 다음에 적는다.

예시: 생명과학회지

최근의 많은 보고들에 의하면 세포의 증식, 분화, 유전자 발현, 세포사 등 세포 내 다양한 현상들이 세포 내의 reduction-oxidation (redox) state에 의해 조절되고 있음이 밝혀지고 있다 [1,5,10,11,20-26].

(……)

TRX와의 관계에서 상기한 바와 같이 Ref-1은 원래 apurinic/ apyrimidinic endonuclease activity를 나타내는[4,19] DNA 회복 효소이다. Ref-1은 ubiquitous한 핵단백질로 activator protein-1 (AP-1)의 activator로 분리되었다. Ref-1은 Fos와 Jun[28,29]에 있는 cystein 잔기를 환원함에 의해 AP-1의 DNA binding activity를 활성화시킨다.

참고문헌

1. Bae, S. K., M H. Bae, M. Y. Ahn, M. J. Son, Y. M. Lee, M.K. Bae, O. H. Lee, B. C. Park, and K. W. Kim. 1969. Egr-lmediates transcriptional activation of IGF-II gene in response to hypoxia. Cancer Res. **59(23)**, 5989-5994.
2. Carrero, P., K. Okamoto, P. Coumailleau, S. O'Brien, H. Tanaka, and L. Poellinger. 2000. Redox-regulated recruitment of the transcriptional coactivators CREB-binding protein and SRC-l to hypoxia-inducible factor 1alpha. Mol. Cell. Biol. **20(1)**, 402-415.
3. Davis, D. W., D. A. Weidner, A. Holian, and D. J. McConkey. 2000. Nitricoxide-dependent activation of p53 suppresses bleomycin-induced apoptosis in the lung. J. Exp Med. **192(6)**, 857-870.
4. Demple. B., T. Hermann, and D. S. Chen. 1991. Cloning and expression of APE, the cDNA encoding the major human apurinic endonuclease: definition of a family of DNA repair enzymes. Proc. Natl. Aced. Sci. U.S.A. **88**, 11450-11454.
5. Finkel, T. 1998. Oxygen radicals and signaling. Curr. Opinion Cell Biol. **10**, 248-253.

☞ 『생명과학회지』의 경우 참고문헌을 알파벳(또는 가나다) 순으로 배열하고, 본문의 인용 번호를 참고문헌의 번호에 맞추어 표기하고 있다. 저자명은 '성+이름'으로 적는다. 단 저자가 여러 명일 경우에는 맨 처음 저자만 '성+이름'으로 적고, 다음 저자는 '이름+성' 순으로 적는다. 연도는 저자명 다음에 적는다. 권(호)수는 진한 글씨로 적는다.

(2) 저자명과 연도를 병기하는 경우

본문 안의 인용 부분이나 인용 자료가 들어간 문장 끝에 저자명과 연도를 함께 괄호 안에 적어 넣기도 한다. 이 경우 참고문헌 목록도 저자명 다음에 바로 연도를 적는 것이 좋고, 저자명(성)에 따라 가나다(혹은 알파벳) 순으로 배열한다. 참고문헌이 다양한 경우에는 한국 문헌, 동양 문헌, 서양 문헌 순으로 구분해서 작성한다.

예시: 한국독성학회지

예로부터 비만증은 만병의 근원이라 하였는데, 당뇨병, 고혈압, 고지혈충, 관절염, 뇌졸 충, 지방간, 심장병 풍 성인병의 원인이 된다고 밝혀져 있어서(Vague, 1954; Hue, 1990) 비만증을 하나의 증상이라고 간과하기보다는 예방과 철저한 치료가 이루어져야 하는 질병으로 여기고 있다.

(……)

이와 관련하여 최근에 열량이 적고 공복감을 없애주는 식이섬유가 비만이나 체중감소에 효과가 있다는 연구가 많이 진행되고 있다(Keim and Kies, 1979; Relser, 1987). 식이섬유는 인체의 소화 효소로 소화하기 힘든 고분자의 난소화성 성분으로 체내에서 소화관의 운동을 촉진하며. 동맥경화. 비만. 체중감소에도 효과가 있다고 보고 되어있다(Muller et al., 1981). 고지방식이를 먹인 랫드의 경우 실제로 펙틴 셀룰로오즈 섭취가 지방세포 수와 크기를 감소시키는 효과를 보였다(한정순과 한용봉, 1994). 이외에 다양한 식품 유래의 원료들과 다이어트 효과 대한 연구가 계속되고 있다. 예로 천궁의 열수 추출액(성태수 등, 1994), 누에고치(이민숙 등, 2003), 구기자(김희선 등, 1998). 고추장(이숙희 등, 2003) 등의 섭취와 체중 및 지방조직 등과의 관계 등이 있다.

참고문헌

김희선, 박영숙, 김창업 (1998): 구기자 생취에 의한 고지방식이를 하는 흰쥐의 혈중 지질 상태 변화, 한국영양학회지. 31, 263-270.

성태수. 손규목, 배만종 (1994): 천궁의 열수 추출액이 고지방식이에 의한 흰쥐의 혈장, 간 및 지방조직의 지질함량과 분변 Steroids에 마치는 영향, 한국식품영양학회지. 7, 100-107.

이민숙, 김동명, 조병남, 구성자, 주상섭, 진동규, 이성희 (2003): 누에고치 유래 실크 펩타이드와 녹차잎 및 식이섬유소 보충이 체지방 및 혈청 지질 대사에 미치는 영향에 관한 연구. *J. Korean Soc. Agric. Chem. Biotechnol.*, 46, 123-129.

이숙희, 공규리, 정근옥, 박건영 (2003): 고지방식이를 섭취한 흰 쥐에서 고추장의 체중 및 지방조직과 혈청내의 지질감소효과, 한국식품영양과학회지. 32, 882-886.

한정순, 한용봉 (1994): 고지방식이 및 식이생유가 흰쥐의 정소상체 지방조직의 지방세포에 미치는 영향. *Kor. J. Nutr.*, 27, 118-126.

Hue, G.B. (1990): Pathology of obesity. *Korean J. Nutr.*, 23, 333-336.

Keim, K. and Kies, C. (1979): Effects of dietary fiber on nutritional status of weaning mice. *Cereal Chem.*, 56, 73-78.

Muller, M.A, Cleary, M.P. and Kritchevsky, D. (1981): The effect of various types of dietary fiber on lipid storage in adipose tissue. *Fed. Proc.*, 40, 853-859.

Relser. S. (1987): Metabolic effects of dietary pectins related to human. *Health Food Technol.*, 91-99.

Vague, J. (1954): The degree of masculine differentiation of obesities: A factor determining predipositionot diabetes, atherosclerosis, gout and uric-calculous disease. *Am. J. Clin. Nutr.*, 4, 20-34.

나... | 각주 |

자연과학 분야의 논문에서는 본문의 내용을 보충하는 '내용주'보다는 대부분 인용문헌의 근거를 밝히는 '참조주'를 사용한다. 인문 · 사회과학 분야에서는 주로 '각주'를 사용하고 뒤에 참고문헌 목록을 수록하는 데 반해, 자연과학 분야에서는 '미주(또는 후주)' 형식의 주를 사용하고, 이것이 곧 참고문헌 목록이 된다. 그러나 몇몇 학회지는 예외적으로 인용과 참고문헌 양식을 인문 · 사회과학 분야의 관례대로 하는 경우도 있다. 따라서 '직접인용'이나 '내용주', '각주'를 사용한다.

예시: 대한건축학회지

이러한 결합의 행위는 경국 디테일을 생산하게 되는데 결합을 위하여, 또는 결합한 부분을 숨기기 위하여 디테일이 사용되므로 디테일을 조인트로, 그리고 텍토닉과 동격으로 이해하려는 시각도 있다.[8)]

(……)

그리고 이 조인트라는 장소에서 건축적 의미를 형성하고 전달하는 최소단위의 기호가 되는 것이 바로 디테일인 것이다.[9)]

(……)

프레스케리는 “건축 디테일은 한 문장을 구성하는 단어들과 같다. 그래서 단어들과 문체의 선택이 그 문장에 성격을 부여하는 것과 같이 건축물의 성격을 결정하는 것이 바로 디테일의 가장 중요한 역할이다”[10)]라고 말한다.

---

7) 가도 쿠니오, 건축파 사폴・발레리의 건축론, 박재삼 역, 기문당, 1988, p. 20-21.
8) 변태호, 이상진, “Tectonic과 Carlo Scaepa 건축에서의 디테일에 대한 존재론적 이해에 관한 연구-Heidegger의 실존 형이상학적 사유방식을 중심으로”, 한국건축역사학회 논문집 제29호, 2002년 3월, p. 53-54.
9) Marco Frascari, "The Tell-the-Tale Detail", Theorizing a New Agenda for Architecture, edi by Kate Nesbitt, Princeton Architectural Press, 1966, p. 512.
프레스케리는 그의 에세이의 끝부분에서 'art'의 어근을 본래 인도-유럽 어원으로 'joint'를 의미한다고 설명하며 의미 전달 과정의 장소로서 접합부(joint)의 중요성을 강조한다.
10) 앞의 책, p. 502.

참고문헌

1. 가도 쿠니오, 건축과 사폴・발레리의 건축론, 박제삼 역, 기문당, 1998.
2. 변태호, 이상진, “Tectonic과 Carlo Scaepa 건축에서의 디테일에 대한 존재론적 이해에 관한 연구-Heidegger의 실존 형이상학적 사유방식을 중심으로”, 한국건축역사학회 논문집 제29호, 2002년 3월.

(……)

7. Kenneth Frampton, Studies in Tectonic Culture, The Poetics of Construction in Nineteenth and Twentieth Century Architecture, the MIT press, 1996.
8. Marco Frascari, "The Tell-the-Tale Detail", Theorizing a Newgenda for Architecture, edi by Kate Nesbitt, Princeton Architectural Press, 1966.

☞ 위의 경우 서양인 저자명을 ‘이름+성’으로 적고, 이름도 완전하게 표기했다. 그러나 같은 학회의 논문 규정에는 각주나 참고문헌 모두 ‘성+이름’으로 적도록 하고 있다. 인용한 쪽수는 연도 앞에 적는다. 참고로 ‘대한 건축학회’의 논문투고 규정은 다음과 같다.

① 단행본인 경우

저자명, 도서명, 판차, 출판사, 출판지, 인용한 쪽, 출판연도.

예) 이몽룡, 『건축계획론』, 3판, 청운사, 서울. p.54, 1993.

예) Lynch, Kevin & Hack, Gary, *Site Planning*, 3rd ed,. MIT Press, Cambridge, p.132, 1994.

② 정기간행물인 경우

필자명, 논문명, 정기간행물명, 권수, 호수. 인용한 쪽, 발행연도.

예) 이도령, 「콘크리트의 균열방지책에 관하여」, 대한건축학회논문집, 12권, 14호, pp. 145~150, 1993.

예) Mylrea T.D., Bond and anchorage, *Journal ACI*, Vol.59, No7, pp. 71~75, 1988.

③ 총서, 논집인 경우

저자명, 논문명(편저명, 도서명, 판차, 권수), 인용한 쪽, 출판사, 출판연도.

예) 홍길동, 「경량콘크리트의 시공」(김생년 편, 콘크리트시공편람, 2판, 2권), 건설사, 부산, p. 552, 1988.

부록

1. 한글 맞춤법, 표준어 규정의 주요 내용

가... 우리 글 표기의 원리

(1) 한글 맞춤법의 원리

한글 맞춤법은 표준어를 소리대로 적되, 어법에 맞도록 함을 원칙으로 한다.

(2) 띄어쓰기의 원리

문장의 각 단어는 띄어 씀을 원칙으로 한다.

(3) 표준어 사정 원칙

표준어는 교양 있는 사람들이 두루 쓰는 현대 서울말로 정함을 원칙으로 한다.

나... '한글 맞춤법'의 주요 내용

(1) 모음이나 'ㄴ' 받침 뒤에 이어지는 '렬[列,劣,烈,裂], 률[率,律]'은 '열, 율'로 적어야 한다.

(가) 출석률, 합격률, 명중률 / 백분율, 이혼율, 비율, 실패율

(나) 행렬, 결렬 / 분열, 우열

(다) 법률, 능률 / 운율, 선율, 규율

(2) 한자어 뒤에 오는 1음절 한자어는 두음법칙을 적용하지 않는다. 다만, 고유어와 외래어 뒤에서는 두음법칙을 적용한다.

(가) 작업량(○) 작업양(×)(作業量), 인용례(○) 인용예(×) (引用例)

가정란(○) 가정난(×)(家庭欄), 장롱(○) 장농(×) (欌籠)

(나) 어머니난, 어린이난, 가십(gossip)난

(3) '연도'는 명사이고, '년도'는 숫자 뒤에 쓰이는 의존명사이다.

(가) 회계 연도, 2007년도 ※ '회계연도'처럼 붙여 써도 '회계년도'로 쓰지 않는다.

(나) 신년도, 구년도 ※ '신년, 구년'에 '-도'가 결합한 것이므로 '신연도, 구연도'로 쓰면 안 된다.

(4) 문장을 끝맺을 때 사용되는 어미 '-오'는 '요'로 소리 나는 경우가 있더라도 '-오'로 적는다. 연결형에서 사용되는 '-이요'는 '-이요'로 적는다.

(가) 이것은 책이오. 이것은 책이 아니오.

(나) 이것은 책이요, 저것은 붓이요, 또 저것은 먹이다.

(5) 어미 뒤에 덧붙는 조사 '-요'는 '-요'로 적는다. '읽어', '읽어요'는 모두 맞는 표현으로, 단지 높임을 나타내는 조사 '-요'가 더 붙은 것이다.

읽어 / 읽어요, 가시지 / 가시지요, 좋지 / 좋지요

(6) 문장 끝의 '-오'와 '-요'를 잘못 이해하여 쓰는 경우가 많다.

(가) 새해 복 많이 받으세요. 안녕히 가세요.

(나) 공사 중이니 돌아가 주십시오. 안녕히 가십시오.

※ (가)의 '받으세요'는 '받으시어(세)'에 높임의 의미가 있는 '-요'를 덧붙인 것이다. '-요'를 뺀 '받으시어.'만으로도 문제가 되지 않는다. 그러나 (나)의 '주십시오'는 종결형 '-오'가 붙은 것이므로 '-오'를 뺄 수 없다. '*주십시'라는 표현은 가능하지 않기 때문이다.

(7) 합성어를 만드는 과정에서 사이시옷이 들어가기도 하고 그렇지 않은 경우 도 있다. 사이시옷을 받쳐 적는 경우에 조건이 있다. 두 말이 결합할 때, 앞뒤의 배열과 상관없이, 둘 다 또는 둘 중 하나는 반드시 순 우리말이어야 하며, 앞말이 모음으로 끝나야 한다. 세부적인 조건은

다음과 같다.

(가) 뒷말의 첫소리가 된소리로 날 때

나룻배[나루빼], 잿더미[재떠미], 선짓국[선지꾹], 아랫집[아래찝]

※ 순 우리말끼리 결합

전셋집[전세찝], 샛강[새깡], 장밋빛[장미삗], 등굣길[등교낄]

※ 순 우리말과 한자어의 결합

(나) 뒷말의 첫소리 'ㄴ, ㅁ'이나 모음 앞에 'ㄴ' 소리가 덧날 때

잇몸[인몸], 아랫니[아랜니], 빗물[빈물] ※ 순 우리말끼리 결합

곗날[갠날], 제삿날[제산날], 훗날[훈날] ※ 순 우리말과 한자어의 결합

(다) 뒷말의 첫소리 모음 앞에서 'ㄴ ㄴ'소리가 덧날 때

뒷일[뒨닐], 나뭇잎[나문닙], 댓잎[댄닙] ※ 순 우리말끼리 결합

사삿일[사산닐], 예삿일[예산닐], 훗일[훈닐] ※ 순 우리말과 한자어의 결합

(8) 합성어가 한자어끼리 결합한 것이면 된소리로 나더라도 사이시옷을 적지 않는다. 다만, (나)의 단어만 예외적으로 사이시옷을 받쳐 적는다.

(가) 초점(焦點), 대가(代價), 개수(個數), 내과(內科), 화병(火病), 소수(素數), 제상(祭床)

(나) 곳간(庫間), 셋방(貰房), 숫자(數字), 찻간(車間), 툇간(退間), 횟수(回數)

(9) 어간의 끝음절 '하'의 'ㅏ'가 줄고 'ㅎ'이 다음 음절의 첫소리와 어울려 거센소리로 될 적에는 거센소리로 적는다. 다만 (나)처럼 어간의 끝음절 '하'가 아주 줄 적에는 준 대로 적는다. 이 항의 본말과 준말은 모두 맞춤법에 맞다.

(가) 간편하게 / 간편케, 가하다 / 가타, 흔하다 / 흔타, 다정하다 / 다정타

(나) 거북하지 / 거북지, 생각하건대 / 생각건대, 깨끗하지 않다 / 깨끗지 않다

(10) '-군/-꾼', '-갈/-깔', '-대기/-때기', '-굼치/-꿈치' 는 각각 '-꾼', '-깔', '-때기', '-꿈치'로 통일하여 적는다.

(가) 구경꾼, 노름꾼, 땅꾼, 나무꾼, 사냥꾼

(나) 때깔, 맛깔, 고깔, 색깔

(다) 배때기, 판때기, 거적때기, 나무때기, 손목때기

(라) 발꿈치, 팔꿈치, 발뒤꿈치

(11) '-배기/-빼기'는 구분하여 적는다.

(가) 나이배기, 육자배기, 혀짤배기, 뚝배기, 언덕배기

(나) 고들빼기, 곱빼기, 억척빼기,

(12) 한자어에서 본음으로도 나고, 속음으로 나는 것은 각각 그 소리에 따라 적는다.

모과(木瓜), 시월(十月), 초파일(初八日), 의논(議論), 도량(道場), 보시(布施) 오뉴월, 유월(六月), 수락(受諾), 모란(牧丹) ※ 속음대로 적은 경우.

(13) '있다가'와 '이따가'를 바로 쓰자. '있다가'는 '있-'에 '-다가'가 붙은 동사이고, '이따가'는 '조금 뒤에'라는 부사이다.

(가) 이따가 보자. / 이따가 주겠다.

(나) 하루 종일 집에 있다가 이제서야 어딜 가는 거니?

(14) '-(으)로서'는 '어떤 지위나 신분이나 자격을 가진 입장에서'란 뜻을 나타내며, '-(으)로써'는 '재료, 수단, 방법'을 나타내는 조사다.

(가) 사람으로서 그럴 수는 없다.

(나) 닭으로써 꿩을 대신했다.

(15) '-던'은 과거의 뜻이며, '-든'은 선택의 뜻이다.

(가) 그 날 저녁 누가 왔던지 생각이 납니까?
얼마나 울었던지 눈이 퉁퉁 부었다.

(나) 배든(지) 사과든(지) 마음대로 먹어라.
가든(지) 오든(지) 알아서 하시오.

(16) '-데'는 과거에 직접 경험한 내용을 나타낼 때, '-대'는 남의 말을 전달할 때 쓴다.

(가) 어제 보니까 윤서가 참 예쁘데. 그 아이가 밥을 잘 먹데.

(나) 사람들이 그러는데 윤서가 정말 예쁘대. 건우가 결혼한대.
승아가 학생회장이래(학생회장이었대).

※ '-이다' 뒤에서는 '-대'가 '-래'로 바뀐 것임.

(17) '받치다', '받히다', '바치다'는 구분하여 써야 한다. '-치-'는 강세접사이고, '-히-'는 피동접사이다.

(가) 우산을 받치다. 그릇을 받쳐 들다. 두 손으로 머리를 받치고 누워 있다.

(나) 기둥에 머리를 받히다. 소에게 받히다.

(다) 임금님께 예물을 바치다. 나라를 위해 목숨을 바치다.

(18) '맞히다'는 "옳은 답을 대다"라는 뜻이다.

(가) 정답을 맞히다. 답을 알아맞혀 보세요.

(나) 학교에서 제시한 답안과 자신이 쓴 답안을 맞추어 보다.

(19) '맞다'는 동사이며, '알맞다'는 형용사이다.

(가) 맞는(○), 맞은(×)

(나) 알맞은(○), 알맞는(×) ※ 맞지 않는 일. 알맞지 않은 일

(20) '체'는 '체하다'로만 쓰인다. 관형사형 뒤에서는 '채'를 쓴다.

(가) 그는 날 보고도 못 본 체했다. 쥐꼬리만한 지식을 가지고 되게 아는 체하네.

(나) 불을 켠 채(로) 잠을 잤다. 윤서는 신을 신은 채(로) 방으로 들어왔다.

다... ‖'띄어쓰기'의 주요 내용‖

(1) '씨'를 비롯한 호칭어나 관직명은 띄어 쓴다.

(가) 김연옥 씨, 김 씨, 김 양, 김 선생, 김 교수, 김 장군, 김 사장

(나) 우리나라에는 김씨 성이 많다. ※ '가문'을 말함.

(2) '안되다/ 안 되다', '못되다/못 되다', '못하다/못 하다'는 띄어쓰기에 유의해야 한다. 부정문으로 쓰인 경우가 아니면 붙여 쓴다. '못'은 부사이다. '안되다' '못되다'는 형용사, '못하다'는 동사로 한 단어이다.

(가) 마음이 안되다. 시험에 낙방했다니 너무 안되었다.

(가)' 일이 안 되다. 점심 시간이 아직 안 되었다.

(나) 못된 친구. 행동이 못되다. 심보가 못되다.

(나)' 공무원이 못 된 것을 비관하다. 떠난 지 채 1년이 못 되었다.

(다) 리포트를 못하다. 노래를 못하다. ※ '하긴 했는데 일정한 수준에 못 미치다.'라는 뜻.

(다)′ 아파서 일을 못 하다. 일이 있어서 숙제를 못 하다.

(3) '중(中)'은 한 단어로 굳어진 경우가 아니면 띄어 쓴다.

(가) 학생 중에, 꽃 중의 꽃, 회의 중에는 잡담하지 말 것, 다리를 건설 중이다.

(나) 은연중, 무의식중, 한밤중 ※ 한 단어로 굳어진 말임.

(4) '만'은 형태만 같을 뿐 보조사와 의존명사로 나뉘어 쓰인다.

(가) 집 떠난 지 3년 만에 돌아왔다. ※ '동안'의 뜻. 의존명사

(나) 철수만 오다. 공부만 하다. ※ '한정'의 뜻. 보조사

(5) '듯하다', '만하다', '척하다', '법하다', '체하다' 등의 보조용언은 앞말과 붙여 쓸 수 있다. 다만, 다른 말이 들어가면 붙여 쓸 수 없다.

(가) 비가 올 듯하다. 비가 올듯하다. 비가 올 듯도 하다.

(나) 그 일은 할 만하다. 그 일은 할만하다.

(다) 잘 아는 척한다. 잘 아는척한다.

(라) 일이 될 법하다. 일이 될법하다.

(마) 그는 잘난 체한다. 그는 잘난체한다. 그는 잘난 체를 한다.

(바) 불이 꺼져 간다. 불이 꺼져간다.

(6) 의존명사 '데'는 띄어 써야 하며, 어미 '-ㄴ데'는 붙여 쓴다.

(가) 그를 설득하는 데 며칠이 걸렸다.

여야는 초당적으로 협조한다는 데 의견을 같이했다.

물은 높은 데서 낮은 데로 흐른다. ※ 의존명사임. 데 → 데+에

(나) 네가 무엇인데 그런 소릴 하니?

눈이 내리는데 어딜 가니? ※ 어미 '-ㄴ데'임.

(7) 의존명사 '바'의 띄어 써야 하며, 어미 'ㄴ바'는 붙여 쓴다.

(가) 내가 알 바가 아니다.

앞서 밝힌 바와 같이 ※ 의존명사임.

(나) 운주사에 가 본바 과연 특이한 불상이 많더군.

인사과에서 다음과 같이 통보하여 온바 이를 알려 드리니 업무에 참고하시기 바랍니다.

(8) '상(上)'은 붙여 쓰고 하(下)'는 띄어 쓴다. '위'의 뜻과 멀어진 '상(上)'은 접미사이다.

(가) 영업상, 가정 형편상, 통계상의 수치, 역사상 가장 위대한 인물

(나) 이러한 인식 하에, 학생회장의 인솔 하에, IMF 체제 하에서

(9) '녘'은 명사와 결합할 때는 붙여 쓰고, 관형사형 뒤에서는 띄어 쓴다.

(가) 동녘, 서녘, 남녘, 북녘, 들녘, 새벽녘, 아침녘, 황혼녘

(나) 해뜰 녘, 동틀 녘

(10) '내(內), 외(外), 초(初), 말(末), 백(白)' 등은 띄어 쓴다. 다만, '학기말 시험, 학년말 고사' 등 처럼 굳어진 경우는 붙여 쓴다.

(가) 범위 내, 이 구역 내

(나) 예상 외, 전공 외의 교양 과목

(다) 21세기 초, 내년 초, 건국 초, 학기 초

(라) 2006년 말, 이 달 말, 이번 학기 말쯤에 보자, 고려 말, 금년 말

(마) 주인 백, 관리소장 백

(11) 단위를 나타내는 명사는 앞말과 띄어 쓴다. 다만, 순서, 연월일, 시각을 나타낼 때나 아라비 아숫자 뒤에서는 붙여 쓸 수 있다.

(가) 조기 한 손, 집 한 채, 버선 한 죽

(나) 제3 과 / 제3과, 이십이 대 총장 / 이십이대 총장, 삼 학년 / 삼학년

※ 순서

(다) 두 시 삼십 분 / 두시 삼십분, 칠십 년 오 월 / 칠십년 오월

※ 연월일, 시각

(라) 10 원 / 10원, 300 번지 / 300번지, 26 그램 / 26그램

※ 아라비아숫자 뒤

(12) 두 말을 이어 주거나 열거할 때에 쓰이는 '겸, 내지, 대, 및, 등, 등등, 등지, 등속'은 띄어 쓴다.

(가) 국장 겸 과장, 열 내지 스물, 청군 대 백군, 이사장 및 이사들

(나) 책상, 걸상 등 / 사과, 배, 귤 등등 / 사과, 배 등속 / 광주, 전주 등지

라… ‘표준어규정’의 주요 내용

(1) ‘끄나풀’, ‘나팔꽃’, ‘칸’이 표준어이다. 거센소리를 인정한 것이다.

끄나풀(○) 끄나불(×), 나팔꽃(○) 나발꽃(×), 칸(○) 간(×)

※ ‘초가삼간, 윗간’의 경우에는 ‘간’이다.

(2) ‘돌’, ‘둘째’, ‘셋째’, ‘넷째’, ‘빌리다’의 경우 이 형태만 표준어이다. 다만, ‘둘째’는 십 단위 이상의 서수사에 쓰일 때는 ‘두째’로 한다.

(가) 돌(○) 돐(×), 둘째(○) 두째(×),) 넷째(○) 넷재(×), 빌리다(○) 빌다(×)

(나) 열두째, 스물두째 ※ 열두 개째, 스물두 개째의 뜻은 각각 ‘열둘째’, ‘스물둘째’로 한다.

(3) 위와 아래[上下]의 대립이 있을 때만 ‘윗-’으로 쓴다. 다만 된소리나 거센소리 앞에서는 ‘ㅅ’을 적지 않는다.

(가) 윗니, 윗눈썹, 윗도리, 윗목

(나) 위쪽, 위채, 위층 ※ ‘위-’의 뒷말의 첫소리가 된소리, 거센소리인 경우

(다) 웃돈, 웃어른, 웃옷, 웃거름, 웃국 ※ 위, 아래의 대립이 없는 말임.

(4) 양성모음이 음성모음으로 바뀌어 굳어진, 다음 단어는 음성모음 형태를 표준어로 삼는다.

깡충깡충, 막둥이, 쌍둥이, 오뚝이, 주춧돌 ※ 오뚝이는 명사와 부사로 쓰임.

(5) ‘ㅣ’모음 역행 동화가 일어난 일부 단어를 표준어로 삼는다.

냄비, 서울내기, 풋내기, 신출내기, 동댕이치다

(6) 명사 뒤에서는 ‘째’로 쓴다.

(가) 통째(○) 통채(×) (나) 껍질째(○) 껍질채(×)

(7) ‘왠지’는 이유, 까닭을 뜻하는 ‘왜인지’가 줄어든 말이며, ‘웬’은 관형사이다.

(가) 왠지 가슴이 두근거린다.

(나) 웬 일이니?

(8) '머지않아'는 '곧, 불원간(不遠間)'의 뜻의 한 단어이고, '멀지 않아'는 '멀다'에 '-지 않다'가 붙은 것이다.

(가) 결과가 머지않아 나올 것이다.

(나) 멀지 않은 장래. 여기선 학교가 멀지 않다.

(9) '-장이'는 수공업 기술자를 뜻하는 단어에 붙여 쓰고, 나머지는 '-쟁이'를 쓴다.

(가) 미장이, 유기장이, 대장장이

(나) 멋쟁이, 소금쟁이, 담쟁이, 글쟁이, 점쟁이, 요술쟁이

(10) 수컷을 이르는 접두사는 '수-'로 통일한다. 다만 일부 단어는 '수-' 다음에 거센소리를 인정하며, '숫-양, 숫-염소, 숫-쥐'만 예외적으로 '숫-'을 쓴다.

(가) 수-놈 (○) 숫-놈(×), 수-소(○) 숫-소(×), 수-벌(○) 숫-벌(×)

(나) 수캉아지, 수캐, 수컷, 수키와, 수탉, 수탕나귀, 수톨쩌귀, 수퇘지, 수평아리

※ 접두사 다음에 거센소리를 인정하는 단어로 '암-'이 결합되는 경우에도 마찬가지다. 암캉아지, 암캐, 암컷, 암탉 등

2. 원고지 작성법

(1) 제목은 첫 줄을 비우고 둘째 줄에 쓰되, 줄 한가운데에 오도록 한다. 소속은 넷째 줄 가운데쯤에서 시작하여 오른쪽으로 써가되, 마지막 1~3칸 정도를 비우게 쓴다. 성명도 마찬가지다. 본문을 시작할 때는 반드시 성명을 쓴 줄과 한 줄을 띄고 시작하되, 첫 칸을 반드시 비운다.

					원	고	지		바	로		쓰	기						
												전	남	대	학	교			
												홍		길		동			
	원	고	지	를		바	로		쓰	기		위	해	서	는		원	고	지
사	용	법	을		익	히	는		것	이		중	요	하	다	.	또	한	
문	장	부	호	를		쓰	는		법	도		알	아		두	면		편	리

(2) 장, 절 등이 있을 경우 본문의 내용과 구별하기 위해 장, 절의 제목이 가운데로 오게 하며, 한 줄을 띄고 시작하되, 첫 칸을 반드시 비운다.

				Ⅰ	.	현	대		사	회	의		문	제	점				
	현	대		사	회	는		미	디	어		산	업	의		발	달	로	
학	생	들	이		도	서	관	에		있	다	.							
				3	.	미	디	어	의		종	류							
	미	디	어	에	는														

(3) 아라비아 낱숫자와 알파벳 대문자는 한 칸에 한 자씩 쓴다.

	3	일		동	안		그	녀	를		보	지		못	했	다	.		
	F	T	A	협	상		결	과		농	업	부	문	에		획	기	적	

(4) 아라비아 덩어리 숫자와 알파벳 소문자는 한 칸에 두 자 정도 쓰되, 세로 줄을 무시하고 자연스럽게 붙여 쓴다. 숫자는 세 자리마다 반점(,)을 찍는다.

	20	07	년	도		1	학	기		글	쓰	기		책		값	으	로	
10,000		원	을		냈	다	.												
	workshop			비	용	,	presentation				준	비		활	동		비	용	

(5) 문장부호도 한 칸에 하나씩 쓴다. 줄임표(……)와 줄표(—)는 두 칸에 쓰되 역시 세로 줄을 무시하고 쓴다. 물음표(?), 느낌표(!), 줄임표(……) 다음에는 한 칸을 비우고 글을 쓰며, 그 밖의 문장 부호는 띄지 않고 쓴다. 줄임표 다음에는 쓰는 온점(.)과 반점(,)은 줄임표 마지막 칸에 함께 쓴다.

	이	제		좋	은		일	만		있	겠	지	?		그	렇	다	면	
미	리	…….			동	우		—	나	와		아	주		가	까	운		분
의		막	내		—		는		매	우		기	뻐		어	찌		할	
바	를		몰	랐	다	.	아	름	다	운		인	생	,	황	홀	하	고	
꿈	같	은		삶	!		그	렇	지	만									

(6) 따옴표(큰따옴표, 작은따옴표) 속에서 대화를 마칠 때 끝에 찍는 온점과 반점은 따옴표 뒷부호와 함께 한 칸에 같이 쓴다.

	“	맘	대	로		하	세	요	.”										
	말	을		해		놓	고	는		동	우	는		마	음		속	으	로
	‘	내	가		경	솔	했	네	.’										

(7) 대화 부분을 쓸 때에 사람이나 이야기가 바뀌면 그때마다 줄을 새로 시작한다.

	“	내	가		당	신	을		얼	마	나		믿	는	데	요	.”		
	“	그	리		생	각	해		주	다	니	……	.	”					
	“	별		말	씀	을		다		하	네	요	.”						

(8) 줄의 끝 칸까지 채우고 다음 한 칸을 비워야 할 때, 다음 줄의 첫 칸을 비우지 않고, 앞줄의 여백에 '띄움표(∨)'를 표시한다.

	사	람	의		일	이	란		알		수		없	는		노	릇	이	다.	∨
그	렇	게		건	강	하	고		활	기		넘	치	던		내		친	구	∨
동	우	가		어	느		때	부	터	인	지		얼	굴	에		웃	음	이	∨

3. 국어의 로마자 표기법

제1장 표기의 기본 원칙

제1항 국어의 로마자 표기는 국어의 표준 발음법에 따라 적는 것을 원칙으로 한다.

제2항 로마자 이외의 부호는 되도록 사용하지 않는다.

제2장 표기 일람

제1항 모음은 다음 각호와 같이 적는다.

1. 단모음

ㅏ	ㅓ	ㅗ	ㅜ	ㅡ	ㅣ	ㅐ	ㅔ	ㅚ	ㅟ
a	eo	o	u	eu	i	ae	e	oe	wi

2. 이중모음

ㅑ	ㅕ	ㅛ	ㅠ	ㅒ	ㅖ	ㅘ	ㅙ	ㅝ	ㅞ	ㅢ
ya	yeo	yo	yu	yae	ye	wa	wae	wo	we	ui

[붙임 1] 'ㅢ'는 'ㅣ'로 소리 나더라도 'ui'로 적는다.

(보기) 광희문 Gwanghuimun

[붙임 2] 장모음의 표기는 따로 하지 않는다.

제2항 자음은 다음 각호와 같이 적는다.

1. 파열음

ㄱ	ㄲ	ㅋ	ㄷ	ㄸ	ㅌ	ㅂ	ㅃ	ㅍ
g,k	kk	k	d,t	tt	t	b,p	pp	p

2. 파찰음

ㅈ	ㅉ	ㅊ
j	jj	ch

3. 마찰음

ㅅ	ㅆ	ㅎ
s	ss	h

4. 비음

ㄴ	ㅁ	ㅇ
n	m	ng

5. 유음

ㄹ
r, l

[붙임 1] 'ㄱ, ㄷ, ㅂ'은 모음 앞에서는 'g, d, b'로, 자음 앞이나 어말에서는 'k, t, p'로 적는다.([ ] 안의 발음에 따라 표기함.)

구미 Gumi	영동 Yeongdong	백암 Baegam
옥천 Okcheon	합덕 Hapdeok	호법 Hobeop
월곶〔월곧〕 Wolgot	벚꽃〔벋꼳〕 beotkkot	한밭〔한받〕 Hanbat

[붙임 2] 'ㄹ'은 모음 앞에서는 'r'로, 자음 앞이나 어말에서는 'l'로 적는다. 단, 'ㄹㄹ'은 'll'로 적는다.

구리 Guri	설악 Seorak	칠곡 Chilgok
임실 Imsil	울릉 Ulleung	대관령〔대괄령〕 Daegwallyeong

제3장 표기상의 유의점

제1항 음운 변화가 일어날 때에는 변화의 결과에 따라 다음 각 호와 같이 적는다.

1. 자음 사이에서 동화 작용이 일어나는 경우

백마〔뱅마〕 Baengma	신문로〔신문노〕 Sinmunno	종로〔종노〕 Jongno
왕십리〔왕심니〕 Wangsimni	별내〔별래〕 Byeollae	신라〔실라〕 Silla

2. 'ㄴ, ㄹ'이 덧나는 경우

학여울〔항녀울〕 Hangnyeoul	알약〔알략〕 allyak

3. 구개음화가 되는 경우

해돋이[해도지] haedoji	같이[가치] gachi	맞히다[마치다] machida

4. 'ㄱ, ㄷ, ㅂ, ㅈ'이 'ㅎ'과 합하여 거센소리로 소리 나는 경우

좋고[조코] joko	놓다[노타] nota
잡혀[자펴] japyeo	낳지[나치] nachi

다만, 체언에서 'ㄱ, ㄷ, ㅂ' 뒤에 'ㅎ'이 따를 때에는 'ㅎ'을 밝혀 적는다.

묵호 Mukho	집현전 Jiphyeonjeon

[붙임] 된소리되기는 표기에 반영하지 않는다.

압구정 Apgujeong	낙동강 Nakdonggang	죽변 Jukbyeon
낙성대 Nakseongdae	합정 Hapjeong	팔당 Paldang
샛별 saetbyeol	울산 Ulsan	

제2항 발음상 혼동의 우려가 있을 때에는 음절 사이에 붙임표(-)를 쓸 수 있다.

중앙 Jung-ang	반구대 Ban-gudae
세운 Se-un	해운대 Hae-undae

제3항 고유 명사는 첫 글자를 대문자로 적는다.

부산 Busan	세종 Sejong

제4항 인명은 성과 이름의 순서로 띄어 쓴다. 이름은 붙여 쓰는 것을 원칙으로 하되 음절 사이에 붙임표(-)를 쓰는 것을 허용한다.(( )안의 표기를 허용함.)

민용하 Min Yongha (Min Yong-ha)	송나리 Song Nari (Song Na-ri)

1. 이름에서 일어나는 음운 변화는 표기에 반영하지 않는다.

한복남 Han Boknam (Han Bok-nam)	홍빛나 Hong Bitna (Hong Bit-na)

2. 성의 표기는 따로 정한다.

제5항 '도, 시, 군, 구, 읍, 면, 리, 동'의 행정 구역 단위와 '가'는 각각 'do, si, gun, gu, eup, myeon, ri, dong, ga'로 적고, 그 앞에는 붙임표(-)를 넣는다. 붙임표(-) 앞뒤에서 일어나는 음운 변화는 표기에 반영하지 않는다.

충청북도 Chungcheongbuk-do	제주도 Jeju-do
의정부시 Uijeongbu-si	양주군 Yangju-gun
도봉구 Dobong-gu	신창읍 Sinchang-eup
삼죽면 Samjuk-myeon	인왕리 Inwang-ri
당산동 Dangsan-dong	봉천1동 Bongcheon 1(il)-dong
종로 2가 Jongno 2(i)-ga	퇴계로 3가 Toegyero 3(sam)-ga

[붙임] '시, 군, 읍'의 행정 구역 단위는 생략할 수 있다.

청주시 Cheongju	함평군 Hampyeong	순창읍 Sunchang

제6항 자연 지물명, 문화재명, 인공 축조물명은 붙임표(-) 없이 붙여 쓴다.

남산 Namsan	속리산 Songnisan	금강 Geumgang
독도 Dokdo	경복궁 Gyeongbokgung	무량수전 Muryangsujeon
연화교 Yeonhwagyo	극락전 Geungnakjeon	안압지 Anapji
남한산성 Namhansanseong	화랑대 Hwarangdae	불국사 Bulguksa
현충사 Hyeonchungsa	독립문 Dongnimmun	오죽헌 Ojukheon
촉석루 Chokseongnu	종묘 Jongmyo	다보탑 Dabotap

제7항 인명, 회사명, 단체명 등은 그동안 써 온 표기를 쓸 수 있다.

제8항 학술 연구 논문 등 특수 분야에서 한글 복원을 전제로 표기할 경우에는 한글 표기를 대상으로 적는다. 이때 글자 대응은 제2장을 따르되 'ㄱ, ㄷ, ㅂ, ㄹ'은 'g, d, b, l'로만 적는다. 음가 없는 'ㅇ'은 붙임표(-)로 표기하되 어두에서는 생략하는 것을 원칙으로 한다. 기타 분절의 필요가 있을 때에도 붙임표(-)를 쓴다.

집 jib	짚 jip	밖 bakk
값 gabs	붓꽃 buskkoch	먹는 meogneun
독립 doglib	문리 munli	물엿 mul-yeos
굳이 gud-i	좋다 johda	가곡 gagog
조랑말 jolangmal	없었습니다 eobs-eoss-seubnida	

참고문헌

노상도 외, 『과학기술 문서작성, 발표와 커뮤니케이션』, 시그마프레스(주), 2005.

박준영 외, 『보고서 작성 및 프리젠테이션 기법』, 인터비전, 2003.

배원병 외, 『글쓰기와 발표하기』, 북스힐, 2003.

사고와 표현 편찬위원회, 『사회과학과 글쓰기』, 고려대학교 출판부, 2004.

__________________, 『인문학과 글쓰기』, 고려대학교 출판부, 2004.

__________________, 『자연과학과 글쓰기』, 고려대학교 출판부, 2004.

__________________, 『글쓰기의 기초』, 고려대학교 출판부, 2004.

서정수, 『문장력 향상의 길잡이』, 한강문화사, 1992.

新 서울시립대학교 교양교재편찬위원회, 『대학인의 글쓰기』, 새문사, 2005.

신형기 외, 『과학글쓰기』, 사이언스북스, 2006.

안영길 편저, 『논문작성법』, 예하미디어, 2006.

이대규, 『독서와 작문의 이론』, 신구문화사, 2003.

이익섭, 『좋은 글의 요건』, 서울대학교 교수학습센터 글쓰기교실, 2005.

임재춘, 『한국의 이공계는 글쓰기가 두렵다』, 마이넌, 2003.

임준규 편저, 『자기소개서』, 도서출판 양서원, 2005.

전남대학교 출판부 편, 『생각과 표현』, 전남대학교 출판부, 1999.

전남대학교 교육발전연구센터, 『글쓰기 사회과학편』, 전남대학교 출판부, 2005.

______________________, 『글쓰기 자연과학편』, 전남대학교 출판부, 2005.

______________________, 『글쓰기 인문학편』, 전남대학교 출판부, 2005.

정재승, 『물리학자는 영화에서 과학을 본다』, 동아시아, 1999.

조선대학교 삶과 글 편찬위원회 편, 『예술·체육 계열 글쓰기』, 태학사, 2005.

__________________________, 『이학·공학 계열 글쓰기』, 태학사, 2005.

__________________________, 『인문·사회 계열 글쓰기』, 태학사, 2005.

최미숙 외, 『사회계열 직업세계와 맞춤형 글쓰기』, 영남대학교 출판부, 2004.

최 웅 외, 『이공계 글쓰기』, (주)북스힐, 2005.

최재천 엮음, 『과학, 종교, 윤리의 대화』, 궁리출판, 2001.

최혜실 외, 『생각·짜임·글』, 태학사, 2000.

한효석, 『이렇게 해야 바로 쓴다』, 한겨레신문사, 2000.

홍영석, 『과학기술의 윤리성』, 교우사, 2002.

J.브로노프스키 지음, 임경순 옮김, 『과학과 인간의 미래』, 대원사, 1997.